高新技术企业发展报告

2020

科学技术部火炬高技术产业开发中心 ◎ 编著

科学技术文献出版社
SCIENTIFIC AND TECHNICAL DOCUMENTATION PRESS
·北京·

图书在版编目（CIP）数据

高新技术企业发展报告.2020 / 科学技术部火炬高技术产业开发中心编著. —北京：科学技术文献出版社，2021.12
ISBN 978-7-5189-8892-1

Ⅰ.①高… Ⅱ.①科… Ⅲ.①高技术企业—企业发展—研究报告—中国—2020 Ⅳ.① F279.244.4

中国版本图书馆 CIP 数据核字（2021）第 279344 号

高新技术企业发展报告2020

策划编辑：李汝君　　责任编辑：巨娟梅　张瑶瑶　　责任校对：张永霞　　责任出版：张志平

出 版 者	科学技术文献出版社
地　　　址	北京市复兴路15号　邮编　100038
编 务 部	（010）58882938，58882087（传真）
发 行 部	（010）58882868，58882870（传真）
邮 购 部	（010）58882873
官 方 网 址	www.stdp.com.cn
发 行 者	科学技术文献出版社发行　全国各地新华书店经销
印 刷 者	北京时尚印佳彩色印刷有限公司
版　　　次	2021年12月第1版　2021年12月第1次印刷
开　　　本	889×1194　1/16
字　　　数	303千
印　　　张	13
书　　　号	ISBN 978-7-5189-8892-1
定　　　价	150.00元

版权所有　违法必究

购买本社图书，凡字迹不清、缺页、倒页、脱页者，本社发行部负责调换

《高新技术企业发展报告 2020》
编辑委员会

主　　　任	贾敬敦　张卫星
副 主 任	盛延林　张 杰　张 木
执 行 主 编	尉 佳
委　　　员	王赫然　范忠仁　冯雪磊　韦雨岐　杨少轩　谷潇磊
	王胤杰　李 享　庞林花　张 琳　张艳秋　胥加政
	王 恒　陈 容　吴书凤　任元明　毕 钰　郑姣姣
	孙文浩　郑文平　孙静雯　金 岳　王文凯

目 录

绪 论 ··· 001
 一、高新技术企业成为我国科技创新的主力军 ·· 001
 二、高新技术企业成为我国经济高质量发展的重要支撑 ······························ 001
 三、高新技术企业成为参与全球科技竞争的核心骨干 ································· 002
 四、高新技术企业成为促进我国资本市场健康发展的重要力量 ··················· 002

第一章 高新技术企业发展总体状况 ··· 003
 一、高新技术企业基本情况 ·· 003
  （一）高新技术企业总体数量 ··· 003
  （二）高新技术企业规模分布 ··· 005
  （三）高新技术企业技术领域分布 ·· 006
  （四）高新技术企业行业分布 ··· 007
  （五）高新技术企业区域分布 ··· 008
  （六）高新技术企业在国家高新区内外分布 ··· 011
 二、高新技术企业基本特征 ·· 012
  （一）创新投入 ·· 012
  （二）创新成果 ·· 013
  （三）经济贡献 ·· 015
  （四）社会效益 ·· 016
 三、高新技术企业政策落实 ·· 017
  （一）企业盈利情况 ··· 017
  （二）政策享受情况 ··· 018
 四、小结 ··· 021

第二章 高新技术企业的创新投入 ··· 022
 一、高新技术企业的科技人力资本 ··· 022
  （一）从业人员 ·· 022

（二）科技活动人员 ·· 024
　二、高新技术企业的科技活动和研发经费支出 ·· 027
　　（一）科技活动和研发经费支出规模与变化趋势 ··· 027
　　（二）不同规模高新技术企业的经费投入 ··· 029
　　（三）不同技术领域高新技术企业的经费投入 ··· 031
　　（四）不同行业高新技术企业的经费投入 ··· 033
　三、科技活动组织形式 ·· 035
　　（一）企业研发机构 ·· 035
　　（二）企业科研活动对外合作 ·· 039
　　（三）技术改造和技术获取情况 ··· 041
　四、小结 ··· 044

第三章　高新技术企业的创新成果 ·· 046
　一、高新技术企业的知识产权 ·· 046
　　（一）高新技术企业知识产权的总体情况 ··· 046
　　（二）高新技术企业知识产权的结构分布 ··· 047
　二、高新技术企业专利情况 ··· 051
　　（一）高新技术企业专利的总体情况 ··· 051
　　（二）高新技术企业专利的结构分布 ··· 053
　三、高新技术企业的技术收入 ·· 058
　　（一）高新技术企业技术收入的总体情况 ··· 058
　　（二）高新技术企业技术收入的规模分布 ··· 058
　　（三）高新技术企业技术收入的行业分布 ··· 060
　四、小结 ··· 062

第四章　高新技术企业经济贡献和经济效益 ·· 064
　一、高新技术企业的经济贡献 ·· 064
　　（一）总体发展情况 ·· 064
　　（二）规模以上高新技术企业发展情况 ·· 065
　　（三）高新技术企业经济贡献的规模特征 ··· 067
　　（四）高新技术企业经济贡献的区域分布 ··· 070
　二、高新技术企业经济效益 ··· 073
　　（一）高新技术企业总体经济效益 ·· 073
　　（二）不同规模的高新技术企业经济效益 ··· 077
　　（三）不同技术领域的高新技术企业经济效益 ··· 080
　　（四）不同行业的高新技术企业经济效益 ··· 082
　三、高新技术企业的高新技术产品 ·· 085
　　（一）高新技术企业的高新技术产品总体情况 ··· 085

（二）高新技术企业的高新技术产品出口情况 ·················· 086
二、小结 ·· 088

第五章　高新技术企业的区域特征 ································ 090
　一、总体情况 ·· 090
　　（一）数量分布 ·· 090
　　（二）创新投入 ·· 092
　　（三）创新成果 ·· 095
　　（四）经济贡献 ·· 099
　　（五）社会效益 ·· 102
　二、东中西部及东北地区 ·· 105
　　（一）数量分布 ·· 105
　　（二）创新投入 ·· 106
　　（三）创新成果 ·· 107
　　（四）经济贡献 ·· 107
　　（五）社会效益 ·· 108
　三、京津冀地区 ·· 109
　　（一）数量分布 ·· 109
　　（二）创新投入 ·· 109
　　（三）创新成果 ·· 110
　　（四）经济贡献 ·· 111
　　（五）社会效益 ·· 112
　四、长江经济带 ·· 112
　　（一）数量分布 ·· 112
　　（二）创新投入 ·· 113
　　（三）创新成果 ·· 114
　　（四）经济贡献 ·· 116
　　（五）社会效益 ·· 117
　五、粤港澳大湾区 ··· 118
　　（一）数量分布 ·· 118
　　（二）创新投入 ·· 119
　　（三）创新成果 ·· 119
　　（四）经济贡献 ·· 120
　　（五）社会效益 ·· 120
　六、成渝经济圈 ·· 121
　　（一）数量分布 ·· 121
　　（二）创新投入 ·· 121

（三）创新成果 ··· 121
　　（四）经济贡献 ··· 122
　　（五）社会效益 ··· 122
七、小结 ··· 123

第六章　外资高新技术企业 ··· 125
一、外资高新技术企业基本情况 ··· 125
　　（一）数量情况 ··· 125
　　（二）规模分布 ··· 126
　　（三）技术领域分布 ·· 126
　　（四）行业分布 ··· 127
　　（五）区域分布 ··· 127
二、外资高新技术企业基本特征 ··· 130
　　（一）创新投入 ··· 130
　　（二）创新产出 ··· 131
　　（三）经济贡献 ··· 131
　　（四）社会效益 ··· 133
三、内外资高新技术企业情况对比 ·· 134
　　（一）总体情况 ··· 134
　　（二）创新投入 ··· 134
　　（三）创新产出 ··· 134
　　（四）经济贡献 ··· 135
　　（五）社会效益 ··· 136
四、小结 ··· 136

第七章　民营高新技术企业 ··· 138
一、民营高新技术企业基本情况 ··· 138
　　（一）数量变化 ··· 138
　　（二）规模分布 ··· 139
　　（三）技术领域分布 ·· 140
　　（四）行业分布 ··· 140
　　（五）区域分布 ··· 141
二、民营高新技术企业基本特征 ··· 144
　　（一）创新投入 ··· 144
　　（二）创新成果 ··· 144
　　（三）经济贡献 ··· 147
　　（四）社会效益 ··· 149

三、小结 ··· 151

第八章　高技术制造业高新技术企业 ·· 153
　　一、高技术制造业高新技术企业基本情况 ··· 153
　　　　（一）数量情况 ··· 153
　　　　（二）规模分布 ··· 153
　　　　（三）细分行业分布 ··· 155
　　　　（四）地区分布 ··· 155
　　二、高技术制造业高新技术企业基本特征 ··· 157
　　　　（一）创新投入 ··· 157
　　　　（二）创新成果 ··· 159
　　　　（三）经济贡献 ··· 162
　　　　（四）社会效益 ··· 166
　　三、小结 ··· 168

第九章　高技术服务业高新技术企业 ·· 170
　　一、高技术服务业高新技术企业基本情况 ··· 170
　　　　（一）数量情况 ··· 170
　　　　（二）规模分布 ··· 171
　　　　（三）细分行业分布 ··· 172
　　　　（四）地区分布 ··· 173
　　二、高技术服务业高新技术企业基本特征 ··· 174
　　　　（一）创新投入 ··· 174
　　　　（二）创新成果 ··· 176
　　　　（三）经济贡献 ··· 180
　　　　（四）社会效益 ··· 183
　　三、小结 ··· 185

第十章　税收落实和政策效果 ·· 187
　　一、高新技术企业税收优惠政策落实情况 ··· 187
　　　　（一）企业所得税减免优惠落实情况 ··· 187
　　　　（二）其他所得税减免优惠落实情况 ··· 194
　　二、高新技术企业创新能力与综合竞争力 ··· 195
　　　　（一）高新技术企业创新投入稳定增加 ··· 195
　　　　（二）企业知识产权运用和保护意识显著提升 ·· 196
　　　　（三）企业获得多渠道的资金支持 ·· 196
　　　　（四）推动高新技术产业做大做强 ·· 196
　　三、小结 ··· 196

绪 论

当今世界正面临百年未有之大变局，党中央审时度势做出科技自立自强的重大决策部署，明确提出要激励企业加大研发投入，实施更大力度的研发费用加计扣除、高新技术企业税收优惠政策。习近平总书记曾多次指出，要增强企业创新动力，正向激励企业创新。高新技术企业作为我国科技创新的主力军和国家创新体系的关键组成，是支撑构建国家战略科技力量和高水平科技自立自强的重要主体，近年来为我国经济高质量发展和现代化经济体系建设做出了重要贡献。

一、高新技术企业成为我国科技创新的主力军

技术创新是高新技术企业竞争力的关键所在。2019年，全国高新技术企业22.5万家，约占全国企业总量的0.6%；R&D经费支出1.2万亿元，占全国企业研发投入的70%。当年授权国内发明专利18.7万件，占全国总量的51.8%；全年上缴税收1.8万亿元，当年减免所得税约2286.4亿元。高新技术企业"当之无愧"是我国企业研发投入和创新产出的主力军，形成"研发投入—效益提高—税收减免—加大研发投入"良性循环，培育出以华为、迈瑞、海康威视等为代表的一批科技领军企业，为我国进入创新型国家行列做出重要贡献。

二、高新技术企业成为我国经济高质量发展的重要支撑

高新技术企业依靠技术创新研发科技产品，有力支撑和带动了我国高新技术产业和经济高质量发展。2019年，全国高新技术企业实现营业收入45.1万亿元，同比增长15.9%；工业总产值32.4万亿元，同比增长12.3%；净利润总额2.7万亿元，同比增长4.6%。高新技术企业主要分布在先进制造、电子信息、新材料等高新技术领域，是我国新兴产业发展的主体。2019年，全国高新技术企业提供就业岗位3437.0万个，吸纳应届毕业生96.2万人，占全国当年毕业生的11.7%，引进外籍专家1.4万人，引进留学归国人数14.4万人，是我国吸纳高水平人才、创造高质量就业的核心载体。

三、高新技术企业成为参与全球科技竞争的核心骨干

近年来，我国高新技术企业持续提升核心竞争力，部分企业具备了参与全球产业竞争的能力，逐步融入全球产业链供应链。据世界知识产权组织数据，2019年，我国超越美国成为全球最大的PCT专利申请国。全球PCT专利申请排名前10的企业中，我国企业占据4席并全部为高新技术企业，分别为华为、欧珀通信、京东方和平安科技；高新技术企业的PCT申请总量占到全国的64.8%。综合来看，我国在5G、高铁、卫星导航、人工智能、量子信息等领先领域和未来产业方向的关键核心技术主要掌握在高新技术企业手中，高新技术企业成为国家战略科技力量的重要组成。

四、高新技术企业成为促进我国资本市场健康发展的重要力量

高新技术企业的快速成长显著改变了我国上市企业结构，加快引领资本市场聚焦科技创新方向发展。2019年，上市企业中高新技术企业占主板的38%、中小板的65%、创业板的91%、科创板的95%。此外，高新技术企业从政府、金融机构等多个渠道获得了大量资金支持。2019年，初创期的高新技术企业获得风险投资1075.4亿元，获得政府部门的科技活动经费901.9亿元，极大地带动了我国金融体系服务科技创新和实体经济。

第一章
高新技术企业发展总体状况

当前，我国高新技术企业发展正在全面进入新时期，面临一系列的新机遇、新问题和新挑战。一方面，我国经济正在进入高质量发展阶段，创新在我国现代化建设全局中的核心地位进一步凸显，科技自立自强愈发成为国家发展的核心战略支撑。全面落实党中央决策部署，深入推进创新驱动发展，完善国家创新体系，加快建设科技强国等任务，已经成为从中央到地方政府各项工作的重中之重。这对有关部门和地方政府如何进一步做好高新技术企业的促进和管理工作，提出了更高的要求。另一方面，企业在我国建设创新型国家中的主体地位更加突出，尤其是科技型中小企业已经成长为创新的重要发源地，促进企业技术创新能力提升，已经成为我国推动经济高质量发展的基础所在。各有关部门和地方政府均积极促进各类创新要素向高新技术企业集聚，推进产学研深度融合，支持高新技术企业牵头组建创新联合体，加快促进高新技术企业主导的产业链上中下游、大中小企业融通创新体系形成发展，强化高新技术企业在加快培育自主可控、自立自强的产业基础能力，促进产业链现代化水平提升，系统性解决"卡脖子"关键核心技术创新等方面的关键作用、引领作用和基础作用。

在"十三五"期间，从中央到地方各级政府，均对高新技术企业认定制度和优惠政策做出了一系列重大调整和改革部署。在科技部、财政部和国家税务总局强化系统性、协同性监督管理制度下，地方科技、财政、税务部门持续深入推进高新技术企业认定和监管工作，将高新技术企业认定和监管工作推向了一个新的发展高度。2016—2019年，我国的高新技术企业迎来了数量快速增长和质量稳步提升的新发展时期，为我国经济结构转型升级、新旧动能转换、现代产业体系构建、企业技术创新能力提升等方面奠定了坚实基础。

一、高新技术企业基本情况

（一）高新技术企业总体数量

2016年，科技部、财政部和国家税务总局联合颁布了新修订的《高新技术企业认定管理办法》（国科发火〔2016〕32号，以下简称"2016高新技术企业办法"），该办法自2016年开始实施。

2016—2019年，全国高新技术企业数量呈现持续性的高速增加态势（图1-1）。从企业数量角度看，2016年全国高新技术企业达到104 216家，首次超过10万家，2017年达到136 230家，2018年达到180 386家，而2019年则达到了225 372家。从企业数量增长角度看，2017年、2018年和2019年高新技术企业数量相比上一年分别增加32 014家、44 156家和44 986家。从企业数量增长率看，2017年、

2018年和2019年的高新技术企业数量同比分别增长30.72%、32.41%、24.94%，3年均保持了较高水平增速。在中国经济逐步全面进入创新驱动主导的高质量发展阶段，通过申请高新技术企业认定获得企业所得税优惠的高新技术企业政策，进一步得到社会各界的普遍认可，高新技术企业政策对企业技术创新能力提升的促进作用、示范作用和引领作用正在得到持续强化。

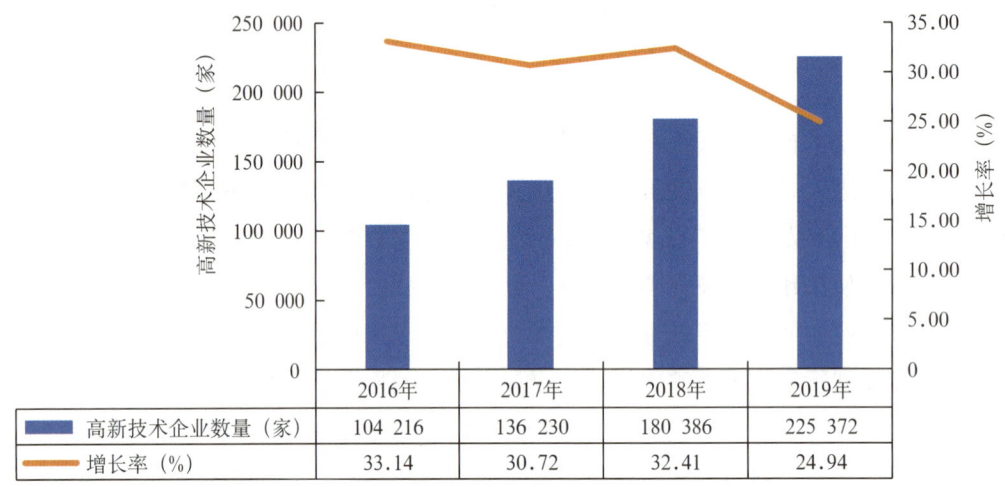

图1-1　2016—2019年高新技术企业数量及其变化

2016—2019年，全国高新技术企业数量持续高速增长的原因，可以从以下几个方面加以分析和理解。

第一，创新愈发成为推动我国经济高质量发展的核心力量。十九届五中全会指出，一方面，坚持创新在我国现代化建设全局中的核心地位，把科技自立自强作为国家发展的战略支撑，深入实施科教兴国战略、人才强国战略、创新驱动发展战略，完善国家创新体系，加快建设科技强国。要强化国家战略科技力量，提升企业技术创新能力，激发人才创新活力，完善科技创新体制机制。另一方面，加快发展现代产业体系，推动经济体系优化升级。坚持把发展经济着力点放在实体经济上，坚定不移建设制造强国、质量强国、网络强国、数字中国，推进产业基础高级化、产业链现代化，提高经济质量效益和核心竞争力。高新技术企业作为强化我国科技创新自主力量的主力军，作为构建现代产业体系的重要支撑力量，在各级政府更加重视高新技术企业的政策体系完善和提升工作的作用下，各地区的高新技术企业数量呈现持续快速增长，质量也稳步提升。

第二，央地协同互补，支持高新技术企业发展的政策体系加快完善。在"十三五"期间，随着我国经济全面进入高质量发展阶段，高新技术企业在促进自主创新能力提升、地区产业结构优化升级、经济新旧动能加速转换、夯实经济增长内生动力基础等方面的作用愈加重要，特别是在实现关键核心技术创新突破、促进产业基础高级化和产业链现代化水平提升、保障产业链供应链安全等方面的作用日益凸显，从中央到地方各级政府，对高新技术企业在推动和实现经济高质量增长方面的基础性地位更加重视。地方各级政府纷纷将独角兽、瞪羚、隐形冠军、专精特新及科技型中小企业等多种形式的高新技术企业培育和发展计划及行动，作为推动地区经济高质量发展的重要抓手，制定和出台了一系列专门培育和支持高新技术企业发展的地方政策措施，如广东省制定的《广东省高新技术企业树标提质行动计划》、上海市出台的《上海市人民政府关于加快本市高新技术企业发展的若干意见》、河北省制定的《河北省高新技术企业后备培育工程实施方案》，形成央地协同互补的政策制度扶持体系，支持高新技术企业创新发展。

第三，各部门精准施策，加大高新技术企业政策落实力度。统计数据显示，2019年全国高新技术企业享受了高企所得税减免额2286.4亿元，研发费用加计扣除所得税减免额1404.8亿元，技术转让所得税减免额6.9亿元。同时，科财税三部门密切配合，进一步深化"放管服"改革，印发《关于推动高新技术企业认定管理与服务便利化的通知》，全面推进高新技术企业认定全流程网上办理，不断优化和改进工作流程，为高新技术企业提供高效便捷服务。

第四，在新形势下，企业走创新发展之路的内生动力不断增强。在建设世界科技强国形势背景下，创新驱动发展不仅是国家战略要求，也已成为企业自身内在需求。企业直面市场，深刻领悟只有拥有强大的科技创新能力才能提高竞争力，越来越多的企业正在从"要我创新"向"我要创新"转变，从企业制造迈向企业创新，从模仿创新转向自主创新，持续开展和加大创新研发活动与产学研成果转化力度，形成自主知识产权，掌握核心技术，成为高新技术企业。

（二）高新技术企业规模分布

表1-1和表1-2显示了2018—2019年不同规模高新技术企业数量分布和占比情况[①]。

从不同规模高新技术企业数量分布看，500万（含）～2000万元规模的高新技术企业数量最多，占2018年和2019年高新技术企业数量比重分别为23.05%和23.63%，接近全国高新技术企业总量的1/4。2018年位居第二的是5000万（含）～2亿元规模的高新技术企业，占2018年所有高新技术企业数量的比重为22.62%，2019年其所占比重略有下降，为21.21%；2019年位居第二的是500万元以下规模的高新技术企业，占2019年所有高新技术企业数量的比重为22.70%，较2018年上涨了2.3个百分点。100亿元（含）以上规模的高新技术企业数量占比相对最小，占2018年和2019年所有高新技术企业数量的比重分别为0.25%和0.23%，呈现小幅下降的变化趋势。

从不同规模高新技术企业数量占比变化趋势看，500万元以下、500万（含）～2000万元和2000万（含）～5000万元规模分布区间的高新技术企业数量占比，均呈现上升趋势，说明在2018—2019年，中小规模的高新技术企业发展活力呈现相对增强的态势，2016高新技术企业办法对中小企业的支持效果初步显现。

---

① 本报告未加以特别说明的数据来源，均来自科技部火炬中心的统计调查数据库。

表 1-1 2018—2019 年不同规模高新技术企业数量分布　　　　　　　　　　　　　　单位：家

企业规模	2018 年	2019 年
100 亿元（含）以上	427	499
50 亿（含）～100 亿元	641	736
10 亿（含）～50 亿元	5001	5543
5 亿（含）～10 亿元	5709	6381
2 亿（含）～5 亿元	13 990	16 006
5000 万（含）～2 亿元	38 960	46 345
2000 万（含）～5000 万元	32 682	41 781
500 万（含）～2000 万元	39 711	51 652
500 万元以下	35 141	49 601
合计	172 262	218 544

表 1-2 2018—2019 年不同规模高新技术企业数量占比　　　　　　　　　　　　　　单位：%

企业规模	2018 年	2019 年
100 亿元（含）以上	0.25	0.23
50 亿（含）～100 亿元	0.37	0.34
10 亿（含）～50 亿元	2.90	2.54
5 亿（含）～10 亿元	3.31	2.92
2 亿（含）～5 亿元	8.12	7.32
5000 万（含）～2 亿元	22.62	21.21
2000 万（含）～5000 万元	18.97	19.12
500 万（含）～2000 万元	23.05	23.63
500 万元以下	20.40	22.70
合计	100.00	100.00

（三）高新技术企业技术领域分布

图 1-2 和表 1-3 显示了 2018—2019 年不同技术领域的高新技术企业数量分布和占比情况。

从数量分布情况看，增长幅度最大的是电子信息技术领域，2019 年电子信息技术领域的高新技术企业数量较 2018 年增长了 14 199 家。其余依次是先进制造与自动化、新材料、高技术服务、生物与新医药、资源与环境、新能源与节能和航空航天技术领域，高新技术企业数量分别增长 11 815 家、6573 家、6131 家、2926 家、2596 家、1764 家和 278 家。

从数量占比情况看，电子信息技术领域的高新技术企业数量占比最高，2018 年和 2019 年所占比重分别为 31.45% 和 31.29%。其次是先进制造与自动化技术领域，2018 年和 2019 年所占比重分别为 23.47% 和 23.91%。再次是新材料技术领域，2018 年和 2019 年的比重分别为 15.73% 和 15.40%。处于第 4 位的是高技术服务技术领域，2018 年和 2019 年的比重分别为 10.57% 和 11.13%。这 4 个技术领域的高新技术企业数量所占比重均超过 10%，以 2019 年为例，上述 4 个技术领域的高新技术企业数量所占比重的总和达到 81.73%，已经超过所有高新技术企业数量的 4/5。而其余 4 个技术领域的高新技术企业数量所占比重均低于 10%，且这 4 个技术领域的高新技术企业数量所占比重的总和只有 18.27%。

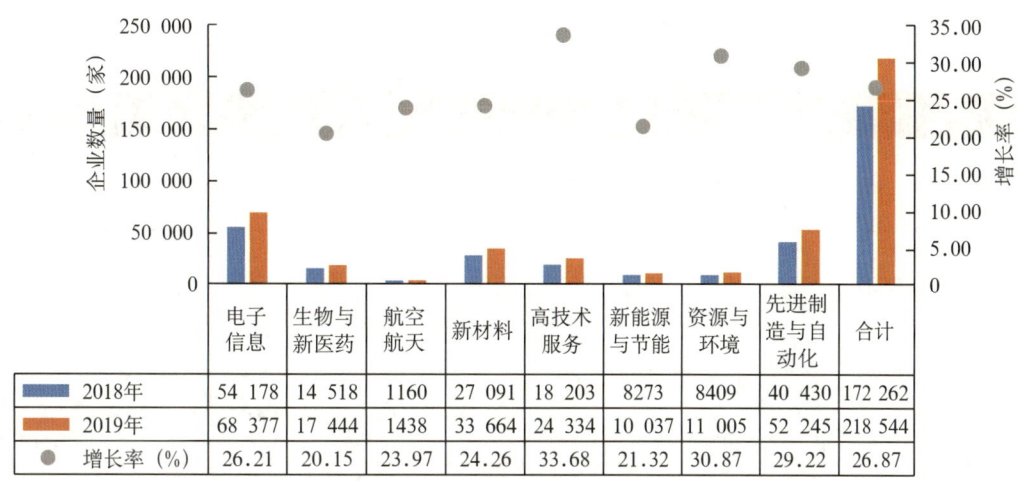

图 1-2　2018—2019 年不同技术领域的高新技术企业数量分布

表 1-3　2018—2019 年不同技术领域的高新技术企业数量占比　　　　　　　　　　　单位：%

技术领域	2018 年	2019 年
电子信息	31.45	31.29
生物与新医药	8.43	7.98
航空航天	0.67	0.66
新材料	15.73	15.40
高技术服务	10.57	11.13
新能源与节能	4.80	4.59
资源与环境	4.88	5.04
先进制造与自动化	23.47	23.91
合计	100.00	100.00

（四）高新技术企业行业分布

表 1-4 显示了 2018—2019 年不同行业的高新技术企业数量分布情况。

制造业，信息传输、软件和信息技术服务业及科学研究和技术服务业是高新技术企业分布较为集中的行业，其中数量最多的是制造业。2018 年和 2019 年，制造业的高新技术企业数量分别为 105 882

家和130 297家，2019年较2018年增长了23.06%。信息传输、软件和信息技术服务业及科学研究和技术服务业的高新技术企业数量分别为37 659家和50 654家、13 493家和18 113家，2019年较2018年分别增长了34.51%和34.24%。对比来看，制造业高新技术企业数量分别是处于第二位的信息传输、软件和信息技术服务业及处于第三位的科学研究和技术服务业的2.81倍和2.57倍、7.85倍和7.19倍。由此可以看出，我国科技创新能力的提升态势，不仅仅体现在高技术制造业，也逐步体现在数字经济、信息经济和高端生产型服务业相关的行业。

表1-4　2018—2019年不同行业的高新技术企业数量分布　　　　　　　　　　　　　　　单位：家

行业类型	2018年	2019年	增长率（%）
农、林、牧、渔业	1796	2374	32.18
采矿业	375	454	21.07
制造业	105 882	130 297	23.06
电力、燃气及水的生产和供应业	1365	1641	20.22
建筑业	3477	4568	31.38
批发和零售业	3167	4020	26.93
交通运输、仓储和邮政业	394	442	12.18
住宿和餐饮业	5	7	40.00
信息传输、软件和信息技术服务业	37 659	50 654	34.51
金融业	208	202	-2.88
房地产业	53	58	9.43
租赁和商务服务业	1086	1252	15.29
科学研究和技术服务业	13 493	18 113	34.24
水利、环境和公共设施管理业	1834	2476	35.01
居民服务、修理和其他服务业	430	581	35.12
教育	364	457	25.55
卫生和社会工作	145	210	44.83
文化、体育和娱乐业	529	737	39.32
公共管理、社会保障和社会组织	0	1	—
合计	172 262	218 544	26.87

（五）高新技术企业区域分布

表1-5显示了2018—2019年高新技术企业在不同地区的数量分布情况，具体呈现出以下特征。

第一，高新技术企业省（自治区、直辖市）分布极不平衡。2019年，广东（含深圳）、江苏、北京、上海、浙江（含宁波）、山东（含青岛）的高新技术企业数量超过万家，分别为49 991家、23 946家、

23 190家、12 619家、16 152家和11 358家,与2018年相比,增长幅度分别为11.87%、33.27%、23.69%、39.85%、36.75%和28.62%。2019年,高新技术企业数量不超过1000家的地区分别是西藏、青海、宁夏、海南、新疆和内蒙古,其数量分别为66家、176家、201家、563家、644家和896家。

第二,高新技术企业经济区域板块分布不平衡。依据图1-3所示,2018年和2019年东部地区的高新技术企业数量为125 112家和156 210家,远远超过中部地区的24 727家和32 742家、西部地区的16 731家和21 524家、东北地区的5692家和8068家,高新技术企业在东部沿海发达地区集聚的趋势非常明显。

第三,高新技术企业在不同经济带的集聚特征明显。依据图1-4所示,2018年和2019年长江经济带、粤港澳大湾区、京津冀地区、成渝经济圈、中原城市群中的高新技术企业数量分别为67 797家和89 998家、42 493家和47 477家、28 658家和36 814家、5607家和7213家、4978家和7004家。对比可以看出,位于长江经济带的高新技术企业分布数量相对最多,粤港澳大湾区、京津冀地区内的高新技术企业分布数量相对较多,而成渝经济圈、中原城市群内的高新技术企业分布数量则相对较少,但中原城市群高新技术企业数量增速最快。

表1-5　2018—2019年高新技术企业在不同地区的数量分布　　　　单位:家

地区	2018年	2019年	增长率(%)
北京	18 749	23 190	23.69
天津	4889	6013	22.99
河北	5020	7611	51.61
山西	1621	2485	53.30
内蒙古	750	896	19.47
辽宁	2472	3420	38.35
大连	1186	1727	45.62
吉林	893	1691	89.36
黑龙江	1141	1230	7.80
上海	9023	12 619	39.85
江苏	17 968	23 946	33.27
浙江	10 077	14 021	39.14
宁波	1734	2131	22.90
安徽	5324	6547	22.97
福建	2143	2856	33.27
厦门	1611	1911	18.62
江西	3483	5066	45.45
山东	5752	7553	31.31

续表

地区	2018年	2019年	增长率（%）
青岛	3079	3805	23.58
河南	3283	4749	44.65
湖北	6437	7686	19.40
湖南	4579	6209	35.60
广东	30 566	33 339	9.07
深圳	14 120	16 652	17.93
广西	1849	2366	27.96
海南	381	563	47.77
重庆	2430	3105	27.78
四川	4250	5594	31.62
贵州	1163	1620	39.29
云南	1329	1454	9.41
西藏	49	66	34.69
陕西	3120	4357	39.65
甘肃	892	1045	17.15
青海	166	176	6.02
宁夏	150	201	34.00
新疆	583	644	10.46
合计	172 262	218 544	26.87

注：5个计划单列市数据单独列出，未包含在所属省份的数据中，后同。

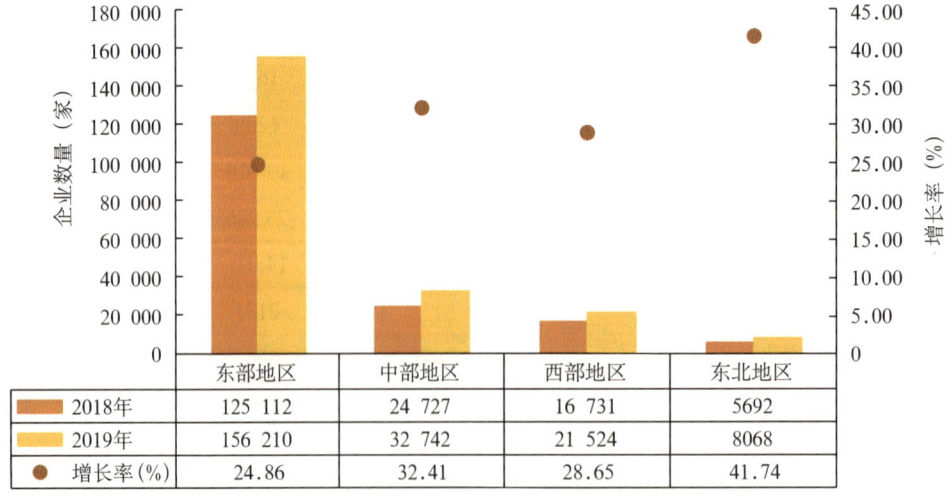

	东部地区	中部地区	西部地区	东北地区
2018年	125 112	24 727	16 731	5692
2019年	156 210	32 742	21 524	8068
增长率(%)	24.86	32.41	28.65	41.74

图 1-3　2018—2019年高新技术企业在不同区域的数量分布

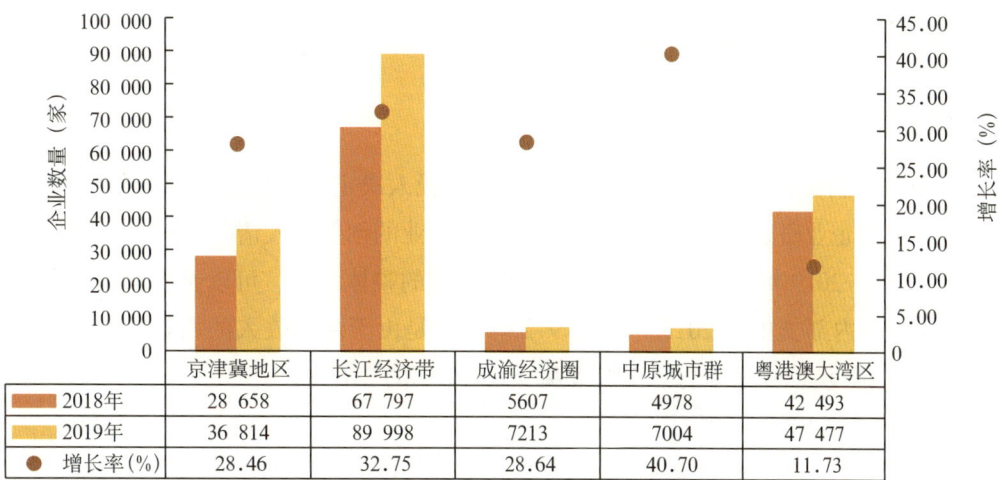

图 1-4 2018—2019 年高新技术企业在不同区域的数量分布

（六）高新技术企业在国家高新区内外分布

图 1-5 显示了 2018—2019 年国家高新区内外的高新技术企业数量分布情况。

国家高新区内外的高新技术企业数量均呈现较快增长态势。国家高新区内高新技术企业数量从 2018 年的 62 792 家，增长到 2019 年的 79 579 家，同比增长 26.73%。国家高新区外高新技术企业数量从 2018 年的 109 470 家，增长到 2019 年的 138 965 家，同比增长 26.94%。国家高新区外的高新技术企业数量明显高于国家高新区内的高新技术企业数量。具体来看，2018 年和 2019 年，国家高新区外的高新技术企业数量是国家高新区内的 1.74 倍和 1.75 倍，国家高新区内的高新技术企业数量和国家高新区外的差距在持续扩大。

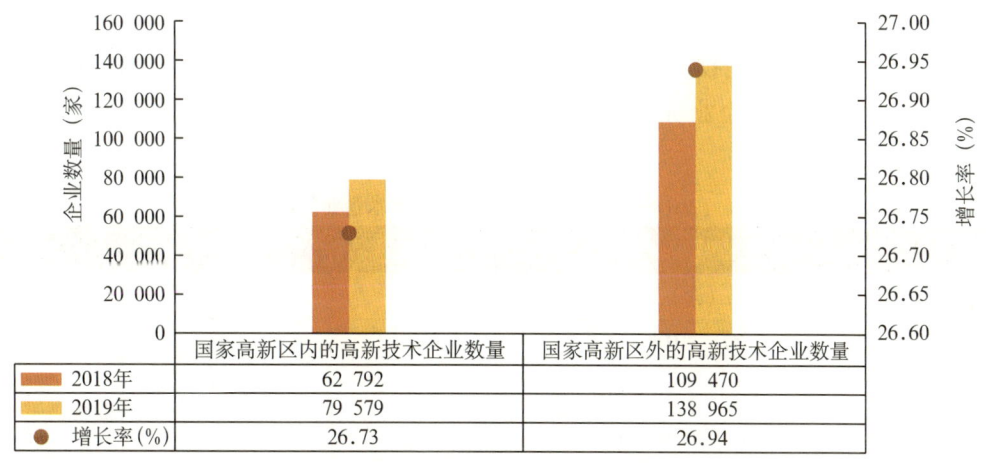

图 1-5 2018—2019 年国家高新区内外的高新技术企业数量分布

二、高新技术企业基本特征

（一）创新投入

高新技术企业的创新能力很大程度上由企业的研发投入决定，用企业R&D经费内部支出占营业收入的比重可以反映企业研发投入的强度[①]，从而说明企业的创新投入情况。

图1-6为2018—2019年高新技术企业创新研发强度的整体情况，可以看出，2019年全国高新技术企业的R&D经费内部支出较2018年增长9.25%。但是由于营业收入的增长幅度更大，同比增长15.87%，导致研发强度从2018年的2.79%下降至2019年的2.63%。

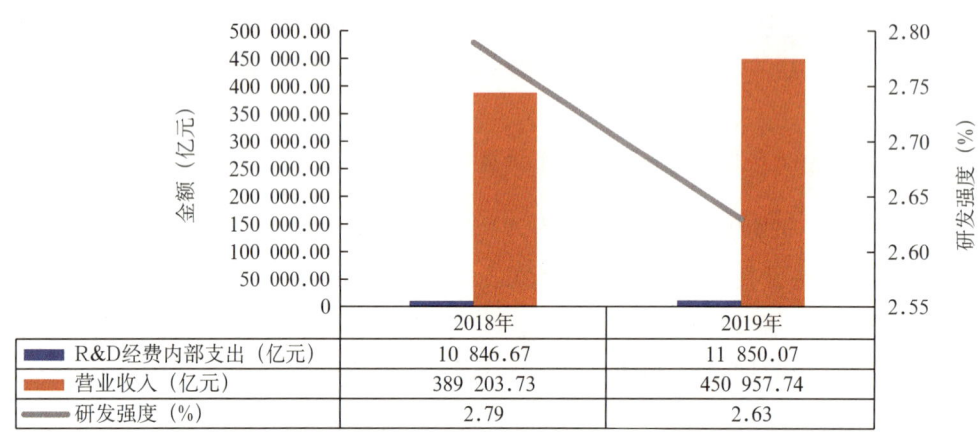

图1-6　2018—2019年高新技术企业创新研发强度

表1-6是2018—2019年不同规模高新技术企业的研发强度情况。

按照企业不同规模划分，2019年高新技术企业研发强度介于2.42%～12.94%。与2018年相比，2亿（含）～5亿元规模的高新技术企业的研发强度呈现上升，其余均呈现出小幅下降态势。而在规模相对小的高新技术企业中，企业研发强度相对较高。

表1-6　2018—2019年不同规模高新技术企业的研发强度　　　　　单位：%

企业规模	2018年	2019年
100亿元（含）以上	2.68	2.44
50亿（含）～100亿元	2.67	2.42
10亿（含）～50亿元	2.60	2.46
5亿（含）～10亿元	2.58	2.52
2亿（含）～5亿元	2.57	2.61
5000万（含）～2亿元	3.28	3.09

---

① 企业研发强度＝R&D经费内部支出/营业收入。

续表

企业规模	2018 年	2019 年
2000 万（含）～ 5000 万元	4.03	3.80
500 万（含）～ 2000 万元	5.35	4.71
500 万元以下	15.92	12.94

（二）创新成果

2018—2019 年高新技术企业的创新成果显著增加，主要体现在如下几个方面。

第一，各种类型专利的申请量、授权量和拥有量均得到较大幅度提升。如表 1-7 所示，2018 年高新技术企业专利的申请量、授权量和拥有量分别为 1 193 278 件、776 888 件和 3 646 531 件，2019 年分别为 1 367 695 件、892 775 件和 4 510 811 件，分别提高了 14.62%、14.92% 和 23.70%。其中，2018 年发明专利申请量、授权量和拥有量分别为 526 313 件、199 428 件和 1 017 746 件，占所有类型专利的比重为 44.11%、25.67% 和 27.91%，2019 年发明专利申请量、授权量和拥有量分别为 589 789 件、219 409 件和 1 177 539 件，占所有类型专利的比重为 43.12%、24.58% 和 26.10%。考虑到高新技术企业自身的数量增长因素，从高新技术企业的户均专利数量变化来看，2018 年高新技术企业户均专利申请量、授权量和拥有量分别为 6.93 件、4.51 件和 21.17 件，2019 年分别为 6.26 件、4.09 件和 20.64 件。在 2019 年相比 2018 年高新技术企业数量较大幅度增长的情形下，高新技术企业的户均专利数量呈现出相对稳定性，这就进一步说明了高新技术企业的自主创新能力在稳步提升。

第二，高新技术企业国际专利的申请量、授权量和有效专利拥有量显著提升。如表 1-7 所示，2018 年高新技术企业申请欧美日专利、PCT 国际专利分别为 26 071 件、32 103 件，2019 年分别为 33 336 件、36 635 件，提高了 27.87%、14.12%。同期，高新技术企业 2018 年的授权欧美日专利为 18 482 件，2019 年为 25 290 件，提高了 36.84%。高新技术企业 2018 年拥有境外授权专利、欧美日专利和境外授权发明专利数量分别为 123 756 件、79 417 件和 90 529 件，2019 年分别为 178 016 件、114 502 件和 128 169 件，分别增长了 43.84%、44.18% 和 41.58%。我国高新技术企业在境外所获得的各种专利特别是发明专利数量的较大幅度增加，表明高新技术企业的科技创新水平和国际竞争能力得到明显提升。

第三，高新技术企业在获取其他创新成果和知识产权能力方面也得到一定程度的提升。如表 1-7 所示，2018 年高新技术企业期末拥有注册商标、拥有软件著作权、拥有集成电路布图、拥有植物新品种、拥有国家一类新药品种等的数量分别为 977 413 件、1 184 800 件、14 904 件、4093 件和 438 件，2019 年分别为 1 275 061 件、1 733 676 件、19 290 件、5342 件和 470 件，分别增长了 30.45%、46.33%、29.43%、30.52%、7.31%。而国家一级中药保护品种数量 2018 年为 85 件，2019 年则为 65 件，下降了 23.53%。此外，高新技术企业的境外注册商标由 2018 年的 110 492 件增长到 2019 年的 138 747 件，增长幅度达到 25.57%，表明高新技术企业创新成果的国际化方面得到明显拓展。

第四，高新技术企业的技术转移活动日益活跃。如表1-7所示，高新技术企业的专利所有权转让及许可数和认定登记的技术合同项数，由2018年的35 957件和252 124件快速增长到2019年的47 814件和394 013件，增幅分别为32.98%和56.28%。这表明，高新技术企业对中国整体科技创新水平提升所产生的溢出效应和促进作用逐步得到强化。

表1-7 2018—2019年高新技术企业的创新成果构成   单位：件

知识产权类型	2018年	2019年	增长率（%）
当年专利申请量	1 193 278	1 367 695	14.62
其中：申请发明专利	526 313	589 789	12.06
其中：申请欧美日专利	26 071	33 336	27.87
其中：申请PCT国际专利	32 103	36 635	14.12
当年专利授权量	776 888	892 775	14.92
其中：授权发明专利	199 428	219 409	10.02
其中：授权国内专利	159 472	186 546	16.98
其中：授权欧美日专利	18 482	25 290	36.84
期末拥有有效专利量	3 646 531	4 510 811	23.70
其中：拥有境外授权专利	123 756	178 016	43.84
其中：拥有欧美日专利	79 417	114 502	44.18
其中：拥有发明专利	1 017 746	1 177 539	15.70
其中：境外授权发明专利	90 529	128 169	41.58
专利所有权转让及许可数	35 957	47 814	32.98
期末拥有注册商标	977 413	1 275 061	30.45
其中：当年注册商标	148 169	187 270	26.39
其中：境外注册商标	110 492	138 747	25.57
拥有软件著作权	1 184 800	1 733 676	46.33
其中：当年获得软件著作权	309 891	404 844	30.64
当年形成国际标准	712	496	−30.34
当年形成国家或行业标准	16 946	14 451	−14.72
认定登记的技术合同项数	252 124	394 013	56.28
当年获得国家科技奖励	935	320	−65.78
拥有集成电路布图（件）	14 904	19 290	29.43
拥有植物新品种	4093	5342	30.52
拥有国家一类新药品种	438	470	7.31
拥有国家一级中药保护品种	85	65	−23.53

（三）经济贡献

从高新技术企业对经济贡献的角度来看，具体表现在如下几个方面。

第一，高新技术企业对我国经济增长的贡献作用日益凸显，成为支撑我国经济高质量发展的重要力量之一。表1-8的数据显示，2018—2019年，高新技术企业的营业收入总额、净利润分别由2018年的389 203.73亿元和26 140.30亿元，增长到2019年的450 957.74亿元和27 340.65亿元，增幅分别为15.87%和4.59%。而从国家统计局数据来看，2019年规模以上工业企业营业收入比上年增长3.8%，利润比上年下降3.3%。对比可以发现，高新技术企业在创造营业收入和利润方面的能力，远远超过规模以上工业企业，对我国经济增长的支撑作用更加突出。此外，高新技术企业的上缴税费额由2018年的18 000.78亿元小幅下降到2019年的17 988.02亿元，下降幅度为0.07%。与此同时，高新技术企业的所有者权益（资产－负债）和吸引资本市场投资（境内外股市融资＋风险基金投资）这两个指标，分别由2018年的248 295.93亿元和13 666.90亿元增长到2019年的285 424.68亿元和16 544.17亿元，增幅分别为14.95%和21.05%。

第二，高新区外的高新技术企业对我国经济增长的贡献作用相对突出。表1-9和表1-10的数据显示，2018—2019年，国家高新区外高新技术企业的营业收入总额、净利润和上缴税费额，分别由2018年的225 911.07亿元、13 568.66亿元和9868.80亿元，增长到2019年的258 185.28亿元、13 473.48亿元和9782.69亿元，增幅分别为14.29%、−0.70%和−0.87%。国家高新区外高新技术企业的所有者权益和吸引资本市场投资这两个指标，分别由2018年的130 934.64亿元和6389.11亿元，增长到2019年的149 823.39亿元和6228.86亿元，增幅分别为14.43%和−2.51%。对比来看，同期国家高新区内的高新技术企业的营业收入总额、上缴税费额、所有者权益均低于高新区外高新技术企业相关指标。

表1-8　2018—2019年高新技术企业主要经济贡献指标　　　　　　　　　单位：亿元

经济贡献指标	2018年	2019年	增长率（%）
营业收入总额	389 203.73	450 957.74	15.87
净利润	26 140.30	27 340.65	4.59
上缴税费额	18 000.78	17 988.02	−0.07
所有者权益（资产－负债）	248 295.93	285 424.68	14.95
吸引资本市场投资（境内外股市融资＋风险基金投资）	13 666.90	16 544.17	21.05

表1-9　2018—2019年国家高新区内的高新技术企业主要经济贡献指标　　　　　单位：亿元

经济贡献指标	2018年	2019年	增长率（%）
营业收入总额	163 292.66	192 772.45	18.05
净利润	12 571.64	13 867.17	10.31
上缴税费额	8131.98	8205.33	0.90

续表

经济贡献指标	2018年	2019年	增长率（%）
所有者权益（资产-负债）	117 361.28	135 601.29	15.54
吸引资本市场投资（境内外股市融资＋风险基金投资）	7277.79	10 315.31	41.74

表1-10　2018—2019年国家高新区外的高新技术企业主要经济贡献指标　　单位：亿元

经济贡献指标	2018	2019	增长率（%）
营业收入总额	225 911.07	258 185.28	14.29
净利润	13 568.66	13 473.48	−0.70
上缴税费额	9868.80	9782.69	−0.87
所有者权益（资产-负债）	130 934.64	149 823.39	14.43
吸引资本市场投资（境内外股市融资＋风险基金投资）	6389.11	6228.86	−2.51

（四）社会效益

随着高新技术企业数量快速增加和质量的稳步提升，高新技术企业在创造就业岗位和吸引高质量人才等方面的作用也受到广泛关注，具体体现在如下几个方面。

第一，高新技术企业在吸引高质量人才方面取得显著成效。表1-11数据显示，2018—2019年，高新技术企业吸纳高校应届毕业生由2018年的95.45万人增长到96.20万人，增幅为0.78%。高新技术企业在吸纳博士、硕士和大学本科学历人才方面，由2018年的11.48万人、132.79万人和761.38万人，增长到2019年的12.65万人、149.63万人和855.59万人，增幅分别为10.19%、12.68%和12.37%，高于吸纳高校应届毕业生的整体增幅，说明高新技术企业在吸引高质量人才方面的能力相对更强。

第二，高新技术企业在创造就业岗位方面的重要作用也值得高度关注。表1-12数据显示，从业人员期末人数和从业人员年平均人数这两个指标来看，2018—2019年，高新技术企业的从业人员期末人数和从业人员年平均人数，分别由2018年的3131.56万人和3092.35万人增长到2019年的3436.99万人和3407.37万人，增幅分别为9.75%和10.19%。其中，高新技术企业的创新研发活动也体现在创造科技就业岗位方面，科技活动人员由2018年的756.68万人增长到2019年的824.80万人，增幅为9.00%。此外，高新技术企业在当年新增从业人员方面的贡献仍然突出，由2018年的504.56万人增长到2019年的535.20万人，增幅为6.07%。

第三，高新技术企业在吸引国外人才回流方面作用比较显著。表1-11数据显示，2018—2019年，高新技术企业吸引留学归国人员由2018年的13.39万人增长到2019年的14.38万人，增幅为7.33%。

第四，高新技术企业引进外籍专家和吸引外籍常驻人员数量出现下降。如表1-11显示，2018—2019年，高新技术企业引进外籍专家由2018年的1.49万人，下降到2019年的1.40万人，降幅为5.77%。高新技术企业吸引外籍常驻人员由2018年的5.75万人下降到2019年的5.29万人，降幅为8.00%。在我国深化推进对外开放格局和打造新型自由贸易区政策的背景下，此现象值得高度关注。

表1-11 2018—2019年高新技术企业吸引高质量人才指标　　　　　　　　　　　　　　单位：人

人员类型	2018年	2019年	增长率（%）
留学归国人员	133 937	143 759	7.33
外籍常驻人员	57 507	52 905	−8.00
外籍专家	14 862	14 005	−5.77
高校应届毕业生	954 528	961 952	0.78
博士	114 820	126 516	10.19
硕士	1 327 879	1 496 275	12.68
大学本科	7 613 757	8 555 916	12.37

表1-12 2018—2019年高新技术企业创造就业岗位指标　　　　　　　　　　　　　　单位：人

就业指标	2018年	2019年	增长率（%）
从业人员期末人数	31 315 617	34 369 917	9.75
从业人员年平均人数	30 923 468	34 073 746	10.19
科技活动人员合计	7 566 809	8 247 973	9.00
当年新增从业人员	5 045 586	5 351 998	6.07

三、高新技术企业政策落实

（一）企业盈利情况

从总体层面来看，高新技术企业的盈利能力得到加快提升。表1-13显示，2018—2019年，高新技术企业的净利润由2018年的26 140.30亿元增长到2019年的27 340.65亿元，增速达到4.59%。2019年全国规模以上工业企业实现净利润61 995.50亿元，同比下降3.30%，高新技术企业在创造利润方面的领先能力愈加凸显。

从国家高新区内外看，2018—2019年，国家高新区内的高新技术企业净利润由2018年的12 571.64亿元增长到2019年的13 867.17亿元，同期国家高新区外的高新技术企业净利润由2018年的13 568.66亿元下降到2019年的13 473.48亿元。2018—2019年，国家高新区外的高新技术企业净利润占高新技术企业净利润的比重分别为51.91%和49.28%，同期，国家高新区内的高新技术企业净利润占高新技术企业净利润的比重则分别为48.09%和50.72%（表1-14），这些数据表明，国家高新区内的高新技术企业盈利能力及其贡献程度，在一定程度上要高于国家高新区外的高新技术企业。

表1-13　2018—2019年高新技术企业盈利能力　　　　　　　　　　　　　　　　　　　单位：亿元

盈利能力指标	2018年	2019年	增长率（%）
净利润	26 140.30	27 340.65	4.59
高新区内高新技术企业净利润	12 571.64	13 867.17	10.31
高新区外高新技术企业净利润	13 568.66	13 473.48	−0.70

表1-14　2018—2019年高新技术企业盈利百分比　　　　　　　　　　　　　　　　　　单位：%

盈利能力指标	2018年	2019年
高新区内高新技术企业净利润	48.09	50.72
高新区外高新技术企业净利润	51.91	49.28

（二）政策享受情况

高新技术企业政策落实情况呈现以下几个方面特点。

第一，2亿元以上的高新技术企业享受企业所得税减免总额占比最多。2018—2019年，2亿元以上的高新技术企业享受企业所得税减免额分别为1824.24亿元和1910.13亿元，占比84.68%和83.54%，同比增长4.71%；5000万~2亿元的高新技术企业享受企业所得税减免额分别为251.14亿元和268.01亿元，占比11.66%和11.72%，同比增长6.72%；5000万元以下的高新技术企业享受企业所得税减免额分别为78.90亿元和108.25亿元，占比3.66%和4.73%，同比增长37.20%。从增长幅度看，5000万元以下的高新技术企业享受企业所得税减免增长幅度最大，2亿元以上的高新技术企业享受企业所得税减免增长幅度最小（表1-15）。

第二，10亿（含）~50亿元的高新技术企业获得政府创新补贴的总金额最多。2018年和2019年分别为283.33亿元和266.43亿元，同比减少5.96%；50亿（含）~100亿元的高新技术企业获得政府创新补贴的户均额最多，2018年和2019年分别为1619.50万元和1757.20万元，同比增长了8.50%；500万元以下的高新技术企业获得政府创新补贴金额的增长幅度最大，由2018年的20.79亿元增长到2019年的54.77亿元，增长了163.44%（表1-16）。

第三，中小规模高新技术企业的所得税减免金额和政府创新补贴金额所占份额呈现显著增加态势。表1-17和表1-18的数据显示，在不同规模的高新技术企业中，2亿元以下的高新技术企业所得税减免金额和政府创新补贴金额所占份额，2019年相对于2018年呈现出较为明显的增加态势，增长幅度分别为1.14和4.41个百分点。这进一步说明，我国各级政府的高新技术企业扶持政策越来越倾向于具有创新活力的科技型中小企业。

第四，我国西部地区、东北地区和中部地区的高新技术企业享受企业所得税减免金额所占比重呈现正增长，而东部地区的高新技术企业享受企业所得税减免金额所占比重呈现负增长。与此相反的是，我国西部地区、东北地区和中部地区的高新技术企业使用来自政府部门的科技活动经费额所占比重呈现负增长，而东部地区的高新技术企业使用来自政府部门的科技活动经费额所占比重呈现正增长。其中，东部地区的变化幅度也是所有地区中最大的，享受企业所得税减免金额所占比重从2018年的75.45%下滑到2019年的73.17%，收缩了2.28个百分点，使用来自政府部门的科技活动经费额所占比重从2018年的59.25%上升到2019年的61.20%，扩张了1.95个百分点（表1-19）。

表1-15 2018—2019年不同规模高新技术企业享受企业所得税减免金额　　　单位：亿元

企业规模	2018年	2019年	增长率（%）
100亿元（含）以上	402.72	383.23	-4.84
50亿（含）～100亿元	208.72	231.90	11.11
10亿（含）～50亿元	642.78	667.57	3.86
5亿（含）～10亿元	272.50	292.31	7.27
2亿（含）～5亿元	297.52	335.12	12.64
5000万（含）～2亿元	251.14	268.01	6.72
2000万（含）～5000万元	56.79	82.72	45.66
500万（含）～2000万元	19.72	18.14	-8.01
500万元以下	2.39	7.39	209.21
合计	2154.29	2286.40	6.13

表1-16 2018—2019年不同规模高新技术企业获得政府创新补贴金额

企业规模	2018年 经费（亿元）	2018年 个数（家）	2019年 经费（亿元）	2019年 个数（家）	经费增长率（%）
100亿元（含）以上	61.89	427	68.22	499	10.23
50亿（含）～100亿元	103.81	641	129.33	736	24.58
10亿（含）～50亿元	283.33	5001	266.43	5543	-5.96
5亿（含）～10亿元	84.03	5709	90.86	6381	8.13
2亿（含）～5亿元	77.73	13 990	91.30	16 006	17.46
5000万（含）～2亿元	100.10	38 960	114.04	46 345	13.93
2000万（含）～5000万元	39.11	32 682	46.50	41 781	18.90
500万（含）～2000万元	32.22	39 711	40.45	51 652	25.54
500万元以下	20.79	35 141	54.77	49 601	163.44
合计	803.01	172 262	901.90	218 544	12.31

表 1-17　2018—2019 年不同规模高新技术企业享受企业所得税减免金额占比　　单位：%

企业规模	2018 年	2019 年
100 亿元（含）以上	18.69	16.76
50 亿（含）～ 100 亿元	9.69	10.14
10 亿（含）～ 50 亿元	29.84	29.20
5 亿（含）～ 10 亿元	12.65	12.78
2 亿（含）～ 5 亿元	13.81	14.66
5000 万（含）～ 2 亿元	11.66	11.72
2000 万（含）～ 5000 万元	2.64	3.62
500 万（含）～ 2000 万元	0.92	0.79
500 万元以下	0.11	0.32
合计	100.00	100.00

表 1-18　2018—2019 年不同规模高新技术企业获得政府创新补贴金额占比　　单位：%

企业规模	2018 年	2019 年
100 亿元（含）以上	7.71	7.56
50 亿（含）～ 100 亿元	12.93	14.34
10 亿（含）～ 50 亿元	35.28	29.54
5 亿（含）～ 10 亿元	10.46	10.07
2 亿（含）～ 5 亿元	9.68	10.12
5000 万（含）～ 2 亿元	12.47	12.64
2000 万（含）～ 5000 万元	4.87	5.16
500 万（含）～ 2000 万元	4.01	4.48
500 万元以下	2.59	6.07
合计	100.00	100.00

表 1-19　2018—2019 年不同区域高新技术企业享受企业所得税减免和获得政府创新补贴占比　　单位：%

区域	指标	2018 年	2019 年
东部地区	享受企业所得税减免金额所占比重	75.45	73.17
	使用来自政府部门的科技活动经费额所占比重	59.25	61.20
中部地区	享受企业所得税减免金额所占比重	14.45	15.36
	使用来自政府部门的科技活动经费额所占比重	15.04	14.21
西部地区	享受企业所得税减免金额所占比重	6.58	7.95
	使用来自政府部门的科技活动经费额所占比重	20.95	20.52

续表

区域	指标	2018 年	2019 年
东北地区	享受企业所得税减免金额所占比重	3.52	3.53
	使用来自政府部门的科技活动经费额所占比重	4.75	4.07

四、小结

① 2018 年和 2019 年，是我国经济全面进入高质量发展阶段的重要启动时期，高新技术企业成为各级政府实施创新驱动发展的重要抓手，也是推动地方经济高质量发展的主力军。在进一步完善高新技术企业政策和持续强化高新技术企业监管制度等举措激励下，我国高新技术企业不仅在数量方面维持了高速增长的态势，高新技术企业的发展质量和自主技术创新能力也得到稳步提升。高新技术企业对深入实施创新驱动发展战略和促进企业技术创新能力提升的作用更加突出，对我国经济增长的贡献愈加显著。

② 从 2018 年和 2019 年我国高新技术企业的技术领域、行业特征和区域分布情况看，技术领域主要集中在电子信息和先进制造与自动化两个领域；行业主要集聚在制造业，信息传输、软件和信息技术服务业，科学研究和技术服务业三大行业。与此同时，高新技术企业在不同区域之间数量分布存在较为突出的不均衡现象。这表明，中西部地区政府可以采取鼓励和促进高新技术企业快速健康发展等政策举措，实现全国地区之间的均衡性发展。

③ 高新技术企业对我国经济增长的贡献越来越大，2018 年和 2019 年的相关数据表明，无论是创新投入和创新产出，还是经济贡献和社会贡献，高新技术企业的支撑作用均得到进一步强化和体现。特别是在营业收入总额、净利润、吸引高质量人才、创造就业岗位等核心指标方面，高新技术企业均表现出强劲的增长态势，高新技术企业已经成为支撑我国经济高质量发展的核心力量之一。

④ 高新技术企业在吸引国内外各类人才方面的集聚效应逐步凸显，成为我国加快实施人才强国的重要抓手。从高新技术企业吸引高质量人才方面来看，高新技术企业既是吸纳高校应届毕业生就业的重要源泉，更在吸引博士、硕士和大学本科学历人才就业方面表现出特定优势。从高新技术企业吸引国外人才回流方面来看，高新技术企业已经成为我国海外人才回国进行就业和创业的重要平台。

第二章
高新技术企业的创新投入

高新技术企业的核心竞争力在于创新能力，而创新能力的基础和支撑是创新投入。通过高创新投入实现创新要素和资本要素的紧密结合，进而激发自主创新的内生动力，是高新技术企业确立其关键创新主体地位的重要保障。本章将从高新技术企业科技人力资本、科技活动和研发经费支出及科技活动组织形式等方面的规模与结构进行分析，探究其创新投入的现状与特征，以期全面了解当前我国高新技术企业的创新潜力，为加强高新技术企业创新能力提供有价值的参考。

一、高新技术企业的科技人力资本

科技人力资本是当今世界的竞争焦点，是创新活动的核心要素。近年来，在国家创新环境不断优化、高新技术企业数量进入高速扩张阶段的叠加影响下，高新技术企业人力资本不断积累，科技人员结构进一步优化。特别在科技创新驱动和需求快速增长的拉动下，全国高新技术企业进入高质量发展阶段，在着力培育壮大科技人力资本、促进科技创新能力提升的同时，也在稳就业、强动能方面发挥着日益重要的作用。以下将分别基于从业人员与科技人员相关统计数据，详细分析2018—2019年我国高新技术企业科技人力资本的发展情况与具体特征。

（一）从业人员

伴随着全国高新技术企业快速发展及地方大力度人才引进计划的出台与实施，尽管全国企业及全国从业人员数量皆呈小幅下降态势[①]，高新技术企业从业人员数量仍然持续高速增长，2019年再创新高，达3436.99万人，相较2018年的3131.56万人同比增长9.75%。其中，当年新增从业人员535.20万人，同比增长6.07%；吸纳高校应届毕业生96.20万人，同比增长0.78%；当年留学归国人员增长较快，以7.39%的速率从2018年的13.39万人增长至2019年的14.38万人。这表明，我国高新技术企业在吸纳人才、缓解高校毕业生就业压力的同时，成为助推实现国民经济高质量发展的重要生力军（图2-1）。

---

① 据《中国统计年鉴》中就业人数减个体就业人数可计算得到全国企业当年期末从业人员数量。其中，2018—2019年，全国企业期末从业人员数分别为60 549万人和59 779万人，同期全国期末从业人员数分别为77 586万人和77 471万人。

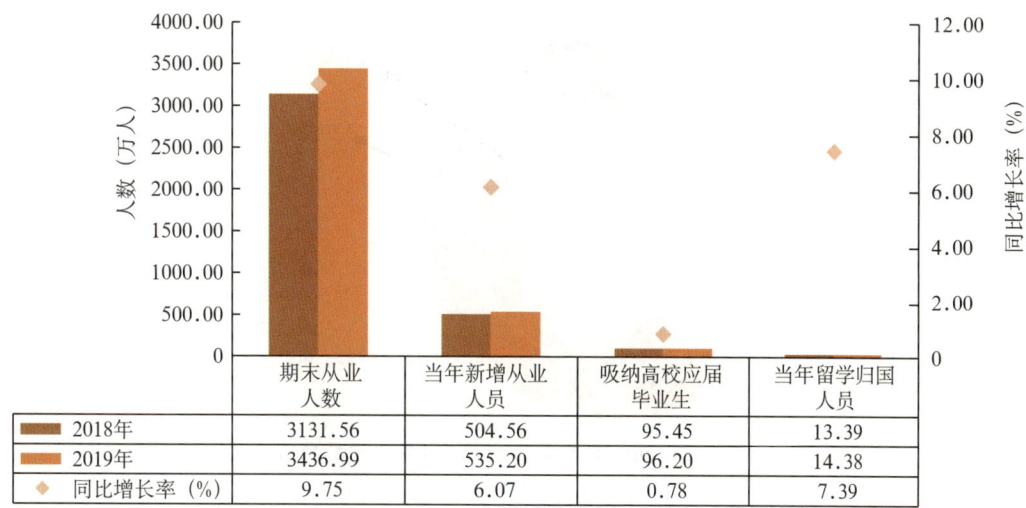

图 2-1　2018—2019 年高新技术企业从业人员情况

高新技术企业中高学历从业人员占比一直维持在较高水平。近年来，高新技术企业从业人员整体结构不断优化，高学历化和高技能化趋势愈发明显。图 2-2 中数据显示，2019 年高新技术企业中具有大专及以上学历的人员占从业人员的比重达 50.82%。具体来看，具有研究生学历（博士、硕士）的从业人员规模为 163.52 万人、本科生为 855.59 万人、大专生为 727.69 万人，同比分别增长 12.45%、12.37%、9.10%。同时，2019 年本科及以上学历从业人员占比由 28.95% 提升至 29.65%，其中，研究生学历从业人员占比由 4.64% 提升至 4.76%，本科学历从业人员占比由 24.31% 提升至 24.89%，而大专学历从业人员的占比有所下降（图 2-3）。

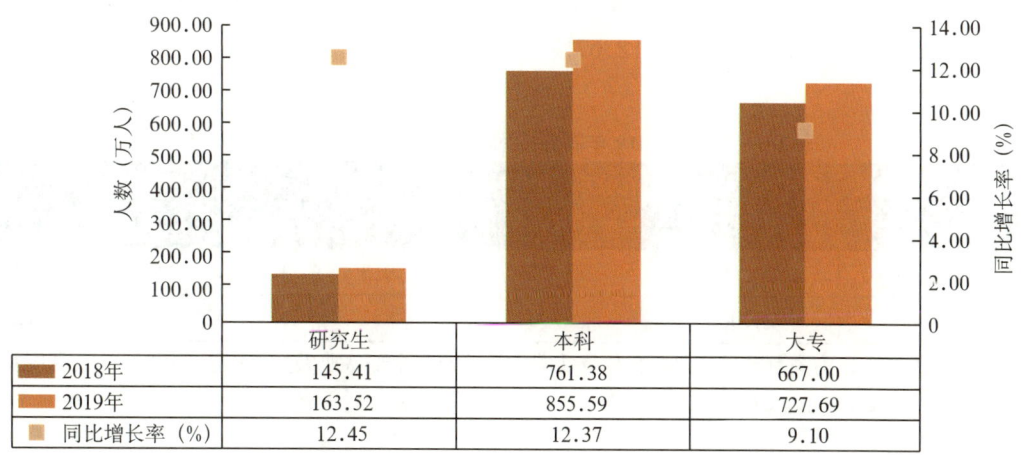

图 2-2　2018—2019 年高新技术企业各学历从业人员情况

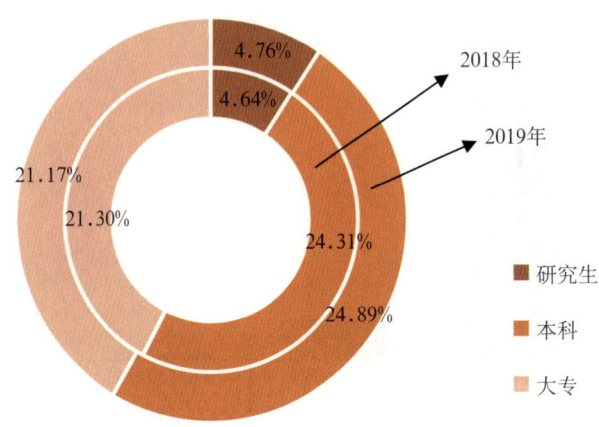

图 2-3　2018—2019 年高新技术企业从业人员的学历分布

（二）科技活动人员

科技人力资本是实现企业高质量发展的核心支撑，科技活动人员聚集是高新技术企业区别于一般企业的标志之一。在建设创新型国家的科技发展政策引领下，2019 年我国高新技术企业科技人力投入总量延续上一年的稳步增长势头，再攀新高，科技活动人员的规模分布及其结构渐趋稳定。

1. 科技活动人员的变化趋势

2019 年，全国高新技术企业中从事科技活动人员共计 824.80 万人，同比增长 9.00%，占全部从业人员总数的 24.00%，较上年下降 0.16 个百分点。企业 R&D 人员全时当量以 0.08% 的速率实现微幅增长，达到 286.00 万人年，占全国 R&D 人员全时当量（480.08 万人年）的 59.57%；R&D 人员数从 437.08 万人微幅下降至 435.47 万人。从 R&D 人员密度来看，2019 年高新技术企业每万名从业人员中研发人员全时当量数为 832 人年，虽同比下降了 8.87%，但一直维持在较高水平。全部从业人员中，R&D 人员占比从 13.96% 下降至 12.67%（表 2-1）。

表 2-1　2018—2019 年高新技术企业科技活动人员变化趋势

年度	科技活动人员数（万人）	科技活动人员占比（%）	R&D 人员全时当量（万人年）	R&D 人员密度（人年/万人）	R&D 人员数（万人）	R&D 人员占比（%）
2018	756.68	24.16	285.77	913	437.08	13.96
2019	824.80	24.00	286.00	832	435.47	12.67

注：科技活动人员占比为高新技术企业拥有科技活动人员数与其全部从业人员的比值；R&D 人员密度及 R&D 人员占比则分别为企业 R&D 人员全时当量、R&D 人员数占其全部从业人员的比值。

2. 科技活动人员的技术领域分布

不同技术领域科技活动人员、R&D 人员全时当量及 R&D 人员的数量差异显著。2019 年，电子信息、新材料、高技术服务、先进制造与自动化四大技术领域聚集了高新技术企业 81.62% 的科技活动人员、80.06% 的 R&D 人员全时当量及 80.17% 的 R&D 人员。其中，电子信息技术领域的高新技术企业在吸纳科技人才方面独占鳌头，吸纳科技活动人员253.87万人，同比增长8.90%，在高新技术企业从事科技活动人员数量总体中占比高达30.78%；拥有企业R&D人员全时当量及R&D人员数分别为81.26万人年、120.15万人，占总体的比例分为28.41%、27.59%。与之相对，航空航天、资源与环境两大技术领域集聚科研人才规模均低于总体的5%（图2-4、图2-5）。

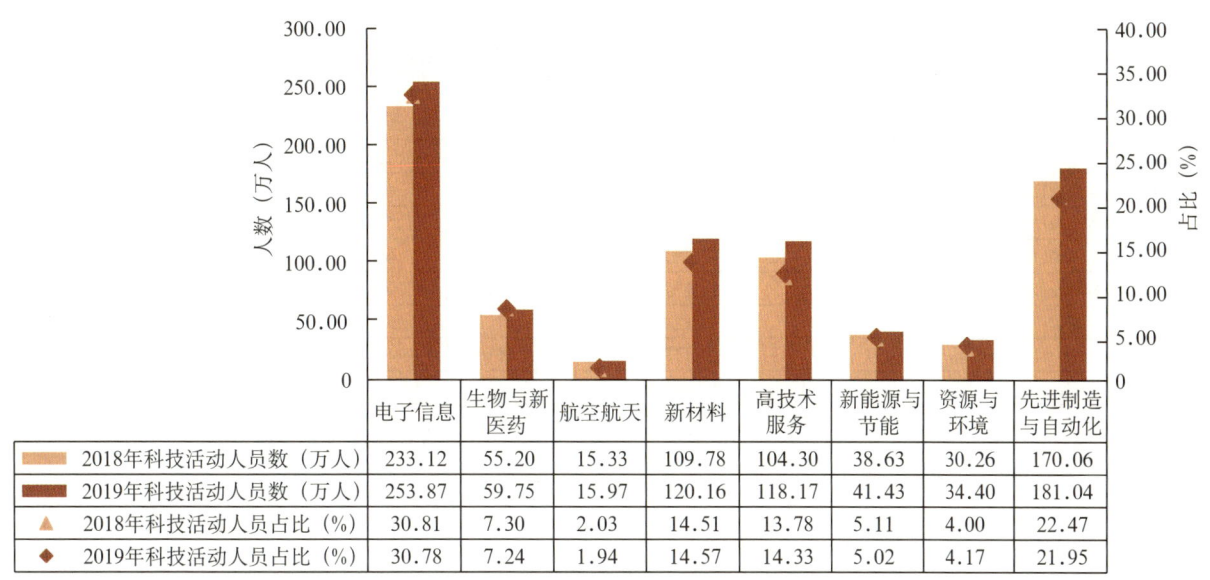

图2-4　2018—2019年高新技术企业科技活动人员技术领域分布

排除企业规模的影响，观察各技术领域高新技术企业科技活动人员占比、R&D人员占比及R&D人员密度的相对水平及其结构，可以发现：一方面，科技活动人员与研发人员相对规模的技术领域分布结构大致相同，且显著异于绝对规模的分布态势；另一方面，虽然不同技术领域内高新技术企业拥有科技活动人员的相对规模差异较绝对规模差异有所下降、尤其在极差方面，但差异依然明显。具体来看，聚集科研人才规模较小的航空航天技术领域，其高新技术企业的科技活动人员占比及R&D人员密度却处于较高水平，例如，2019年拥有科技活动人员占比上升至1.94%，R&D人员密度及R&D人员占比虽较上一年出现微幅下降，但仍在1693人年/万人和22.39%的较高水平,远超其他技术领域。而各指标的动态变化趋势表明，当前各技术领域高新技术企业聚集科技活动人员的数量及密度虽出现了或升或降的波动变化，但分布相对平稳，各技术领域高新技术企业集聚科技活动人员规模的差异性还将持续存在（图2-4、图2-5）。

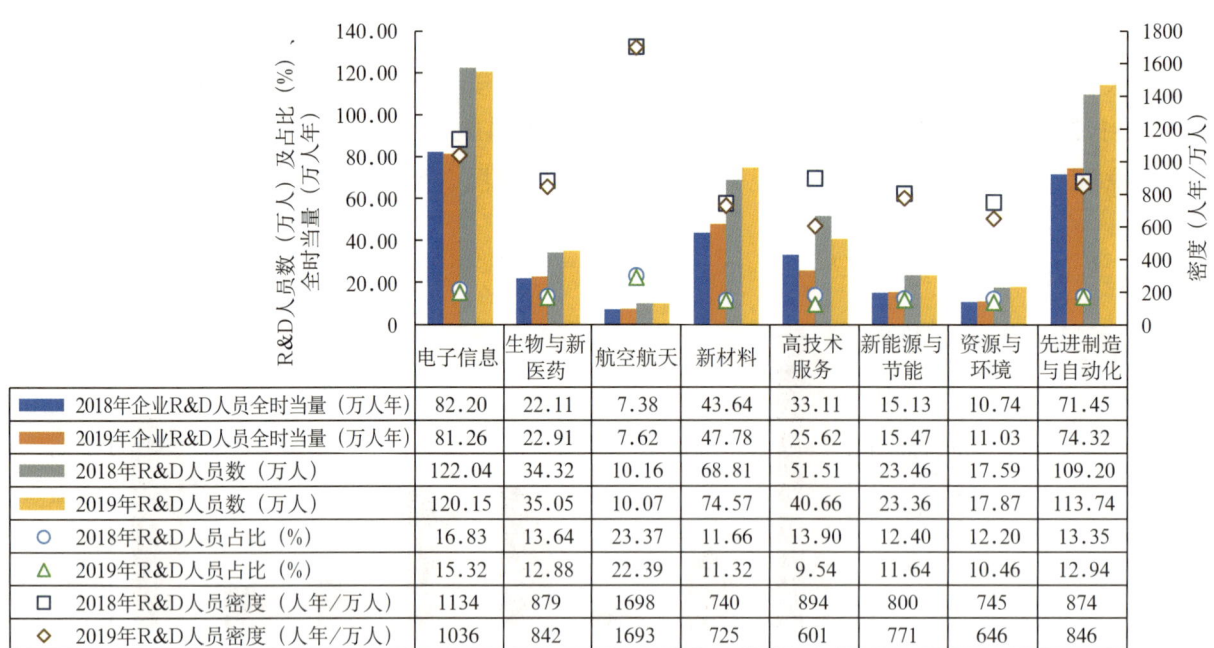

图 2-5 2018—2019 年高新技术企业 R&D 人员及 R&D 人员密度技术领域分布

3. 科技活动人员的行业分布

从不同行业角度看，高新技术企业科技人才资源分布的不平衡性特征同样显著。如表 2-2 中数据所示，2019 年高新技术企业 95% 以上的科技活动人员和 96% 以上的研发人员集聚在制造业，信息传输、软件和信息技术服务业，科学研究和技术服务业及建筑业四大行业。其中，制造业高新技术企业是吸纳科技活动人员的绝对主力，达到 507.05 万人，吸引研发人才规模也最大，R&D 人员全时当量和 R&D 人员数高达 215.81 万人年和 326.66 万人，占总体比例分别为 61.48%、75.46% 和 75.01%。教育与文化、体育和娱乐业等行业领域高新技术企业拥有的科技活动人才规模则非常有限，占比均远低于 1%。同时，各行业领域科研人员集聚规模的整体变化趋势表明，科技活动人员规模稳中有升，研发人员数量稳中有降，但二者在行业间的相对分布结构均未出现显著变动，行业间创新人才分布的不平衡性特征持续存在。

表 2-2 2018—2019 年高新技术企业科技活动人员的行业分布

行业	科技活动人员（万人）		科技活动人员占比（％）		R&D 人员全时当量（万人年）		R&D 人员密度（人年/万人）		R&D 人员数（万人）		R&D 人员占比（％）	
	2018 年	2019 年	2018 年	2019 年	2018 年	2019 年	2018 年	2019 年	2018 年	2019 年	2018 年	2019 年
农、林、牧、渔业	3.22	3.52	23.45	23.89	0.77	0.63	562	426	1.27	1.09	9.26	7.43
采矿业	5.90	6.26	15.70	14.64	2.32	2.56	618	598	3.76	3.75	10.00	8.76
制造业	477.54	507.05	20.48	20.10	205.35	215.81	881	855	313.28	326.66	13.44	12.95

续表

行业	科技活动人员（万人）		科技活动人员占比（%）		R&D人员全时当量（万人年）		R&D人员密度（人年/万人）		R&D人员数（万人）		R&D人员占比（%）	
	2018年	2019年	2018年	2019年	2018年	2019年	2018年	2019年	2018年	2019年	2018年	2019年
电力、燃气及水的生产和供应业	4.41	4.71	23.13	22.40	1.50	1.41	788	668	2.42	2.18	12.69	10.36
建筑业	35.45	39.57	22.53	21.92	14.10	8.54	896	473	21.12	12.58	13.42	6.97
批发和零售业	6.41	6.48	30.25	35.25	1.73	1.53	817	831	2.54	2.36	11.98	12.82
交通运输、仓储和邮政业	2.32	2.22	21.54	21.87	0.52	0.34	485	336	0.85	0.51	7.84	5.02
信息传输、软件和信息技术服务业	153.92	176.94	45.95	46.01	40.75	37.39	1216	972	61.08	56.68	18.23	14.74
租赁和商务服务业	2.69	3.00	23.03	25.63	0.31	0.28	262	235	0.51	0.49	4.34	4.22
科学研究和技术服务业	54.18	62.68	36.33	35.82	16.32	15.59	1094	891	26.42	25.89	17.72	14.79
水利、环境和公共设施	4.08	4.57	25.68	25.64	1.09	1.06	686	593	1.93	1.77	12.14	9.91
教育	1.51	2.08	16.90	16.12	0.12	0.13	131	101	0.20	0.24	2.22	1.85
文化、体育和娱乐业	1.06	1.27	32.28	31.98	0.23	0.19	687	476	0.38	0.29	11.62	7.36
其他行业	3.98	4.45	23.93	21.94	0.65	0.56	1640	1248	1.33	0.98	7.99	4.83

注：其他行业包括住宿和餐饮业，金融业，房地产业，居民服务、修理和其他服务业，卫生和社会工作及公共管理、社会保障和社会组织等6类行业部门。

二、高新技术企业的科技活动和研发经费支出

科技资金投入是提升企业创新能力的重要保障，高新技术企业科技活动和研发经费投入的规模与结构是评价其科技实力和创新能力的重要指标。以下将分别从不同维度对科技活动和研发经费的支出规模、投入强度等指标进行分析，以明确当前全国高新技术企业在创新资金投入方面的现状与特征。

（一）科技活动和研发经费支出规模与变化趋势

随着创新驱动发展战略深入推进，全国高新技术企业科技资金投入力度不断加大。图2-6中数据显示，2019年，高新技术企业科技活动经费内部支出数额延续高速增长，达23 475.74亿元，同比增长19.06%；R&D经费内部支出也持续提升至11 850.07亿元，同比增长9.25%，占全国企

业 R&D 经费内部支出（16 921.79 亿元）的 70.03% 及全国 R&D 经费内部支出（22 143.58 亿元）的 53.51%。从支出强度看，2019 年，户均科技活动费用支出 1074.19 万元，同比下降 6.15%，人均科技活动费用支出从 26.06 万元增长到 28.46 万元，同比增长 9.21%。但研发支出强度出现微幅波动，一方面，高新技术企业整体 R&D 投入强度从上一年的 2.79% 下降至 2.63%，但仍高于全国水平（2.23%）[1]，同时户均 R&D 经费内部支出从 2018 年的 629.66 万元，降至 2019 年的 542.23 万元，同比下降了 13.89%；另一方面，企业人均 R&D 经费内部支出从 24.82 万元升至 27.21 万元，同比增长 9.63%（表 2-3）。

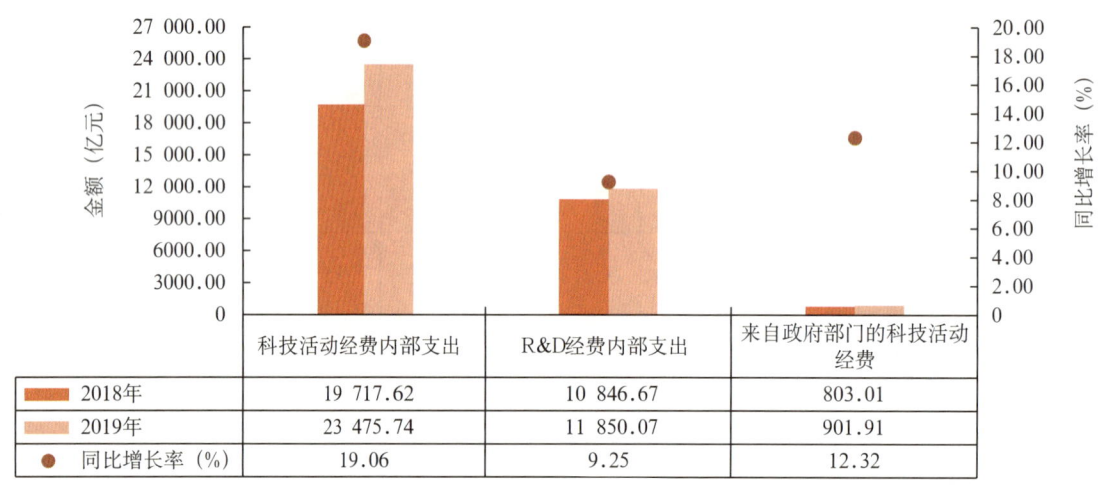

图 2-6　2018—2019 年高新技术企业各项科技活动经费支出

表 2-3　2018—2019 年高新技术企业科技活动经费支出与研发强度的变化趋势

年度	科技活动经费内部支出		企业 R&D 经费内部支出			政府部门的科技活动经费支出强度	
	户均（万元）	人均（万元）	户均（万元）	人均（万元）	研发强度(%)	户均（万元）	人均（万元）
2018	1144.63	26.06	629.66	24.82	2.79	46.62	1.06
2019	1074.19	28.46	542.23	27.21	2.63	41.27	1.09

注：①高新技术企业研发强度为企业 R&D 经费内部支出与企业营业收入之比；
②高新技术企业人均科技活动经费内部支出为科技活动经费内部支出与科技活动人员合计的比值；
③高新技术企业人均 R&D 经费内部支出为 R&D 经费内部支出与 R&D 人员数之比。

除企业投入外，政府为激励企业研发与创新，充分发挥财政资金的引导和杠杆作用，不断加大科技资金的投入力度。2019 年，高新技术企业收到来自政府部门的科技活动经费合计 901.91 亿元，

---

[1] 此处需注意，国家统计局公布的全社会研发强度为全国 R&D 经费内部支出与国内生产总值之比，而本文中的高新技术企业研发强度为企业 R&D 经费内部支出与营业收入之比，二者核算方法略有差别。

同比增长 12.32%。同时，政府部门的科技活动经费支出强度也不断提升，其中人均支出同比增长了 2.83%（图 2-6、表 2-3）。

（二）不同规模高新技术企业的经费投入

不同营收规模下，高新技术企业的科技活动和研发经费投入差异较大。从投入总量的分布情况看，100 亿元（含）以上、10 亿（含）～50 亿元、5000 万（含）～2 亿元 3 类营收规模的企业的科技活动和研发经费支出规模较大，特别是 100 亿元（含）以上和 10 亿（含）～50 亿元 2 类营收规模企业，2019 年科技活动和研发经费支出均为营收规模在 500 万元以下的小规模企业的 10 倍以上。各营收规模下的 2 类经费支出均平稳上升，支出分布的相对结构未出现明显变化（图 2-7）。

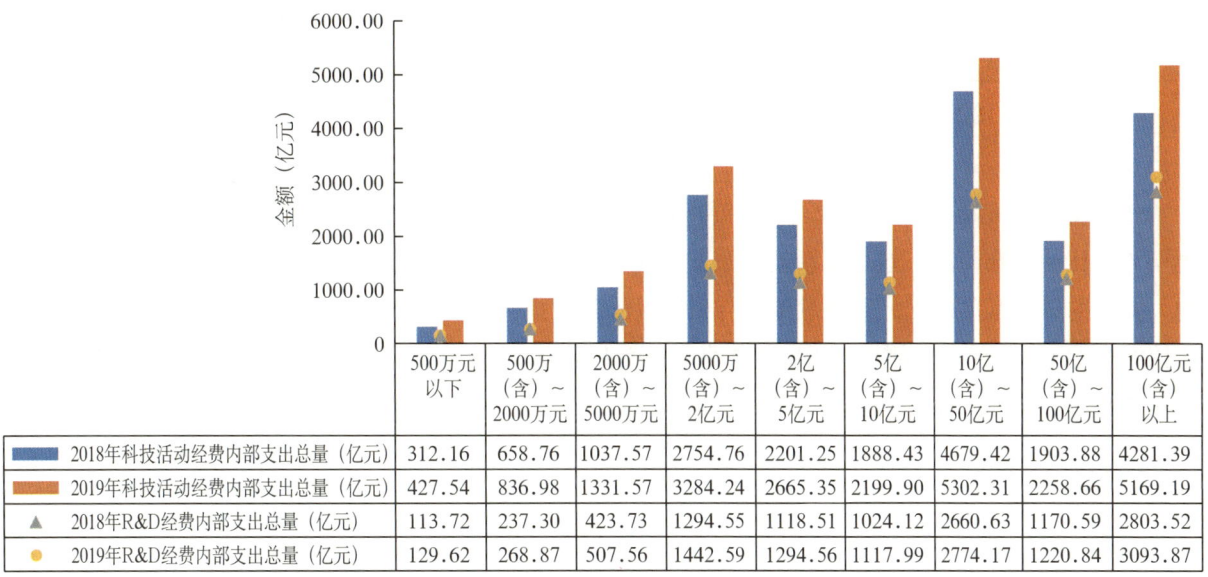

图 2-7　2018—2019 年高新技术企业科技活动和研发经费投入的规模分布

以企业户均和人均科技活动和研发经费支出情况度量各营收规模下高新技术企业科技活动和研发经费投入强度，其分布情况如图 2-8 所示。可以看出，不管是科技活动经费内部支出强度还是研发经费支出强度，都呈现出明显的随企业营收规模增加而递增的态势，极值差异显著，特别是科技活动经费内部支出强度的分布差异较研发经费支出强度更大。

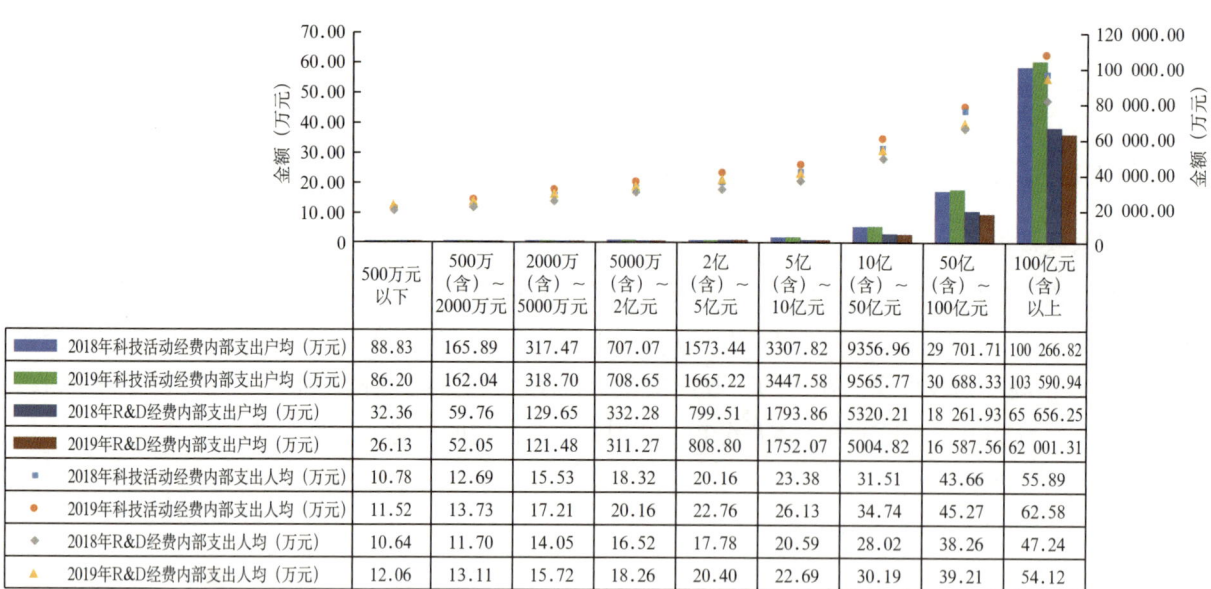

图 2-8　2018—2019 年高新技术企业科技活动和研发经费投入强度的规模分布

作为度量企业研发强度的另一个重要指标，高新技术企业 R&D 经费内部支出强度显示出与营收规模成反比的分布特征，这与高新技术企业认定标准相吻合。企业在被认定为高新技术企业时，规模越大要求的研发强度越低。需注意到，与上述投入强度指标所显示出的小幅上升态势不同，2019 年高新技术企业 R&D 经费内部支出强度整体呈下降趋势，其中，500 万元以下规模企业的降幅最为显著，下降 2.98 个百分点（图 2-9）。

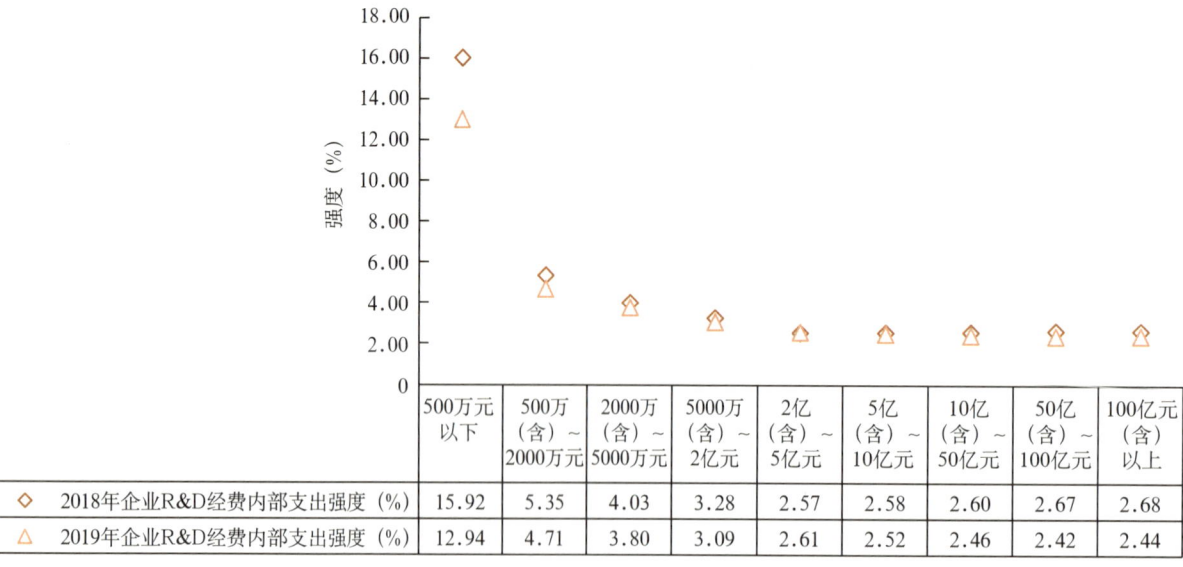

图 2-9　2018—2019 年高新技术企业 R&D 经费内部支出强度的规模分布

（三）不同技术领域高新技术企业的经费投入

图 2-10 中展示了 2018—2019 年高新技术企业科技活动和研发经费投入在不同技术领域的分布情况。一方面，二者总体分布的结构态势几乎相同，高度集中在电子信息、先进制造与自动化、新材料及高技术服务四大技术领域。具体而言，2018—2019 年，这 4 类技术领域高新技术企业科技活动和研发经费支出在总投入中的占比保持在 80% 上下的高水平区间，远高出其他技术领域。另一方面，2 类费用支出在不同技术领域间的差异较大，极值差异明显。2019 年，科技活动和研发经费支出规模最高的是电子信息技术领域，分别为 6820.43 亿元、3582.54 亿元，最低的则是航空航天技术领域，分别为 561.25 亿元和 316.53 亿元，二者差异超过 10 倍。从各技术领域经费投入的动态变化角度看，2019 年各技术领域的科技活动和研发经费支出整体稳中有升，仅高技术服务技术领域的研发经费支出出现下降，显示各技术领域经费投入的相对结构比较稳定。

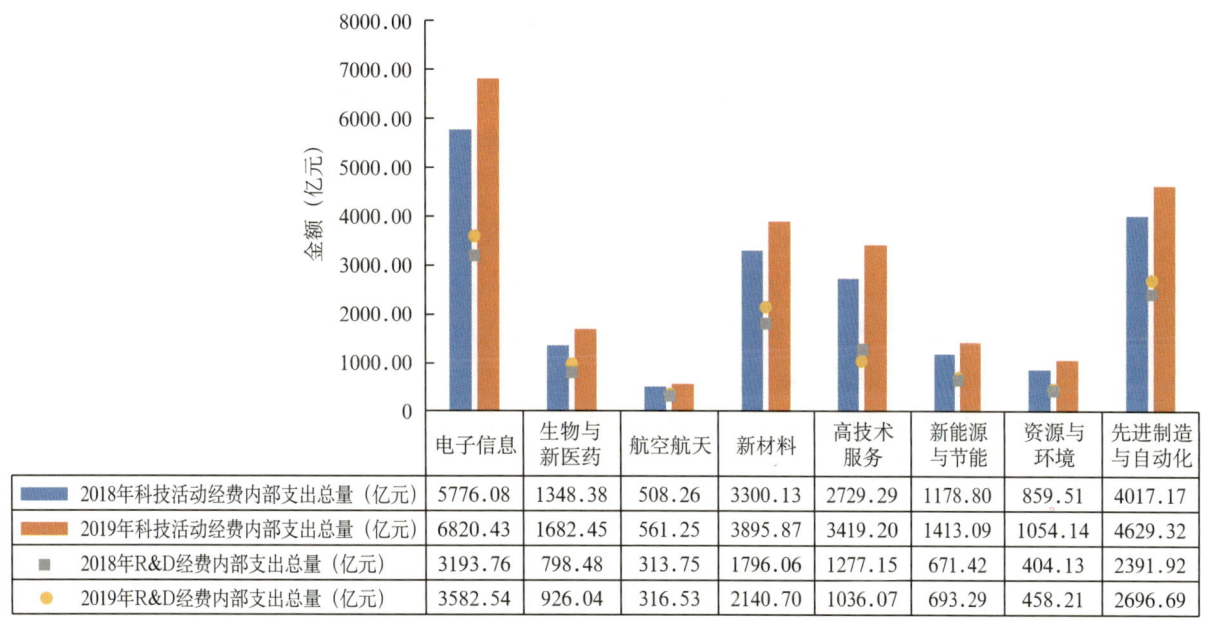

图 2-10　2018—2019 年高新技术企业科技活动和研发经费投入的技术领域分布

与费用支出总量在各技术领域分布的显著差异相对，支出强度的分布较为均衡。首先，就人均费用支出而言，2019 年，各技术领域高新技术企业的人均科技活动和研发经费内部支出均在 26 万元左右，其中航空航天技术领域较高，人均科技活动经费内部支出为 35.15 万元、人均研发经费支出为 31.42 万元，先进制造与自动化技术领域的人均科技活动经费内部支出则均处于相对较低水平。同时，除去航空航天技术领域，户均费用支出的技术领域分布整体也处于相对均衡状态。此外，从各技术领域 2 类费用支出强度的动态变化看，与 2018 年相比，2019 年企业户均费用支出除在航空航天和高技术服务技术领域出现较大幅度的下降，其他各领域的变动幅度都较小，各技术领域 2 类费用的人均支出水平整体呈稳中有升态势（图 2-11）。

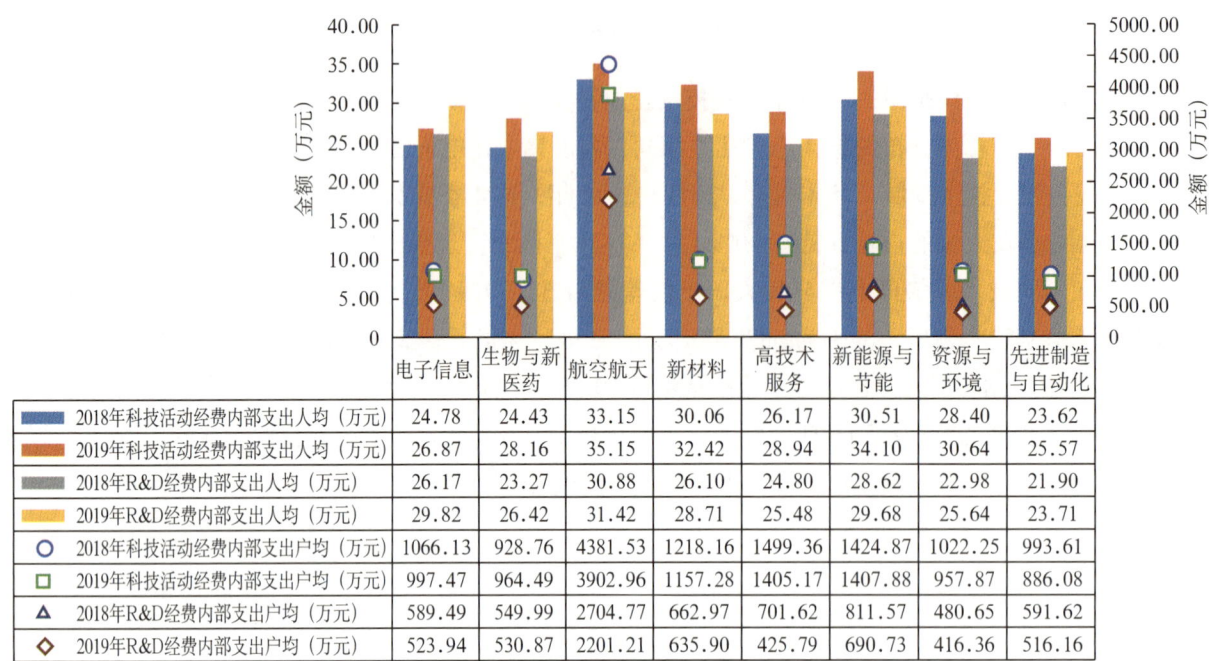

图 2-11 2018—2019 年高新技术企业科技活动和研发经费投入强度的技术领域分布

此外，对比分析各技术领域企业 R&D 经费内部支出强度的分布及变动趋势。可以看出：2019 年企业 R&D 经费内部支出强度最高的也属航空航天技术领域，为 6.73%，虽较上一年下降了 1.09 个百分点，但仍远高于总体平均水平；电子信息及生物与新医药两大技术领域的研发强度也一直高于 3%。从 2018—2019 年变化来看，除生物与新医药、先进制造与自动化及新材料 3 类技术领域研发强度呈上升态势外，其他技术领域均呈下降态势，特别是航空航天及高技术服务技术领域的下降幅度较为明显，但研发强度的整体分布结构保持稳定（图 2-12）。

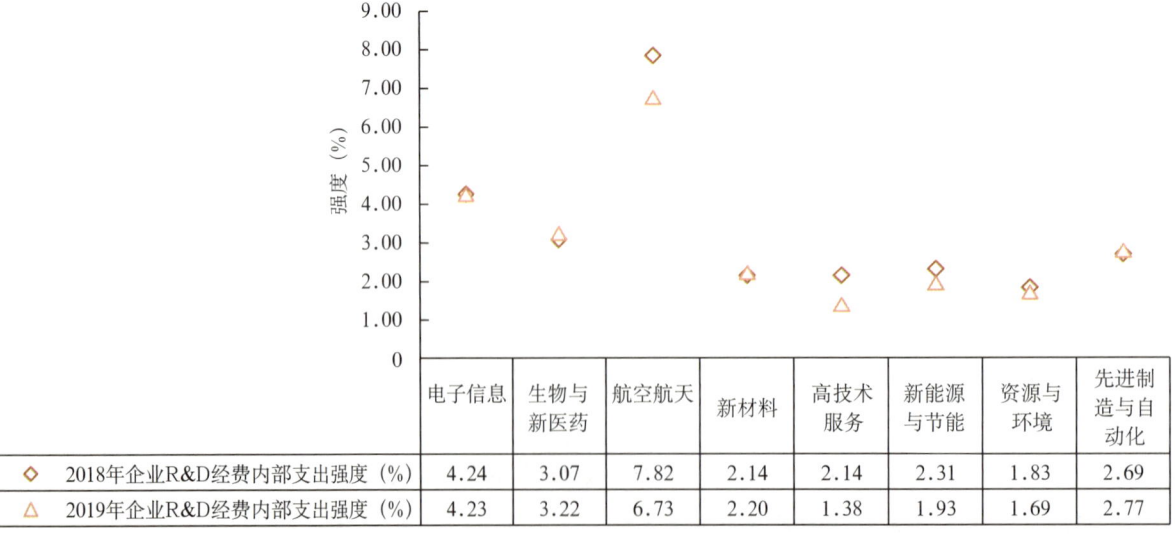

图 2-12 2018—2019 年高新技术企业 R&D 经费内部支出强度的技术领域分布

（四）不同行业高新技术企业的经费投入

观察各行业的高新技术企业科技活动和研发经费投入的规模和结构可发现，集中分布特征显著。具体来看，2019年制造业高新技术企业的科技活动经费内部支出规模最大，共计14 763.03亿元，同比增长15.88%，占全国高新技术企业科技活动经费内部支出总额的62.89%；其次为信息传输、软件和信息技术服务业，支出4411.58亿元，同比增长25.69%，占比为18.79%；建筑业、科学研究和技术服务业位列第三、第四，分别支出1810.81亿元和1518.41亿元，同比增长28.85%、25.28%，占比分别为7.71%、6.47%；其余行业占比均不到1%。至于各行业高新技术企业研发经费支出的分布态势，基本与其科技活动经费支出分布类似。可见，制造业仍是我国创新发展的重点行业（图2-13）。

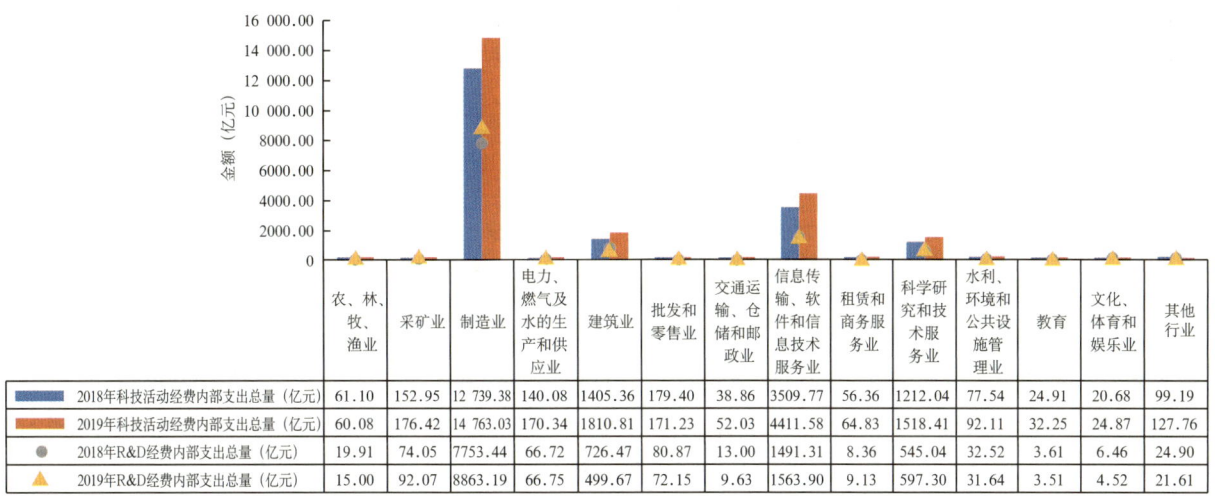

图 2-13　2018—2019年高新技术企业科技活动和研发经费投入的行业分布

从研发强度指标的行业分布看，不同行业高新技术企业户均、人均科技活动和研发经费支出具有一定的差异性。以企业户均科技活动经费内部支出为例，2019年，采矿业、建筑业的投入规模虽出现小幅下降，但仍维持在较高水平，在3900万元/家左右，农、林、牧、渔业则最低，为253.07万元/家。就动态变化趋势而言，不同行业的科技活动和研发经费支出强度有增有减，但除建筑业户均研发经费支出出现显著下降外，其他行业的增减幅度均处于比较合理的区间，从而分布结构相对平稳（图2-14）。

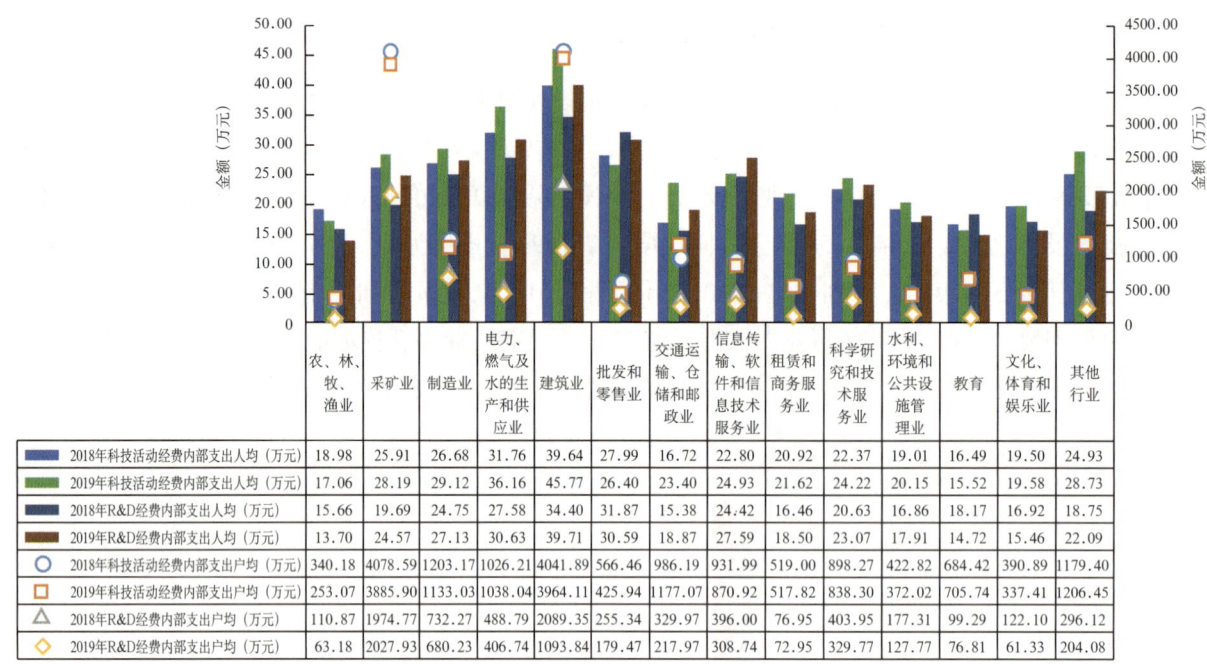

图 2-14　2018—2019 年高新技术企业科技活动和研发经费投入强度的行业分布

从各行业高新技术企业 R&D 经费内部支出强度看，2019 年，信息传输、软件和信息技术服务业企业 R&D 经费内部支出强度处于各行业最高水平，为 4.03%；租赁和商务服务业企业 R&D 经费内部支出强度处于各行业最低水平，仅为 0.60%；除采矿业、制造业、批发和零售业三大行业企业 R&D 经费内部支出强度出现微幅上升外，其他行业均呈下降态势，其中，下降较快的是建筑业，文化、体育和娱乐业。同时，一直处于行业内较高水平的信息传输、软件和信息技术服务业及科学研究和技术服务业仍保持着较高强度（图 2-15）。

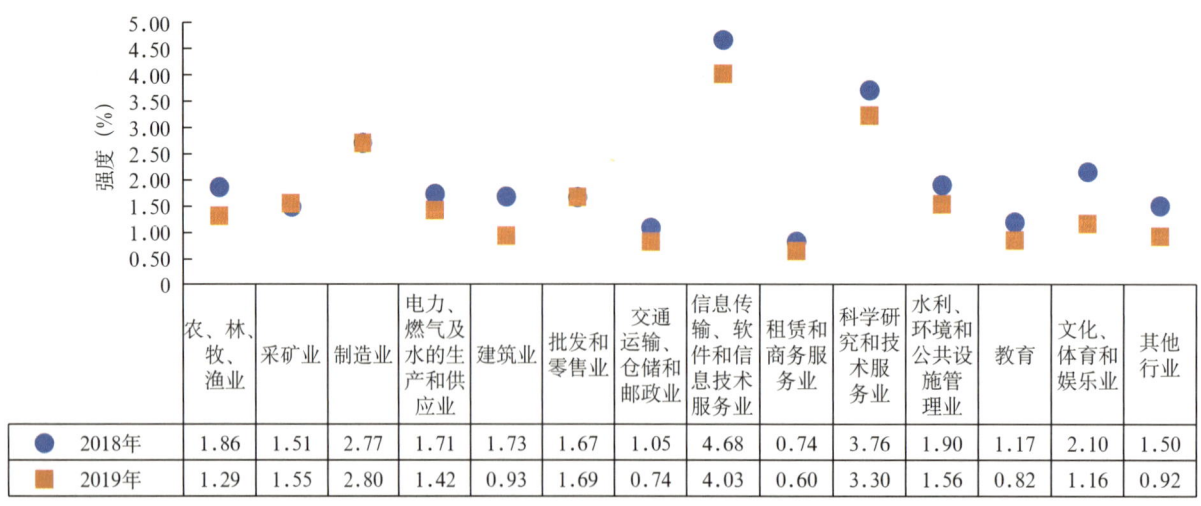

图 2-15　2018—2019 年高新技术企业 R&D 经费内部支出强度的行业分布

三、科技活动组织形式

企业、高校与科研院所都是国家创新体系的重要组成部分,是科学研究、技术开发的重要主体。高新技术企业通过设立研发机构及与外部机构开展合作,采取多样化的创新活动组织形式,优化创新资源配置。以下将分别基于高新技术企业设立研发机构、开展对外合作、技术改造和技术获取等情况对其各类科技活动组织形式的发展现状及特征做简要梳理分析。

(一)企业研发机构

1. 总量特征

近年来,高新技术企业设立研发机构数量持续增长,特别是境内研发机构蓬勃发展。截至2019年年底,全国高新技术企业拥有研发机构共计119 495家,同比增长22.47%。其中,境内研发机构117 722家,同比增长22.55%,占企业研发机构总数的98.52%,较上一年提升0.07个百分点;境外研发机构1773家,同比增长17.34%(图2-16)。

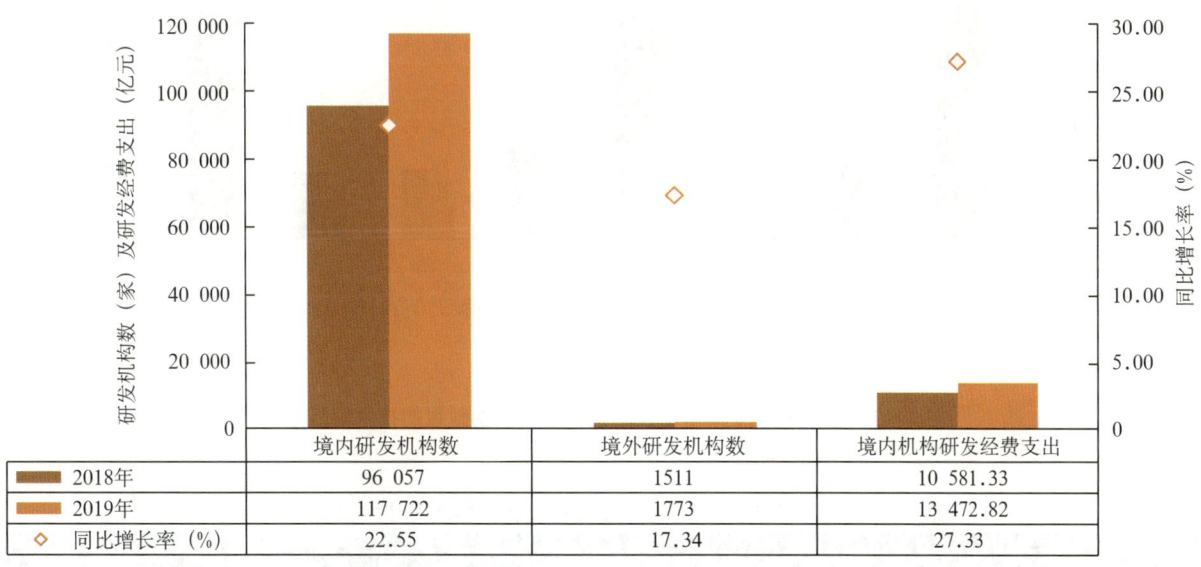

图2-16 2018—2019年高新技术企业设立研发机构数量及经费支出

从研发机构经费支出情况看,如图2-16所示,高新技术企业境内机构研发经费支出呈高速增长态势,2018年突破万亿大关,2019年达到13 472.82亿元,同比增长27.33%;户均境内机构研发经费支出从2018年的1101.57万元增加到2019年的1144.46万元,同比增速达3.89%。

2. 技术领域分布特征

从技术领域分布来看,研发机构的数量分布呈高度集中和极值差异特征。具体而言,电子信息、新材料和先进制造与自动化技术领域高新技术企业拥有研发机构总数较高,2019年分别为28 906家、23 333家和32 762家,占全国高新技术企业研发机构总数比例达24.19%、19.53%、27.42%;航空航天、新能源与节能及资源与环境技术领域研发机构数量较少,均不足 10 000 家,而境外研发机构数量尤少,各领域内数量均不足 100 家,特别是航空航天技术领域,截至目前为止,设立境外研发机构仅 11 家。排除各技术领域高新技术企业数量差异,对比分析企业户均研发机构数量的分布态势可发现,与总数分布结构显著不同,企业户均研发机构数量最高的是新材料技术领域,为 0.69 家,其次是生物与新医药技术领域,为 0.64 家,最低为电子信息技术领域,为 0.42 家;就相对差异而言,各技术领域企业户均拥有研发机构数量虽仍存在显著差异,但差异程度较总数大大缩小。观察 2018—2019 年变化:从总数上看,各技术领域拥有研发机构数量较上年快速增长;从户均数量上看,在高新技术企业数量剧增的影响下,整体呈平稳下降态势(图 2-17、表 2-4)。

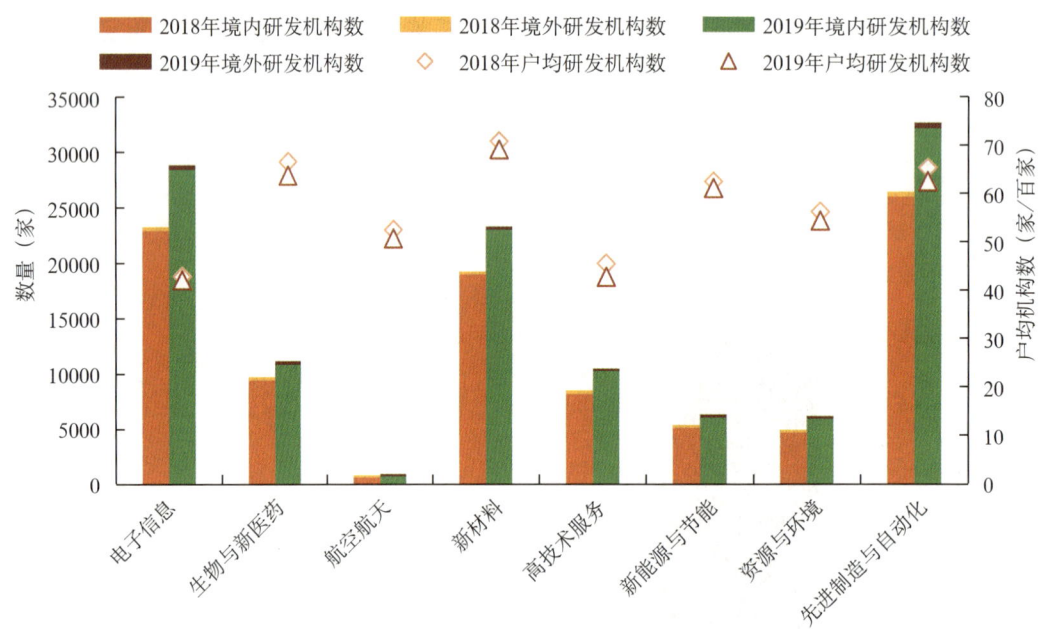

图 2-17 2018—2019 年高新技术企业研发机构数量的技术领域分布

表 2-4 2018—2019 年高新技术企业研发机构数量的技术领域分布

技术领域	2018 年境内研发机构数(家)	2019 年境内研发机构数(家)	同比增长率(%)	2018 年境外研发机构数(家)	2019 年境外研发机构数(家)	同比增长率(%)	2018 年户均研发机构数(家)	2019 年户均研发机构数(家)	同比增长率(%)
电子信息	22 969	28 503	24.09	332	403	21.39	0.43	0.42	-2.33
生物与新医药	9422	10 852	15.18	270	299	10.74	0.67	0.64	-4.25
航天航空	601	721	19.97	10	11	10.00	0.53	0.51	-3.36
新材料	19 021	23 076	21.32	227	257	13.22	0.71	0.69	-2.45
高技术服务	8186	10 280	25.58	131	173	32.06	0.46	0.43	-5.98
新能源与节能	5104	6062	18.77	81	91	12.35	0.63	0.61	-2.19

续表

技术领域	2018年境内研发机构数（家）	2019年境内研发机构数（家）	同比增长率（%）	2018年境外研发机构数（家）	2019年境外研发机构数（家）	同比增长率（%）	2018年户均研发机构数（家）	2019年户均研发机构数（家）	同比增长率（%）
资源与环境	4694	5958	26.93	49	47	−4.08	0.56	0.55	−3.26
先进制造与自动化	26 060	32 270	23.83	411	492	19.71	0.65	0.63	−4.22
合计/平均	96 057	117 722	22.55	1511	1773	17.34	0.57	0.55	−3.46

从各技术领域高新技术企业境内机构研发经费支出情况看，与机构数量分布结构大致相同，境内机构研发经费支出规模较高的技术领域为电子信息、新材料、高技术服务和先进制造与自动化，其中，电子信息远超其他技术领域，以33.38%的同比速率增长至2019年的3427.92亿元，占全部支出规模的25.44%。而研发机构数量最少的航空航天技术领域研发经费支出也最低，2019年仅为178.70亿元。但就强度指标而言，机构户均研发经费支出规模分布与户均机构数量分布却并不具有明显的同步特征。例如，在企业拥有研发机构总数与户均数量都较高的生物与新医药、新材料及先进制造与自动化等技术领域，机构户均研发支出规模却处于相对较低水平；而对于户均拥有研发机构数量较少的航空航天与高技术服务技术领域，2019年其企业研发机构户均研发经费支出规模分别达2478.51万元、1715.40亿元，分列各技术领域前两位。此外，从动态变化趋势看，2019年各技术领域高新技术企业的境内机构研发经费支出与机构数量均呈快速上升趋势，户均经费支出除在航空航天和先进制造与自动化技术领域出现降幅外，整体稳中有升（图2-18）。

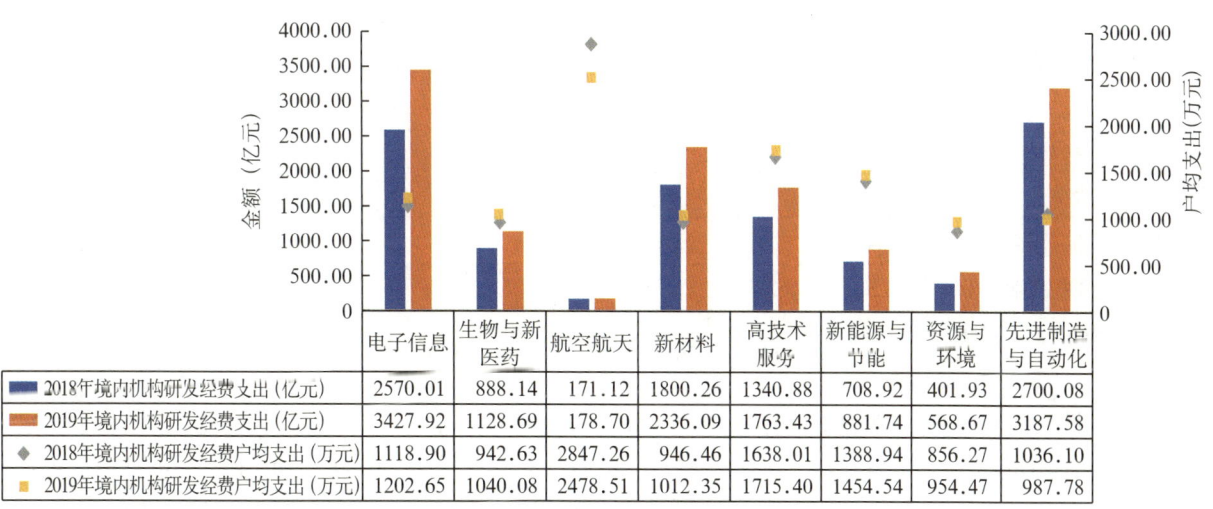

图2-18　2018—2019年高新技术企业境内机构研发经费支出规模及强度的技术领域分布

3. 行业分布特征

从行业分布情况来看，95%以上的研发机构和机构研发经费支出都集中在制造业，信息传输、软件和信息技术服务业，科学研究和技术服务业及建筑业四大行业，极值差异明显。其中，制造业显示出绝对集中优势，2019年，制造业高新技术企业境内、境外研发机构总数达88 546家，占全国高新技术企业研发机构数量总体的74.10%，境内机构研发经费支出9864.01亿元，在总额中占比73.21%；教育行业拥有研发机构数量最少且境内机构研发经费支出最低，分别为94家和7.91亿元，占总体比例均不足0.1%。排除企业数量及研发机构数量影响的强度指标显示，行业间分布的绝对差异虽显著下降，但相对差异仍明显存在。2019年，就行业高新技术企业户均拥有研发机构数的分布而言，最高为采矿业，达0.79家，制造业居其后，为0.68家，批发和零售业最低，仅有0.17家。相对而言，2019年高新技术企业境内机构户均研发经费支出在行业间的分布则更为均衡，除建筑业远超其他行业外，农、林、牧、渔业最低，仅为197.63万元，其他各行业大多在1000万元上下波动（表2-5、图2-19）。

表 2-5 2018—2019 年高新技术企业研发机构数量的行业分布

行业	2018年境内研发机构数（家）	2019年境内研发机构数（家）	同比增长率（%）	2018年境外研发机构数（家）	2019年境外研发机构数（家）	同比增长率（%）	2018年户均研发机构数（家）	2019年户均研发机构数（家）	同比增长率（%）
农、林、牧、渔业	925	1185	28.11	11	11	0.00	0.52	0.50	−3.85
采矿业	280	359	28.21	3	1	−66.67	0.75	0.79	5.33
制造业	72 648	87 132	19.94	1214	1414	16.47	0.70	0.68	−2.86
电力、燃气及水的生产和供应业	747	852	14.06	7	14	100.00	0.55	0.53	−3.64
建筑业	1917	2452	27.91	19	16	−15.79	0.56	0.54	−3.57
批发和零售业	569	689	21.09	9	7	−22.22	0.18	0.17	−5.56
交通运输、仓储和邮政业	166	173	4.22	0	0	—	0.42	0.39	−7.14
信息传输、软件和信息技术服务业	12 681	16 728	31.91	132	175	32.58	0.34	0.33	−2.94
租赁和商务服务业	184	226	22.83	0	0	—	0.17	0.18	5.88
科学研究和技术服务业	4728	6277	32.76	111	128	15.32	0.36	0.35	−2.78
水利、环境和公共设施管理业	796	1087	36.56	2	3	50.00	0.44	0.44	0.00
教育	70	93	32.86	0	1	—	0.19	0.21	10.53
文化、体育和娱乐业	124	168	35.48	1	1	0.00	0.24	0.23	−4.17
其他行业	222	301	35.59	2	2	0.00	0.27	0.29	7.41
合计/平均	96 057	117 722	22.55	1511	1773	17.34	0.57	0.55	−3.51

第二章 高新技术企业的创新投入

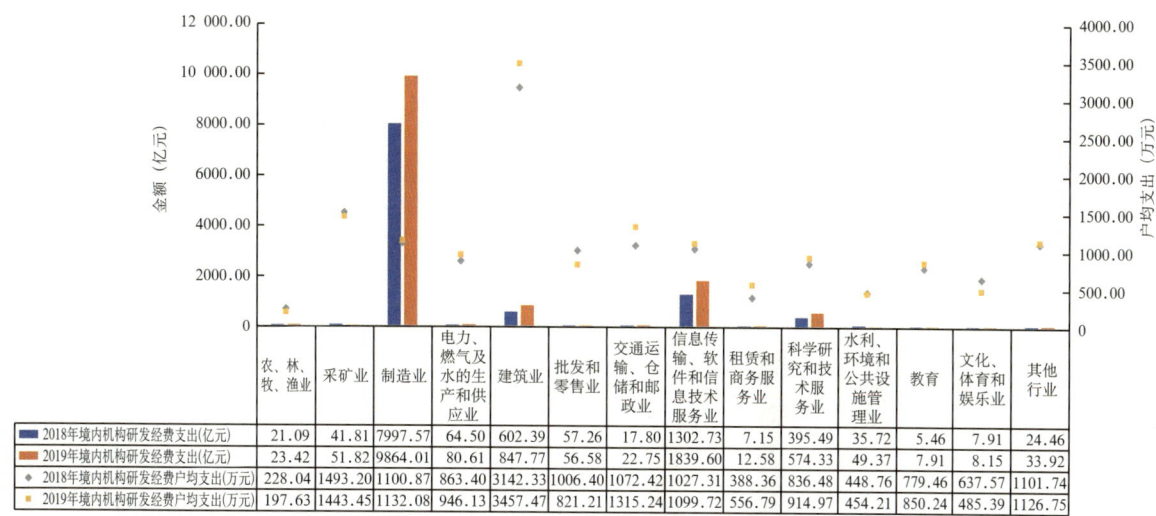

图 2-19 2018—2019 年高新技术企业境内机构研发经费支出规模及强度的行业分布

（二）企业科研活动对外合作

科研活动对外合作是高新技术企业进行创新活动的重要形式。2019 年，高新技术企业委托外单位开展科技活动费用支出合计 2210.37 亿元，较 2018 年同比增长 28.07%。从费用支出明细来看，委托境内研究机构费用支出为 421.91 亿元，同比增长 24.16%；委托境内高等学校费用支出为 64.27 亿元，同比增长 7.01%；委托境内企业费用支出 1359.43 亿元，同比增速高达 71.45%。从费用支出结构来看，委托境内企业费用在 3 种产学研合作支出中占比最高，达到 61.50%，较上年提高 15.56 个百分点，表明当前高新技术企业与国内企业间的开放合作最为活跃，且这种合作在不断强化（图 2-20 至图 2-22）。

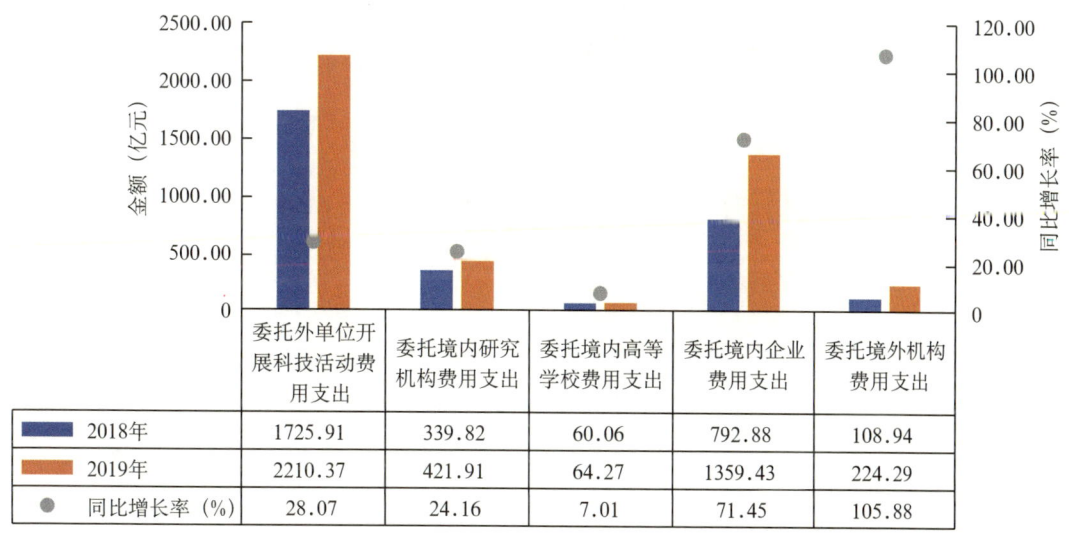

图 2-20 2018—2019 年高新技术企业开展科研活动对外合作研发费用支出

此外,高新技术企业在全球范围内开展创新交流与合作的能力和意愿也在不断增强。图2-20至图2-23中的数据信息显示,2019年,高新技术企业委托境外机构开展研发活动费用支出持续增长至224.29亿元,同比增速高达105.88%,在对外合作费用总支出中占比从6.31%升至10.15%,说明当前我国高新技术企业正通过开展对外研发合作等方式主动"走出去",实现与国际创新资源的对接,整合全球创新资源。

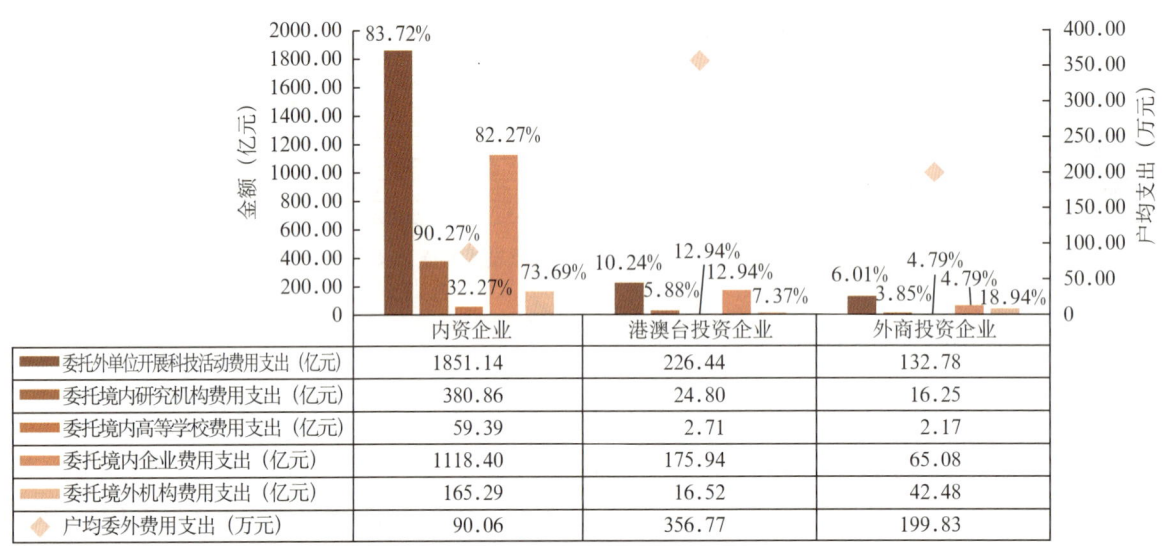

图2-21 2019年高新技术企业对外合作研发费用分布

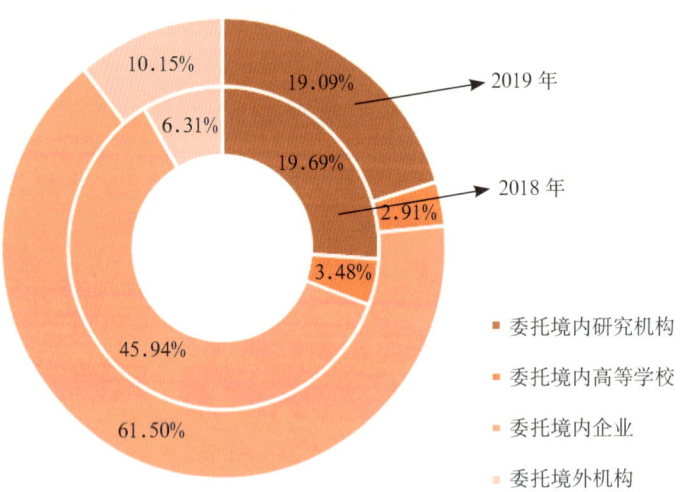

图2-22 2018—2019年内外资高新技术企业对外合作研发费用支出

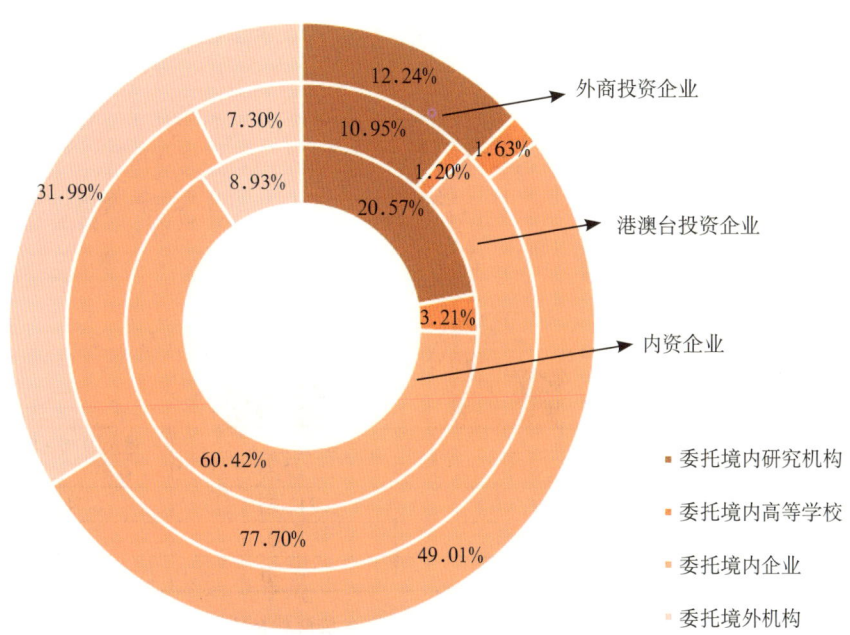

图 2-23 2019 年内外资高新技术企业对外合作研发费用分布

从内外资高新技术企业开展对外合作研发费用支出情况看,2019 年内资高新技术企业委托外单位开展科技活动费用支出达 1851.14 亿元,占总支出份额的 83.75%,其中委托境内企业仍是其开展对外科研合作的主要方式,支出费用为 1118.40 亿元,占全国高新技术企业委托境内企业支出的 82.27%。相对而言,外商投资企业委托外单位开展科技活动费用支出较小,仅为 132.78 亿元。同时,2019 年,内资高新技术企业委托境外机构费用支出为 165.29 亿元(图 2-21)。

以高新技术企业户均委托外单位开展科技活动费用支出为度量指标,不难看出,其分布特征与总量支出分布显著不同。具体而言,2019 年,港澳台投资高新技术企业户均委外费用支出水平最高,达 356.77 万元,其次是外商投资高新技术企业,内资高新技术企业最低,仅为 90.06 万元(图 2-21)。

(三)技术改造和技术获取情况

技术改造、购买境内技术、技术引进和消化吸收是企业实现技术升级的重要途径。从图 2-24 中可以看出,2018—2019 年,高新技术企业开展技术改造和技术获取活动的相关经费支出规模及其变化趋势差异较大。具体而言,技术改造经费支出规模最大,2019 年为 1889.53 亿元,较上一年增长了 3.13%;其次是购买境内技术经费支出 398.65 亿元,同比增长率达 34.19%;引进境外技术经费支出规模也较高,达 235.04 亿元,但较上一年出现下降;而引进境外技术的消化吸收经费支出则由 34.33 亿元提升至 38.70 亿元。可见,当前高新技术企业更为注重自主创新能力的提升。

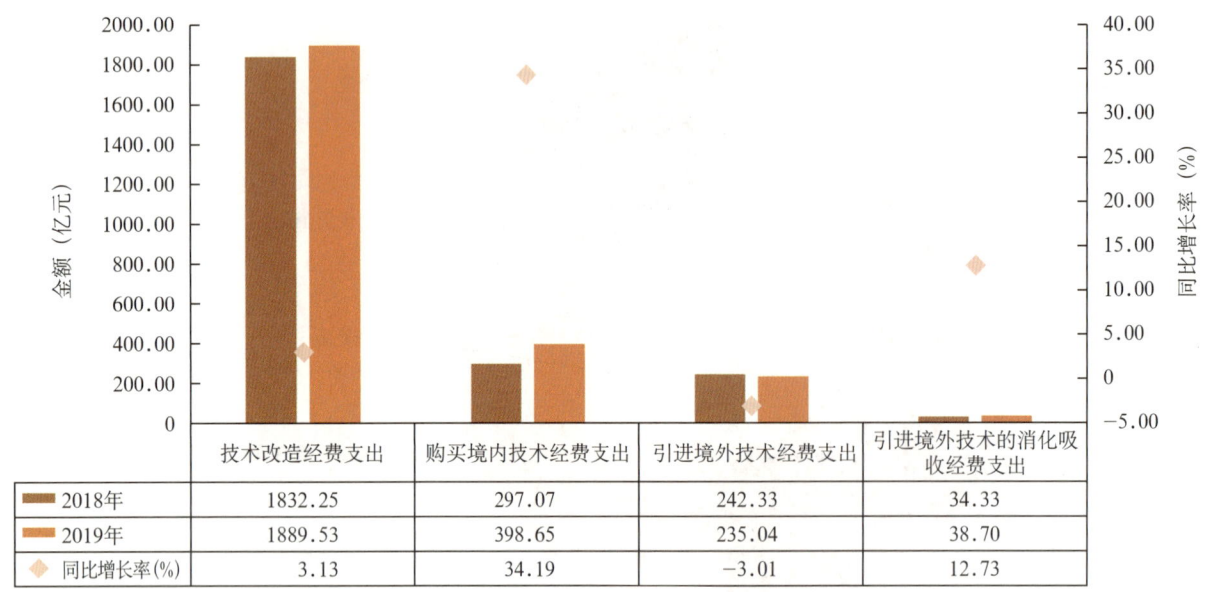

图 2-24　2018—2019 年高新技术企业技术改造和技术获取费用支出

图 2-25、图 2-26 分别展示了 2018—2019 年高新技术企业技术改造和技术获取经费支出及其户均支出强度在各技术领域的分布情况。从中可以看出，各技术领域间的差异较大，但 2018—2019 年整体变化较为平稳。以技术改造经费的总量支出为例，2019 年新材料技术领域支出规模最大，为 522.26 亿元，同比增长 4.99%，高技术服务技术领域支出最低，仅为 49.15 亿元；从户均经费支出指标看，总量支出规模并不突出的航空航天技术领域的户均经费支出规模却远超其他技术领域，各类经费的户均支出都居于较高水平。

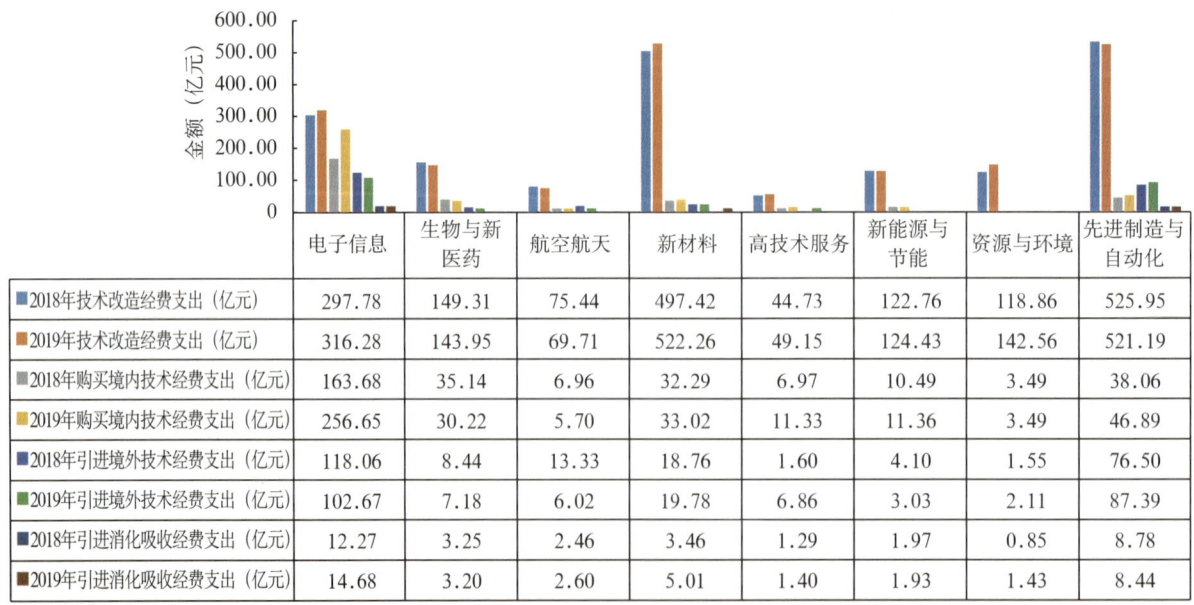

图 2-25　2018—2019 年高新技术企业技术改造和技术获取经费支出的技术领域分布

	电子信息	生物与新医药	航空航天	新材料	高技术服务	新能源与节能	资源与环境	先进制造与自动化
2018年户均技术改造经费支出（万元）	54.96	102.85	650.38	183.61	24.57	148.38	141.36	130.09
2019年户均技术改造经费支出（万元）	46.26	82.52	484.75	155.14	20.02	123.97	129.54	99.76
2018年户均购买境内技术经费支出（万元）	30.21	24.2	59.98	11.92	3.83	12.68	4.15	9.41
2019年户均购买境内技术经费支出（万元）	37.53	17.32	39.63	9.81	4.66	11.32	3.17	8.97
2018年户均引进境外技术经费支出（万元）	21.79	5.81	114.94	6.92	0.88	4.96	1.84	18.92
2019年户均引进境外技术经费支出（万元）	15.01	4.12	41.86	5.88	2.82	3.02	1.92	16.73
2018年户均引进消化吸收经费支出（万元）	2.27	2.24	21.18	1.28	0.71	2.39	1.01	2.17
2019年户均引进消化吸收经费支出（万元）	2.15	1.83	18.09	1.49	0.58	1.92	1.30	1.62

图 2-26　2018—2019 年高新技术企业户均技术改造和技术获取经费支出的技术领域分布

2018—2019 年各行业高新技术企业技术改造和技术获取经费支出及户均强度分布情况如图 2-27、图 2-28 所示。制造业各类经费支出皆远高于其他行业，以技术改造经费支出为例，2019 年达 1755.44 亿元，同比增长了 2.49%，与之相对，教育仅支出 0.01 亿元，同比下降了 50%。

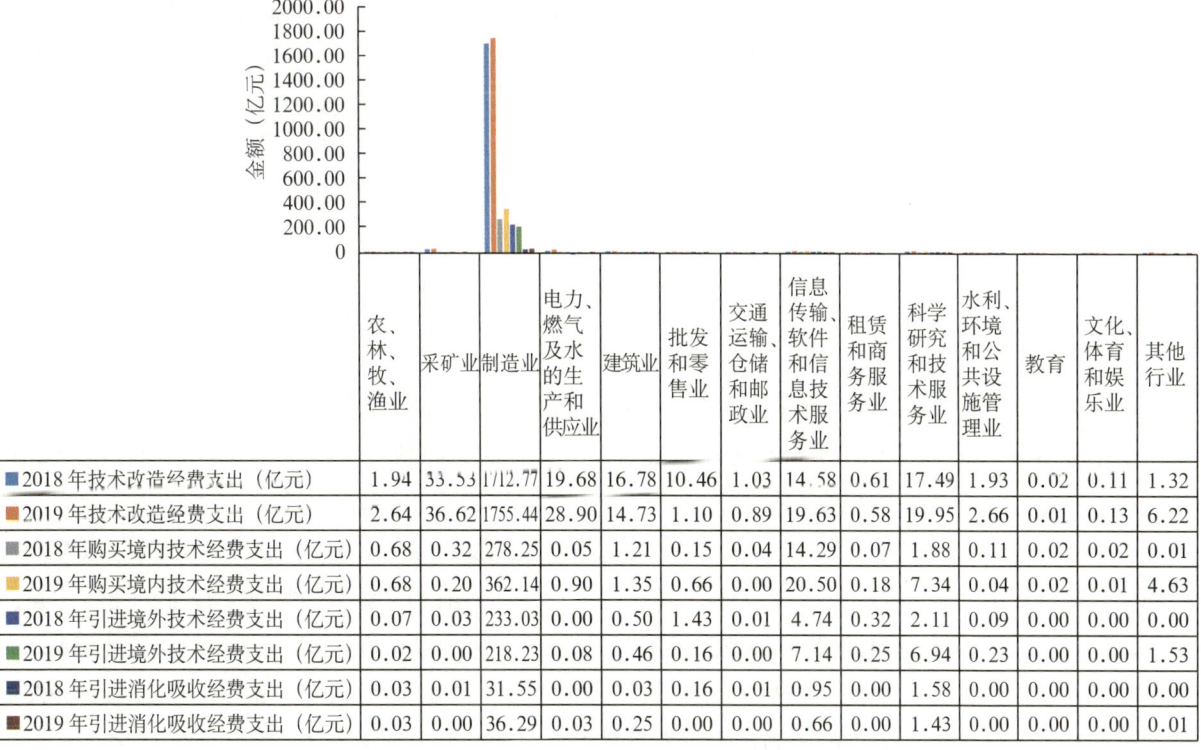

	农、林、牧、渔业	采矿业	制造业	电力、燃气及水的生产和供应业	建筑业	批发和零售业	交通运输、仓储和邮政业	信息传输、软件和信息技术服务业	租赁和商务服务业	科学研究和技术服务业	水利、环境和公共设施管理业	教育	文化、体育和娱乐业	其他行业
2018年技术改造经费支出（亿元）	1.94	33.53	1712.77	19.68	16.78	10.46	1.03	14.58	0.61	17.49	1.93	0.02	0.11	1.32
2019年技术改造经费支出（亿元）	2.64	36.62	1755.44	28.90	14.73	1.10	0.89	19.63	0.58	19.95	2.66	0.01	0.13	6.22
2018年购买境内技术经费支出（亿元）	0.68	0.32	278.25	0.05	1.21	0.15	0.04	14.29	0.07	1.88	0.11	0.02	0.02	0.01
2019年购买境内技术经费支出（亿元）	0.68	0.20	362.14	0.90	1.35	0.66	0.00	20.50	0.18	7.34	0.04	0.02	0.01	4.63
2018年引进境外技术经费支出（亿元）	0.07	0.03	233.03	0.00	0.50	1.43	0.01	4.74	0.32	2.11	0.09	0.00	0.00	0.00
2019年引进境外技术经费支出（亿元）	0.02	0.00	218.23	0.08	0.46	0.16	0.00	7.14	0.25	6.94	0.23	0.00	0.00	1.53
2018年引进消化吸收经费支出（亿元）	0.03	0.01	31.55	0.00	0.03	0.16	0.01	0.95	1.58	0.00	0.00	0.00	0.00	0.00
2019年引进消化吸收经费支出（亿元）	0.03	0.00	36.29	0.03	0.25	0.00	0.00	0.66	1.43	0.00	0.00	0.00	0.00	0.01

图 2-27　2018—2019 年高新技术企业技术改造和技术获取经费支出的行业分布

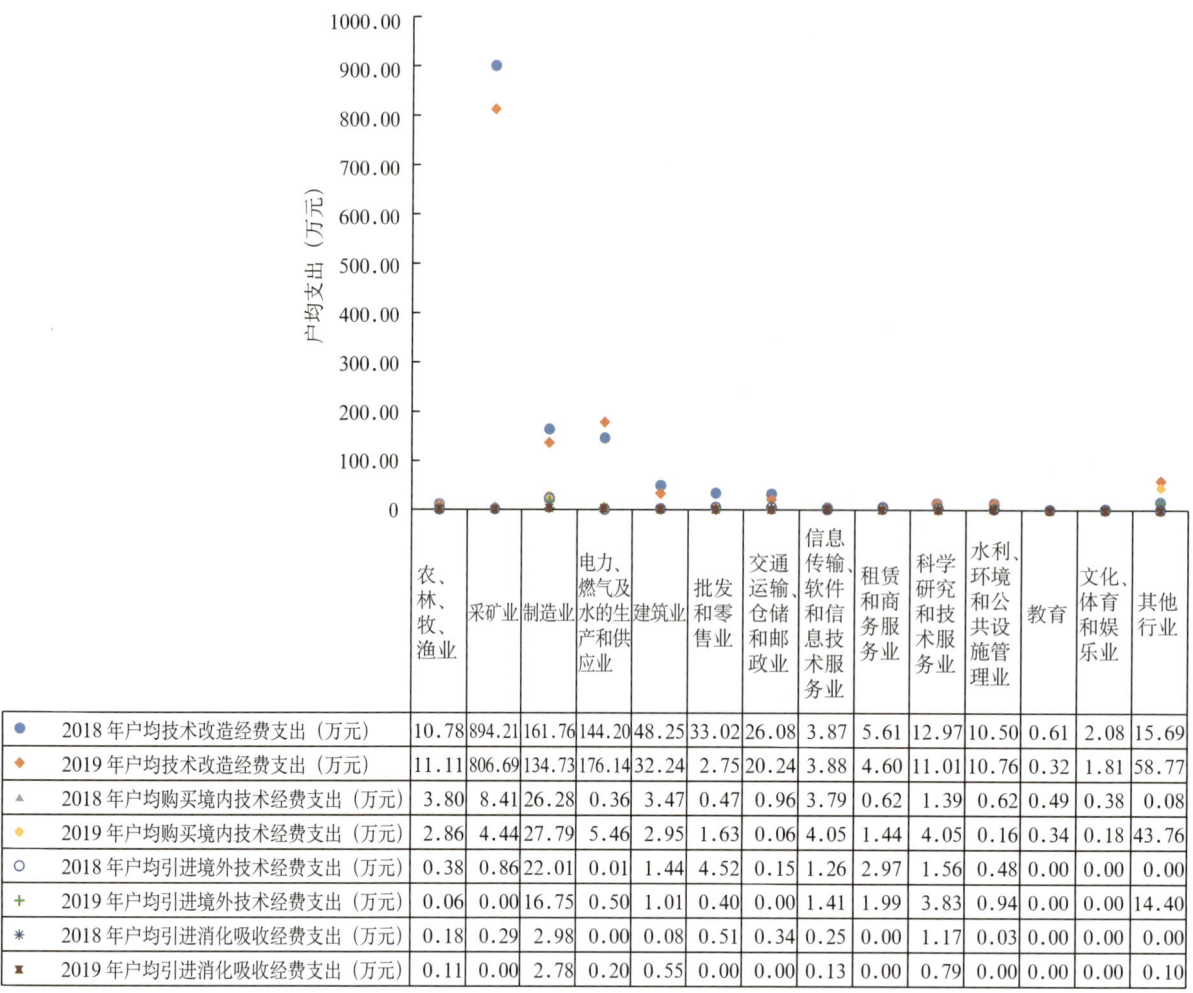

图 2-28　2018—2019 年高新技术企业户均技术改造和技术获取经费支出的行业分布

四、小结

① 2018—2019 年，随着创新环境的不断优化，高新技术企业作为我国集聚创新资源和开展技术创新活动重要主体的地位和作用得到进一步体现。具体而言，在科技人力资本投入方面，截至 2019 年年底，高新技术企业期末从业人员达 3436.99 万人，同比增长 9.75%。本科及以上学历从业人员数为 1019.11 万人，同比增长 12.39%，占从业人员总数比例由 28.95% 提升至 29.65%。当年吸纳高校应届毕业生 96.20 万人，同比增长 0.78%，高新技术企业已然成为吸纳高校毕业生就业的重要力量。同时，2019 年，高新技术企业聚集科技活动人员共计 824.80 万人，同比增长 9.00%；企业 R&D 人员全时当量达 286.00 万人年，占全国 R&D 人员全时当量（480.08 万人年）的 59.57%；R&D 人员密度也维持在 832 人年 / 万人的较高水平。高新技术企业从业人员队伍整体结构正不断优化。

② 高新技术企业科技活动和研发经费投入稳定增长。截至 2019 年年底，全国高新技术企业

科技活动经费内部支出数额达 23 475.74 亿元，同比增长 19.06%；企业的 R&D 经费内部支出为 11 850.07 亿元，同比增长 9.25%，占全国企业 R&D 经费内部支出（16 921.79 亿元）的 70.03% 及全国 R&D 经费内部支出（22 143.58 亿元）的 53.51%。虽然 R&D 投入强度较上一年小幅下降至 2.63%，但仍高于全国水平（2.23%）。此外，政府引导和激励企业创新的力度不断加强，2019 年，高新技术企业收到来自政府部门的科技活动经费合计 901.91 亿元，同比增长 12.32%。

③高新技术企业通过设立研发机构及与外部机构开展合作，采取多样化的创新活动组织形式，优化创新资源配置。截至 2019 年年底，高新技术企业拥有研发机构共计 119 495 家，同比增长 22.47%；企业境内机构研发经费支出呈高速增长态势，2018 年突破万亿大关，2019 年达到 13 472.82 亿元，同比增长 27.33%；对外科研活动合作的规模和水平正稳步提升，委托外单位开展科技活动费用支出合计 2210.37 亿元，较 2018 年同比增长 28.07%，其中，委托境外机构开展研发活动费用支出持续增长至 224.29 亿元，同比增速高达 105.88%，在对外合作费用总支出中占比从 6.31% 升至 10.15%，这表明，高新技术企业正以高水平开放推动高质量发展，通过开展对外研发合作等方式主动"走出去"，实现与国际创新资源的对接，整合全球创新资源。此外，高新技术企业开展技术改造和技术获取活动的规模与水平整体也呈上升态势，其中本土企业尤为显著。

④高新技术企业的创新投入在各技术领域的分布呈现显著的极端差异性特征，其中电子信息技术领域集聚创新资源总量较大。各行业高新技术企业集聚创新资源的数量也具有明显差异，制造业，信息传输、软件和信息技术服务业等行业具有明显优势。

第三章
高新技术企业的创新成果

创新投入的目的是转化为创新成果，较高的创新产出转化率才能反映出高新技术企业的高创新能力和高创新效率。衡量创新产出的指标有多种，包括知识产权产出、技术收入与新产品销售收入等。本章首先介绍高新技术企业知识产权情况，从整体上了解我国高新技术企业知识产权的数量和结构分布。其次详细介绍2018—2019年我国高新技术企业的专利情况，包括发明专利的申请数量、授权数量、期末拥有数及结构分布。最后再详细介绍高新技术企业技术收入及其结构分布等。综合对比分析发现，与上年相比，2019年我国高新技术企业各项创新产出指标保持稳定的增幅，各规模和各行业的高新技术企业的创新产出指标也都保持稳定增长。

一、高新技术企业的知识产权

（一）高新技术企业知识产权的总体情况

知识产权是关于人类在社会实践中创造的智力劳动成果的专有权利，也是国际上通常用于衡量企业创新产出的重要指标之一。在2016年新修订的《高新技术企业认定管理办法》中，知识产权采用分类评价方式，其中，发明专利（含国防专利）、植物新品种、国家级农作物品种、国家新药、国家一级中药保护品种、集成电路布图设计专有权等按Ⅰ类评价；实用新型专利、外观设计专利、软件著作权等（不含商标）按Ⅱ类评价。

截至2019年年底，全国高新技术企业累计拥有的各类知识产权共626.97万件，相较2018年的485.09万件增长29.25%。其中专利数量最多，达到451.08万件，占比71.95%。截至2019年年底，统计的全国高新技术企业21.85万户，户均拥有知识产权数量为28.69件，相较2018年的28.16件增加1.88%（表3-1）。

表3-1 2018—2019年高新技术企业知识产权总量及户均拥有量

年份	拥有知识产权数量		户均拥有量	
	总量（万件）	增长率（%）	总量（件）	增长率（%）
2018	485.09	33.47	28.16	1.22
2019	626.97	29.25	28.69	1.88

(二)高新技术企业知识产权的结构分布

1. 高新技术企业知识产权的结构特征

高新技术企业拥有的知识产权中专利占比最高,2019 年高新技术企业期末拥有有效专利数为 451.08 万件,占比为 71.95%;2018 年高新技术企业期末拥有有效专利数为 364.65 万件,占比为 75.17%。2019 年高新技术企业期末拥有有效专利数较 2018 年增幅达到 23.70%,但占比略有下降。软件著作权占比次之,2019 年高新技术企业拥有软件著作权为 173.37 万件,较 2018 年高新技术企业拥有软件著作权 118.48 万件,增长了 46.33%,增速较快;同时,其占比也从 2018 年的 24.42%,增加到 2019 年的 27.65%。虽然集成电路布图、植物新品种、国家一类新药品种等占比不高,但相对 2018 年,2019 年也都获有较大的增幅(图 3-1)。

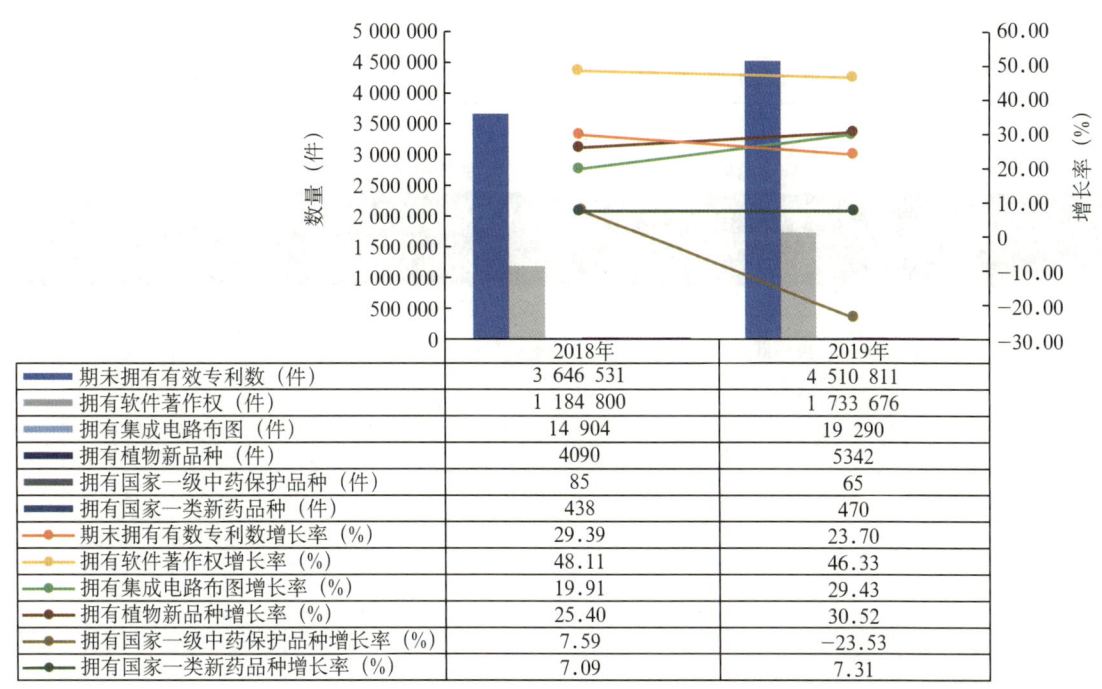

图 3-1 2018—2019 年高新技术企业累计拥有的知识产权构成

2. 高新技术企业知识产权结构的规模分布

不同规模高新技术企业知识产权的结构也不同,从 2018—2019 年高新技术企业知识产权结构规模分布表可以看出,规模小的企业专利占比相对较低,而软件著作权占比相对较高。年销售收入 2 亿元(含)以上的高新技术企业,2019 年期末拥有有效专利数为 225.42 万件,占比为 49.97%,相比 2018 年期末拥有有效专利数 190.12 万件和占比 52.14%,有效专利数量增幅较大而占比略微下降。从户均拥有知识产权的结构分布看,随着规模的扩大,高新技术企业户均拥有各类知识产权数量明显上升,相比 2018 年,2019 年不同规模的高新技术企业户均拥有知识产权大都稳中有升(表 3-2 至表 3-4)。

表 3-2　2018—2019 年高新技术企业拥有知识产权结构的规模分布　　　　　　　　　　　单位：件

企业规模	期末拥有有效专利数		拥有软件著作权		拥有集成电路布图		拥有植物新品种	
	2018 年	2019 年	2018 年	2019 年	2018 年	2019 年	2018 年	2019 年
500 万元以下	205 453	295 227	231 669	396 036	1337	2196	442	597
500 万（含）～2000 万元	347 969	472 091	257 022	378 352	1816	2577	606	874
2000 万（含）～5000 万元	414 224	550 127	192 159	280 867	1919	2810	731	934
5000 万（含）～2 亿元	777 645	939 142	243 862	330 125	5213	6450	1032	1690
2 亿（含）～5 亿元	468 093	561 462	104 593	140 909	2296	2243	805	929
5 亿（含）～10 亿元	300 760	352 444	56 030	69 801	1140	1780	67	87
10 亿（含）～50 亿元	536 079	611 830	72 281	96 168	1014	939	390	231
50 亿（含）～100 亿元	179 795	220 938	11 638	18 906	144	137	20	0
100 亿元（含）以上	416 513	507 550	15 546	22 512	25	158	0	0
合计	3 646 531	4 510 811	1 184 800	1 733 676	14 904	19 290	4093	5342

表 3-3　2019 年高新技术企业拥有知识产权结构的规模分布　　　　　　　　　　　单位：件

企业规模	期末拥有有效专利数		拥有软件著作权		拥有集成电路布图		拥有植物新品种	
	2019 年	占比（%）	2019 年	占比（%）	2019 年	占比（%）	2019 年	占比（%）
500 万元以下	295 227	6.54	396 036	22.84	2196	11.38	597	11.18
500 万（含）～2000 万元	472 091	10.47	378 352	21.82	2577	13.36	874	16.36
2000 万（含）～5000 万元	550 127	12.20	280 867	16.20	2810	14.57	934	17.48
5000 万（含）～2 亿元	939 142	20.82	330 125	19.04	6450	33.44	1690	31.64
2 亿（含）～5 亿元	561 462	12.45	140 909	8.13	2243	11.63	929	17.39
5 亿（含）～10 亿元	352 444	7.81	69 801	4.03	1780	9.23	87	1.63
10 亿（含）～50 亿元	611 830	13.56	96 168	5.55	939	4.87	231	4.32
50 亿（含）～100 亿元	220 938	4.90	18 906	1.09	137	0.71	0	0.00
100 亿元（含）以上	507 550	11.25	22 512	1.30	158	0.82	0	0.00
合计	4 510 811	100.00	1 733 676	100.00	19 290	100.00	5342	100.00

表 3-4　2018—2019 年高新技术企业户均拥有知识产权结构的规模分布　　　　　　　　　　　单位：件

企业规模	期末拥有有效专利数		拥有软件著作权		拥有集成电路布图		拥有植物新品种	
	2018 年	2019 年	2018 年	2019 年	2018 年	2019 年	2018 年	2019 年
500 万元以下	5.85	5.95	6.59	7.98	0.04	0.04	0.01	0.01
500 万（含）～2000 万元	8.76	9.14	6.47	7.33	0.05	0.05	0.02	0.02
2000 万（含）～5000 万元	12.67	13.17	5.88	6.72	0.06	0.07	0.02	0.02
5000 万（含）～2 亿元	19.96	20.26	6.26	7.12	0.13	0.14	0.03	0.04
2 亿（含）～5 亿元	33.46	35.08	7.48	8.80	0.16	0.14	0.06	0.06

续表

企业规模	期末拥有有效专利数		拥有软件著作权		拥有集成电路布图		拥有植物新品种	
	2018年	2019年	2018年	2019年	2018年	2019年	2018年	2019年
5亿（含）～10亿元	52.68	55.23	9.81	10.94	0.20	0.28	0.01	0.01
10亿（含）～50亿元	107.19	110.38	14.45	17.35	0.20	0.17	0.08	0.04
50亿（含）～100亿元	280.49	300.19	18.16	25.69	0.22	0.19	0.03	0.00
100亿元（含）以上	975.44	1017.13	36.41	45.11	0.06	0.32	0.00	0.00
平均	21.17	20.64	6.88	7.93	0.09	0.09	0.02	0.02

3. 高新技术企业知识产权结构的行业分布

不同行业高新技术企业知识产权的结构也不同。通过表3-5可以看出，截至2019年，制造业期末拥有有效专利数占比最高，占期末拥有有效专利总数的78.87%，排在第二位的是信息传输、软件和信息技术服务业，占比为7.42%，第三位是科学研究和技术服务业，占比6.88%。同时，可以看到信息传输、软件和信息技术服务业拥有软件著作权占比最高，达到60.04%，排在第二位的是制造业，占比24.30%，第三位是科学研究和技术服务业，占比8.66%。制造业拥有集成电路布图也占比最高，达到52.83%，排在第二位的是信息传输、软件和信息技术服务业，占比43.02%，第三位的是科学研究和技术服务业，占比2.49%。可以看到，集成电路布图知识产权主要集中在制造业和信息传输、软件和信息技术服务业两个行业。而在拥有植物新品种方面，农、林、牧、渔业占比达到81.00%，其次是批发和零售业，占比达到8.67%，排名第三位的是制造业占比5.67%。

表3-5 2019年高新技术企业拥有知识产权结构的行业分布

行业	期末拥有有效专利数（件）	占比（%）	拥有软件著作权（件）	占比（%）	拥有集成电路布图（件）	占比（%）	拥有植物新品种（件）	占比（%）
农、林、牧、渔业	22 961	0.51	3934	0.23	9	0.05	4327	81.00
采矿业	18 775	0.42	1403	0.08	17	0.09	0	0.00
制造业	3 557 789	78.87	421 278	24.30	10 190	52.83	303	5.67
电力、燃气及水的生产和供应业	29 240	0.65	6529	0.38	42	0.22	0	0.00
建筑业	136 004	3.02	27 130	1.56	17	0.09	73	1.37
批发和零售业	39 486	0.88	26 658	1.54	183	0.95	463	8.67
交通运输、仓储和邮政业	5089	0.11	5970	0.34	3	0.02	0	0.00
住宿和餐饮业	43	0.00	21	0.00	0	0.00	0	0.00
信息传输、软件和信息技术服务业	334 886	7.42	1 040 944	60.04	8299	43.02	0	0.00
金融业	1264	0.03	5050	0.29	0	0.00	0	0.00

续表

行业	期末拥有有效专利数（件）	占比（%）	拥有软件著作权（件）	占比（%）	拥有集成电路布图（件）	占比（%）	拥有植物新品种（件）	占比（%）
房地产业	621	0.01	346	0.02	0	0.00	0	0.00
租赁和商务服务业	5410	0.12	13 316	0.77	1	0.01	0	0.00
科学研究和技术服务业	310 226	6.88	150 138	8.66	480	2.49	145	2.71
水利、环境和公共设施管理业	34 861	0.77	9397	0.54	37	0.19	25	0.47
居民服务、修理和其他服务业	3794	0.08	4200	0.24	9	0.05	6	0.11
教育	1112	0.02	6079	0.35	1	0.01	0	0.00
卫生和社会工作	1372	0.03	1958	0.11	0	0.00	0	0.00
文化、体育和娱乐业	7864	0.17	9293	0.54	2	0.01	0	0.00
公共管理、社会保障和社会组织	14	0.00	32	0.00	0	0.00	0	0.00
合计	4 510 811	100.00	1 733 676	100.00	19 290	100.00	5342	100.00

不同行业高新技术企业户均拥有知识产权的结构也不同。通过表3-6可以看出，与2018年相比，2019年不同行业高新技术企业户均拥有有效专利数整体有升有降，其中，户均拥有软件著作权提高显著，户均拥有集成电路布图和户均拥有植物新品种基本持平。分行业看，2019年采矿业户均拥有有效专利数最高，达到41.35件；建筑业，制造业，电力、燃气及水的生产和供应业，科学研究和技术服务业户均拥有有效专利数相对较高，分别为29.77件、27.31件、17.82件、17.13件。在软件著作权方面，2019年公共管理、社会保障和社会组织，金融业，信息传输、软件和信息技术服务业，交通运输、仓储和邮政业户均拥有软件著作权相对较高，分别为32.00件、25.00件、20.55件、13.51件。与2018年相比，除住宿和餐饮业、房地产业外，各行业户均拥有软件著作权都有所上升，其中金融业增幅较快，从2018年的19.30件增加到2019年的25.00件。

表3-6 2018—2019年高新技术企业户均拥有知识产权结构的行业分布 单位：件

行业	期末拥有有效专利数		拥有软件著作权		拥有集成电路布图		拥有植物新品种	
	2018年	2019年	2018年	2019年	2018年	2019年	2018年	2019年
农、林、牧、渔业	10.02	9.67	1.30	1.66	0.00	0.00	1.74	1.82
采矿业	43.78	41.35	2.77	3.09	0.02	0.04	0.00	0.00
制造业	27.31	27.31	2.80	3.23	0.08	0.08	0.00	0.00
电力、燃气及水的生产和供应业	18.00	17.82	3.24	3.98	0.03	0.03	0.00	0.00

续表

行业	期末拥有有效专利数		拥有软件著作权		拥有集成电路布图		拥有植物新品种	
	2018年	2019年	2018年	2019年	2018年	2019年	2018年	2019年
建筑业	29.60	29.77	5.09	5.94	0.00	0.00	0.02	0.02
批发和零售业	9.95	9.82	6.02	6.63	0.03	0.05	0.12	0.12
交通运输、仓储和邮政业	9.44	11.51	11.68	13.51	0.00	0.01	0.00	0.00
住宿和餐饮业	2.80	6.14	5.00	3.00	0.00	0.00	0.00	0.00
信息传输、软件和信息技术服务业	7.20	6.61	18.93	20.55	0.17	0.16	0.00	0.00
金融业	4.63	6.26	19.30	25.00	0.00	0.00	0.00	0.00
房地产业	11.47	10.71	7.45	5.97	0.00	0.00	0.00	0.00
租赁和商务服务业	3.82	4.32	8.57	10.64	0.00	0.00	0.00	0.00
科学研究和技术服务业	18.11	17.13	6.94	8.29	0.03	0.03	0.01	0.01
水利、环境和公共设施管理业	13.84	14.08	2.98	3.80	0.01	0.01	0.01	0.01
居民服务、修理和其他服务业	6.00	6.53	6.39	7.23	0.00	0.02	0.01	0.01
教育	1.79	2.43	11.29	13.30	0.00	0.00	0.00	0.00
卫生和社会工作	6.42	6.53	8.42	9.32	0.00	0.00	0.00	0.00
文化、体育和娱乐业	12.47	10.67	10.90	12.61	0.00	0.00	0.00	0.00
公共管理、社会保障和社会组织	—	14.00	—	32.00	—	0.00	—	0.00
平均	21.17	20.64	6.88	7.93	0.09	0.09	0.02	0.02

二、高新技术企业专利情况

（一）高新技术企业专利的总体情况

1. 高新技术企业专利总量及变化

专利是高新技术企业最主要的知识产权，也是重要的创新产出衡量指标。2019年，全国高新技术企业期末拥有有效专利达到451.08万件，比上年增加86.43万件，同比增长23.70%；当年专利申请数136.77万件，比上年增加17.44万件，同比增长14.62%；当年专利授权数89.28万件，比上年增加11.59万件，同比增长14.92%（表3-7）。

表 3-7　2018—2019 年高新技术企业专利申请、授权等总量及变化

年份	当年专利申请数（件）	增长率（%）	当年专利授权数（件）	增长率（%）	期末拥有有效专利数（件）	增长率（%）
2018	1 193 278	23.01	776 888	35.57	3 646 531	29.39
2019	1 367 695	14.62	892 775	14.92	4 510 811	23.70

从户均专利数量看，2019 年高新技术企业户均专利申请数为 6.26 件，比上年降低 0.67 件，同比下降 9.66%；户均专利授权数为 4.09 件，比上年降低 0.42 件，同比下降 9.31%；户均拥有有效专利数为 20.64 件，比上年降低 0.53 件，同比下降 2.50%（表 3-8）。下降的主要原因是户均指标较低的小规模高新技术企业数量增长较快，从而拉低了整体的户均指标水平。

表 3-8　2018—2019 年高新技术企业户均专利申请、授权等总量及变化

年份	当年户均专利申请数（件）	增长率（%）	当年户均专利授权数（件）	增长率（%）	期末户均拥有有效专利数（件）	增长率（%）
2018	6.93	−6.71	4.51	2.81	21.17	−1.88
2019	6.26	−9.66	4.09	−9.31	20.64	−2.50

2. 高新技术企业专利的规模分布

按照企业营业规模进行划分，可以看出，2019 年除了营业规模在 10 亿（含）~ 50 亿元的企业外，其他营业规模的企业当年专利申请数、当年专利授权数、期末拥有有效专利数都出现了显著增长。营业规模在 10 亿（含）~ 50 亿元的企业当年专利申请数、当年专利授权数、期末拥有有效专利数分别增长 4.41%、3.27%、14.13%，与其他规模相比，增幅处于低位。营业规模处于 500 万以下的企业，其期末拥有有效专利数增幅达 43.70%（表 3-9）。

表 3-9　2018—2019 年高新技术企业专利申请、授权及期末拥有有效专利数的规模分布

企业规模	当年专利申请数（件）			当年专利授权数（件）			期末拥有有效专利数（件）		
	2018 年	2019 年	增长率(%)	2018 年	2019 年	增长率(%)	2018 年	2019 年	增长率(%)
500 万元以下	72 340	87 271	20.64	52 994	64 847	22.37	205 453	295 227	43.70
500 万（含）~ 2000 万元	115 564	132 810	14.92	87 206	105 106	20.53	347 969	472 091	35.67
2000 万（含）~ 5000 万元	138 952	161 417	16.17	96 009	114 603	19.37	414 224	550 127	32.81
5000 万（含）~ 2 亿元	244 229	267 200	9.41	160 820	181 514	12.87	777 645	939 142	20.77
2 亿（含）~ 5 亿元	135 233	157 647	16.57	89 878	101 450	12.88	468 093	561 462	19.95
5 亿（含）~ 10 亿元	88 130	102 878	16.73	57 135	64 318	12.57	300 760	352 444	17.18
10 亿（含）~ 50 亿元	188 623	196 946	4.41	110 336	113 947	3.27	536 079	611 830	14.13
50 亿（含）~ 100 亿元	59 649	78 621	31.81	39 536	47 065	19.04	179 795	220 938	22.88

续表

企业规模	当年专利申请数（件）			当年专利授权数（件）			期末拥有有效专利数（件）		
	2018年	2019年	增长率(%)	2018年	2019年	增长率(%)	2018年	2019年	增长率(%)
100亿元（含）以上	150 558	182 905	21.48	82 974	99 925	20.43	416 513	507 550	21.86
合计	1 193 278	1 367 695	14.62	776 888	892 775	14.92	3 646 531	4 510 811	23.70

从户均专利数量看，规模越大的高新技术企业户均专利指标数量越大。2019年，各规模高新技术企业户均拥有有效专利数都实现正增长，增幅在1.50%～7.02%。营业规模在2亿元以下和10亿（含）～50亿元的高新技术企业当年户均专利申请数和当年户均专利授权数增幅都为负。营业规模5亿（含）～10亿元和50亿元（含）以上的高新技术企业相应指标的增幅都为正（表3-10）。

表3-10 2018—2019年高新技术企业专利申请、授权及期末拥有有效专利数的户均规模分布

企业规模	当年户均专利申请数（件）			当年户均专利授权数（件）			期末户均拥有有效专利数（件）		
	2018年	2019年	增长率(%)	2018年	2019年	增长率(%)	2018年	2019年	增长率(%)
500万元以下	2.06	1.76	−14.53	1.51	1.31	−13.31	5.85	5.95	1.71
500万（含）～2000万元	2.91	2.57	−11.64	2.20	2.03	−7.34	8.76	9.14	4.34
2000万（含）～5000万元	4.25	3.86	−9.13	2.94	2.74	−6.63	12.67	13.17	3.95
5000万（含）～2亿元	6.27	5.77	−8.03	4.13	3.92	−5.12	19.96	20.26	1.50
2亿（含）～5亿元	9.67	9.85	1.89	6.42	6.34	−1.34	33.46	35.08	4.84
5亿（含）～10亿元	15.44	16.12	4.44	10.01	10.08	0.72	52.68	55.23	4.84
10亿（含）～50亿元	37.72	35.53	−5.80	22.06	20.56	−6.83	107.19	110.38	2.98
50亿（含）～100亿元	93.06	106.82	14.79	61.68	63.95	3.68	280.49	300.19	7.02
100亿元（含）以上	352.59	366.54	3.96	194.32	200.25	3.05	975.44	1017.13	4.27
平均	6.93	6.26	−9.67	4.51	4.09	−9.31	21.17	20.64	−2.50

（二）高新技术企业专利的结构分布

1. 高新技术企业专利的结构特征

从拥有专利的结构特征看（表3-11），2019年全国高新技术企业期末拥有有效专利数达到451.08万件，其中，境外授权专利17.80万件，仅占3.95%；拥有的发明专利117.75万件，占专利总数的26.10%；境外授权发明专利12.82万件，占境外授权专利的比例为72.00%，远高于整体占比水平。这表明，在专利存量上发明专利占比较低，境外授权专利较少，但境外授权的专利中发明专利占比很高。

表 3-11 2018—2019 年高新技术企业拥有专利的结构

年份	期末拥有有效专利数（件）	其中：拥有境外授权专利（件）	境外授权专利占有效专利比例（%）	期末拥有有效发明专利数（件）	发明专利占有效专利比例（%）	其中：拥有境外授权发明专利（件）	境外授权发明专利占境外授权专利比例（%）
2018	3 646 531	123 756	3.39	1 017 746	27.91	90 529	73.15
2019	4 510 811	178 016	3.95	1 177 539	26.10	128 169	72.00

与 2018 年相比，2019 年我国高新技术企业期末拥有有效专利数、期末拥有有效发明专利数、拥有境外授权专利、拥有境外授权发明专利都有较明显的增幅。同时可以看到，发明专利占有效专利比例、境外授权专利占有效专利比例、境外授权发明专利占境外授权专利比例与上年基本持平（图 3-2）。

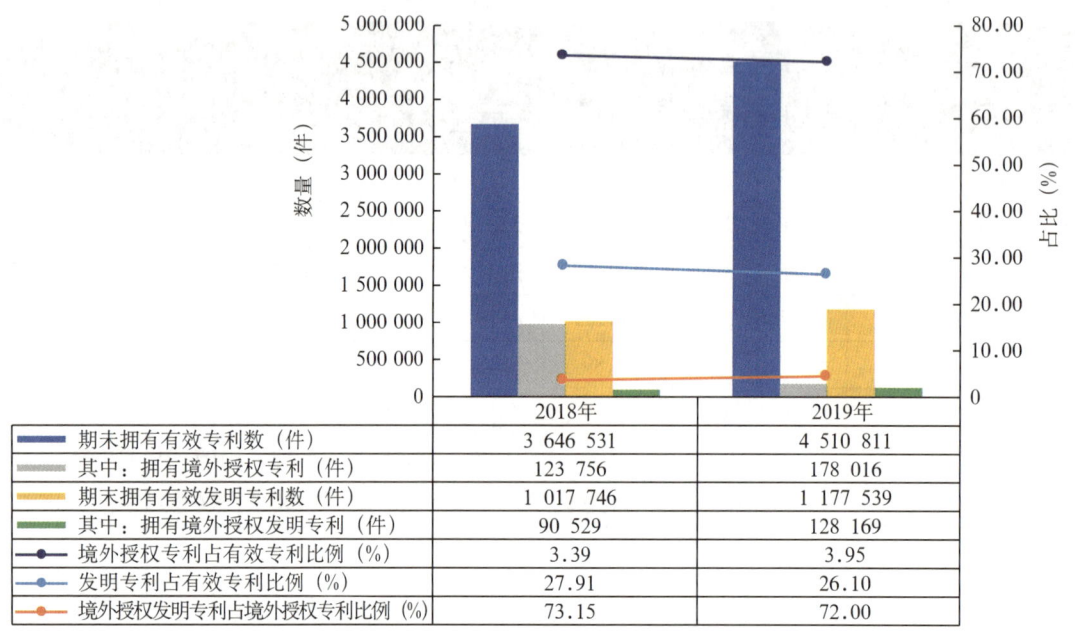

图 3-2 2018—2019 年高新技术企业拥有专利的结构

2019 年专利申请数达 136.77 万件，其中，发明专利申请数 58.98 万件，占专利申请总量的 43.12%；欧美日专利申请 3.33 万件，占比 2.44%；申请 PCT 国际专利 3.66 万件，占比 2.68%。2019 年专利授权 89.28 万件，其中，发明专利授权数 21.94 万件，占专利授权总量的 24.58%，欧美日专利授权 2.53 万件，占比 2.83%（表 3-12）。

表 3-12 2018—2019 年高新技术企业当年申请专利结构

年份	当年专利申请数（件）	其中：申请发明专利（件）	申请发明专利占比(%)	其中：申请欧美日专利（件）	申请欧美日专利占比（%）	其中：申请PCT国际专利（件）	申请PCT国际专利占比（%）	当年专利授权数（件）	其中：授权发明专利（件）	授权发明专利占比（%）	其中：授权欧美日专利（件）	授权欧美日专利占比（%）
2018	1 193 278	526 313	44.11	26 071	2.18	32 103	2.69	776 888	199 428	25.67	18 482	2.38
2019	1 367 695	589 789	43.12	33 336	2.44	36 635	2.68	892 775	219 409	24.58	25 290	2.83

将 2018 年与 2019 年对比来看，2019 年无论是专利申请、授权总量，还是发明专利申请、授权总量，均有较大增幅，但发明专利占专利总量的比例基本保持稳定。此外，申请欧美日专利数量和申请 PCT 国际专利数量也出现较大增幅，但其占专利申请总量比例基本不变。同时，授权欧美日专利的总量有所上升，其占专利授权总量的比例也有所提高（表 3-12、图 3-3）。

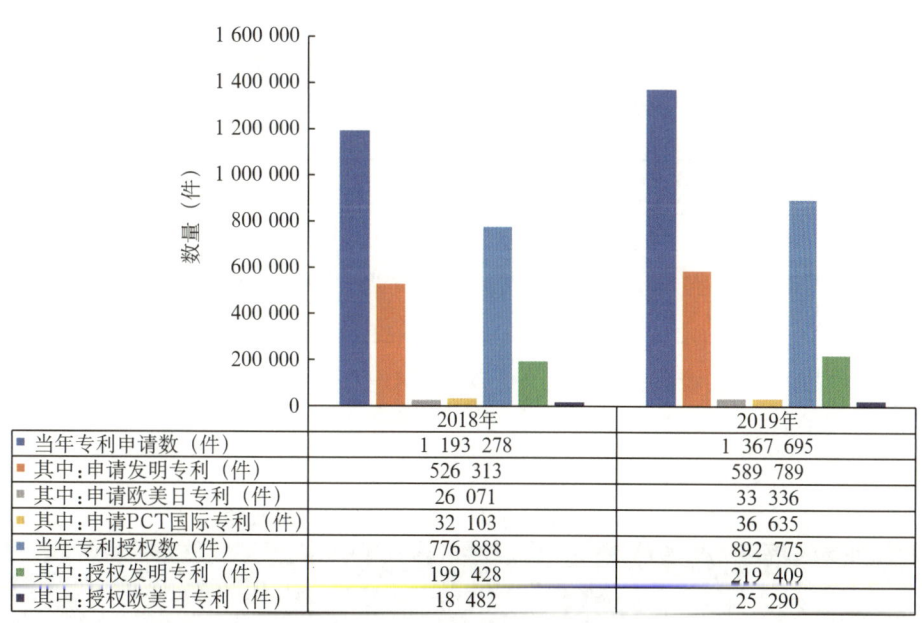

图 3-3 2018—2019 年高新技术企业当年申请专利结构

2. 高新技术企业专利结构的规模分布

按照企业规模进行分类，可以看到，随着企业规模的增大，不仅专利数量相应增加，而且专利质量也有所提高。从表 3-13 中可以看出，随着企业规模的增大，其申请的专利中发明专利所占比例也波动式增大，2019 年营业规模在 100 亿元（含）以上的高新技术企业，其所申请的专利占总专利申请数量的 13.37%，但其中申请发明专利占所有发明专利申请量的 21.68%。同样的现象也出现在申请欧美日专利、申请 PCT 国际专利中，营收规模在 100 亿元（含）以上的高新技术企业申请欧美日专利、申请 PCT 国际专利的占比分别达到 52.71% 和 40.70%。

表 3-13　2019 年高新技术企业当年专利申请结构规模分布

企业规模	当年专利申请数（件）	占比（%）	其中：申请发明专利（件）	占比（%）	其中：申请欧美日专利（件）	占比（%）	其中：申请PCT国际专利（件）	占比（%）
500 万元以下	87 271	6.38	32 007	5.43	1226	3.68	1616	4.41
500 万（含）~ 2000 万元	132 810	9.71	41 037	6.96	527	1.58	876	2.39
2000 万（含）~ 5000 万元	161 417	11.80	48 967	8.30	755	2.26	935	2.55
5000 万（含）~ 2 亿元	267 200	19.54	89 075	15.10	1738	5.21	2360	6.44
2 亿（含）~ 5 亿元	157 647	11.53	60 095	10.19	1980	5.94	1834	5.01
5 亿（含）~ 10 亿元	102 878	7.52	45 585	7.73	1481	4.44	1904	5.20
10 亿（含）~ 50 亿元	196 946	14.40	102 515	17.38	5207	15.62	7592	20.72
50 亿（含）~ 100 亿元	78 621	5.75	42 647	7.23	2850	8.55	4609	12.58
100 亿元（含）以上	182 905	13.37	127 861	21.68	17 572	52.71	14 909	40.70
合计	1 367 695	100.00	589 789	100.00	33 336	100.00	36 635	100.00

从表 3-14 可以看出，随着企业规模的增大，授权发明专利占所有专利授权数的比例也波动式增大。2019 年营业规模在 100 亿元（含）以上的高新技术企业，当年专利授权数占总专利授权数量的 11.19%，其中的授权发明专利占总授权发明专利数的 24.97%。特别值得一提的是，其授权欧美日专利占比超过 50%。

表 3-14　2019 年高新技术企业当年专利授权结构规模分布

企业规模	当年专利授权数（件）	占比（%）	其中：授权发明专利（件）	占比（%）	其中：授权欧美日专利（件）	占比（%）
500 万元以下	64 847	7.26	11 126	5.07	378	1.49
500 万（含）~ 2000 万元	105 106	11.77	16 712	7.62	360	1.42
2000 万（含）~ 5000 万元	114 603	12.84	17 190	7.83	409	1.62
5000 万（含）~ 2 亿元	181 514	20.33	30 500	13.90	1222	4.83
2 亿（含）~ 5 亿元	101 450	11.36	20 680	9.43	1303	5.15
5 亿（含）~ 10 亿元	64 318	7.20	16 059	7.32	1273	5.03

续表

企业规模	当年专利授权数（件）	占比（%）	其中：授权发明专利（件）	占比（%）	其中：授权欧美日专利（件）	占比（%）
10亿（含）~50亿元	113 947	12.76	36 970	16.85	4781	18.90
50亿（含）~100亿元	47 065	5.27	15 377	7.01	1494	5.91
100亿元（含）以上	99 925	11.19	54 795	24.97	14 070	55.63
合计	892 775	100.00	219 409	100.00	25 290	100.00

从2019年期末拥有有效专利数看，多数情况下，规模越大的高新技术企业拥有的发明专利所占的比例越高。从表3-15可以看出，规模在500万元以下的高新技术企业拥有的发明专利只占总发明专利的4.21%，而规模在100亿元（含）以上的高新技术企业拥有发明专利占总发明专利的22.70%。还可以看出，规模越大的高新技术企业往往拥有境外授权专利和拥有欧美日专利的比例越高。规模在500万元以下的高新技术企业拥有境外授权专利和拥有欧美日专利的比例分别为1.37%和1.00%，而规模在100亿元（含）以上的高新技术企业拥有境外授权专利和拥有欧美日专利的比例分别高达54.15%和57.61%。

表3-15 2019年高新技术企业期末拥有有效专利结构规模分布

企业规模	期末拥有有效专利数（件）	占比（%）	其中：拥有发明专利（件）	占比（%）	其中：拥有境外授权专利（件）	占比（%）	其中：拥有欧美日专利（件）	占比（%）
500万元以下	295 227	6.54	49 529	4.21	2445	1.37	1142	1.00
500万（含）~2000万元	472 091	10.47	77 274	6.56	4217	2.37	1954	1.71
2000万（含）~5000万元	550 127	12.20	90 607	7.69	4650	2.61	2424	2.12
5000万（含）~2亿元	939 142	20.82	180 398	15.32	12 396	6.96	6604	5.77
2亿（含）~5亿元	561 462	12.45	130 783	11.11	11 279	6.34	6416	5.60
5亿（含）~10亿元	352 444	7.81	102 510	8.71	9757	5.48	6040	5.28
10亿（含）~50亿元	611 830	13.56	206 768	17.56	26 236	14.74	17 989	15.71
50亿（含）~100亿元	220 938	4.90	72 398	6.15	10 643	5.98	5965	5.21
100亿元（含）以上	507 550	11.25	267 272	22.70	96 393	54.15	65 968	57.61
合计	4 510 811	100.00	1 177 539	100.00	178 016	100.00	114 502	100.00

三、高新技术企业的技术收入

（一）高新技术企业技术收入的总体情况

高新技术企业技术收入是指企业全年源于技术转让、技术承包、技术咨询与服务、技术入股、中试产品的收入及接受外单位委托的科研收入等。2019年，高新技术企业技术收入达5.70万亿元，比上年增加1.21万亿元，同比增长26.92%。其中，技术转让收入达1287.55亿元，比上年增加181.02亿元，同比增长16.36%；技术承包收入达9009.63亿元，比上年增加2139.56亿元，同比增长31.14%；技术咨询与服务收入达3.84万亿元，比上年增加8106.57亿元，同比增长26.77%；接受委托研究开发收入达2089.90亿元，比上年增加363.35亿元，同比增长21.04%。2019年高新技术企业户均技术收入2606.17万元，与2018年基本持平；技术收入占营业收入的比例为12.63%，比2018年提高1.1个百分点（表3-16、表3-17）。

表3-16　2018—2019年高新技术企业技术收入

年份	技术收入（亿元）	户均技术收入（万元）	营业收入（亿元）	技术收入占比（%）
2018	44 877.22	2605.17	389 203.73	11.53
2019	56 956.29	2606.17	450 957.74	12.63

同时通过表3-17看出，2019年技术咨询与服务收入占总技术收入的67.39%，超过总技术收入的2/3，是技术收入的主要组成部分，与上年相比基本持平；技术转让收入占总技术收入的2.26%，占比与上年相比略微下降；技术承包收入占总技术收入的15.82%，占比与上年相比略微上升；接受委托研究开发收入占总技术收入的3.67%，与上年相比略有下降。可以看出，技术收入的组成结构，与上年相比基本保持不变。

表3-17　2018—2019年高新技术企业主要技术收入组成

年份	技术转让收入（亿元）	占技术收入比例（%）	技术承包收入（亿元）	占技术收入比例（%）	技术咨询与服务收入（亿元）	占技术收入比例（%）	接受委托研究开发收入（亿元）	占技术收入比例（%）
2018	1106.53	2.47	6870.07	15.31	30 279.12	67.47	1726.55	3.85
2019	1287.55	2.26	9009.63	15.82	38 385.69	67.39	2089.90	3.67

（二）高新技术企业技术收入的规模分布

高新技术企业的技术收入与企业规模高度相关，企业规模越大，户均技术收入也越高。以2019年为例（表3-18），营业规模在500万元以下的高新技术企业户均技术收入只有1.68万元，而营业规模在100亿元（含）以上的高新技术企业户均技术收入达到12 666.10万元。同时可以看出，规模越小的高新技术企业,其技术收入也较少,但其技术收入占营业收入的比例却更大。2019年,规模在500万元以下的高新技术企业技术收入只有302.67亿元,而其技术收入占营业收入的比例达到30.21%。对于各营业规模的高新技术企业,其技术收入在上年的基础上保持增长的趋势,户均技术收入和技术收入占比结构基本保持不变。

表 3-18 2018—2019年高新技术企业技术收入的规模分布

企业规模	技术收入（亿元）		户均技术收入（万元）		技术收入占比（%）	
	2018年	2019年	2018年	2019年	2018年	2019年
500万元以下	207.87	302.67	1.97	1.68	29.10	30.21
500万（含）~2000万元	867.00	1126.39	7.17	5.36	19.55	19.72
2000万（含）~5000万元	1420.91	1818.05	13.73	11.99	13.50	13.61
5000万（含）~2亿元	4018.56	4929.48	29.46	22.08	10.19	10.58
2亿（含）~5亿元	3678.29	4658.58	65.00	56.20	8.46	9.38
5亿（含）~10亿元	3362.01	4170.41	109.33	107.87	8.47	9.41
10亿（含）~50亿元	10 674.60	12 743.89	480.83	435.64	10.43	11.28
50亿（含）~100亿元	5238.11	6605.64	828.51	907.61	11.94	13.07
100亿元（含）以上	15 409.87	20 601.18	10 879.49	12 666.10	14.71	16.25
合计/平均	44 877.22	56 956.29	2605.17	2606.17	11.53	12.63

从高新技术企业技术收入组成看,各规模高新技术企业的技术转让收入占总技术收入比例都较小,规模越大的高新技术企业技术承包收入所占比例越大,技术咨询与服务收入在所有规模的高新技术企业中都占比最高,占比最低的是营收规模在50亿（含）~100亿元,但也超过58%。同时可以看出,接受委托研究开发收入的占比,随着企业规模的变大在逐渐降低,从500万元以下规模所占比例的12.71%降到100亿元（含）以上规模的1.37%（表3-19）。

表 3-19 2019年高新技术企业技术收入组成的规模分布

企业规模	技术转让收入（亿元）	占技术收入比例（%）	技术承包收入（亿元）	占技术收入比例（%）	技术咨询与服务收入（亿元）	占技术收入比例（%）	接受委托研究开发收入（亿元）	占技术收入比例（%）
500万元以下	8.31	2.75	8.68	2.87	229.68	75.89	38.46	12.71
500万（含）~2000万元	27.70	2.46	38.23	3.39	851.30	75.58	123.89	11.00
2000万（含）~5000万元	50.11	2.76	74.47	4.10	1393.62	76.65	149.02	8.20
5000万（含）~2亿元	102.33	2.08	283.26	5.75	3807.70	77.24	308.80	6.26
2亿（含）~5亿元	89.96	1.93	386.46	8.30	3546.26	76.12	215.49	4.63
5亿（含）~10亿元	68.83	1.65	503.05	12.06	3001.10	71.96	227.22	5.45

续表

企业规模	技术转让收入（亿元）	占技术收入比例（%）	技术承包收入（亿元）	占技术收入比例（%）	技术咨询与服务收入（亿元）	占技术收入比例（%）	接受委托研究开发收入（亿元）	占技术收入比例（%）
10亿（含）~50亿元	241.48	1.89	2696.94	21.16	7817.79	61.35	568.37	4.46
50亿（含）~100亿元	66.80	1.01	1701.20	25.75	3839.88	58.13	177.37	2.69
100亿元（含）以上	632.04	3.07	3317.34	16.10	13 898.34	67.46	281.29	1.37
合计	1287.55	2.26	9009.63	15.82	38 385.67	67.39	2089.91	3.67

（三）高新技术企业技术收入的行业分布

高新技术企业的技术收入也受所在行业影响，通过表3-20可以看出，高新技术企业的技术收入主要集中在信息传输、软件和信息技术服务业，建筑业，科学研究和技术服务业，制造业。2019年排名前四的行业的技术收入分别是2.26万亿元、1.65万亿元、0.96万亿元、0.33万亿元，占所有行业技术收入总和5.7万亿元的91%。在户均技术收入方面，2019年排名前三的行业是金融业、建筑业和采矿业。这三个行业的户均技术收入分别是56 979.84万元、36 218.83万元和24 276.28万元。在技术收入占营业收入比例方面，不同行业差别较大，由于住宿和餐饮业和公共管理、社会保障和社会组织两个行业高新技术企业个数较少，因此2019年与上年指标相比差别较大。除此之外，2019年技术收入占营业收入比例较大的行业是金融业，信息传输、软件和信息技术服务业，居民服务、修理和其他服务业，科学研究和技术服务业等。

表3-20 2018—2019年高新技术企业技术收入的行业分布

行业	技术收入（亿元）		户均技术收入（万元）		技术收入占比（%）	
	2018年	2019年	2018年	2019年	2018年	2019年
农、林、牧、渔业	52.54	57.56	292.56	242.46	4.92	4.93
采矿业	920.91	1102.14	24 557.67	24 276.28	18.76	18.60
制造业	2758.16	3267.14	260.49	250.75	0.99	1.03
电力、燃气及水的生产和供应业	305.49	329.65	2238.01	2008.86	7.85	7.03
建筑业	12 511.20	16 544.76	35 982.75	36 218.83	29.76	30.65
批发和零售业	230.44	218.70	727.61	544.04	4.76	5.12
交通运输、仓储和邮政业	308.96	327.26	7841.58	7404.04	24.88	25.11
住宿和餐饮业	3.11	0.66	6211.78	940.98	66.09	7.94

续表

行业	技术收入（亿元）		户均技术收入（万元）		技术收入占比（%）	
	2018年	2019年	2018年	2019年	2018年	2019年
信息传输、软件和信息技术服务业	17 976.24	22 596.13	4773.42	4460.88	56.39	58.30
金融业	816.60	1150.99	39 259.52	56 979.84	67.56	64.86
房地产业	50.59	21.50	9544.97	3707.26	58.35	42.05
租赁和商务服务业	487.27	593.72	4486.85	4742.20	43.07	39.24
科学研究和技术服务业	7592.80	9555.51	5627.22	5275.50	52.40	52.73
水利、环境和公共设施管理业	462.81	579.62	2523.49	2340.97	26.99	28.59
居民服务、修理和其他服务业	91.72	177.91	2133.02	3062.16	43.51	54.41
教育	154.96	222.72	4257.01	4873.56	50.26	51.90
卫生和社会工作	63.01	85.89	4345.64	4089.91	43.03	46.00
文化、体育和娱乐业	90.41	122.46	1709.06	1661.65	29.42	31.33
公共管理、社会保障和社会组织	0.00	1.94	0.00	19 444.98	0.00	100.00
合计/平均	44 877.22	56 956.29	2605.17	2606.17	11.53	12.63

从高新技术企业技术收入的行业分布看（表3-21），在技术转让收入方面，2019年排名前三的行业是制造业，信息传输、软件和信息技术服务业，科学研究和技术服务业，分别是834.18亿元、245.91亿元、152.84亿元，占所有行业技术转让收入的95.8%。在技术承包收入方面，排名前四的行业是建筑业，科学研究和技术服务业，信息传输、软件和信息技术服务业，采矿业，分别是5807.41亿元、1964.10亿元、377.52亿元、350.96亿元。同时可以看出，技术咨询与服务收入在绝大多数行业中，依然是技术收入最重要的组成部分。接受委托研究开发收入主要集中在3个行业，为信息传输、软件和信息技术服务业，科学研究和技术服务业，制造业，分别是1043.81亿元、597.33亿元、373.77亿元。

表3-21　2019年高新技术企业技术收入组成的行业分布

行业	技术转让收入（亿元）	占技术收入比例（%）	技术承包收入（亿元）	占技术收入比例（%）	技术咨询与服务收入（亿元）	占技术收入比例（%）	接受委托研究开发收入（亿元）	占技术收入比例（%）
农、林、牧、渔业	2.17	3.78	5.42	9.41	45.55	79.14	0.58	1.01
采矿业	0.24	0.02	350.96	31.84	665.46	60.38	0.63	0.06

续表

行业	技术转让收入（亿元）	占技术收入比例（%）	技术承包收入（亿元）	占技术收入比例（%）	技术咨询与服务收入（亿元）	占技术收入比例（%）	接受委托研究开发收入（亿元）	占技术收入比例（%）
制造业	834.18	25.53	258.28	7.91	1602.40	49.05	373.77	11.44
电力、燃气及水的生产和供应业	16.78	5.09	86.28	26.17	217.46	65.97	6.12	1.86
建筑业	25.29	0.15	5807.41	35.10	9185.41	55.52	14.08	0.09
批发和零售业	3.45	1.58	18.43	8.43	118.96	54.40	33.35	15.25
交通运输、仓储和邮政业	0.15	0.05	30.54	9.33	281.46	86.01	0.66	0.20
住宿和餐饮业	0.43	65.50	0.00	0.00	0.15	23.42	0.07	11.09
信息传输、软件和信息技术服务业	245.91	1.09	377.52	1.67	18 028.15	79.78	1043.81	4.62
金融业	0.78	0.07	0.00	0.00	819.41	71.19	0.10	0.01
房地产业	0.13	0.62	1.52	7.08	19.06	88.64	0.00	0.00
租赁和商务服务业	1.30	0.22	11.50	1.94	428.32	72.14	10.35	1.74
科学研究和技术服务业	152.84	1.60	1964.10	20.55	6022.34	63.02	597.33	6.25
水利、环境和公共设施管理业	0.72	0.12	87.97	15.18	434.07	74.89	2.14	0.37
居民服务、修理和其他服务业	0.46	0.26	1.63	0.91	160.26	90.08	0.49	0.28
教育	0.09	0.04	0.06	0.03	176.02	79.03	0.83	0.37
卫生和社会工作	0.00	0.00	0.41	0.48	78.94	91.91	1.68	1.95
文化、体育和娱乐业	2.61	2.13	7.60	6.20	100.33	81.92	3.89	3.18
公共管理、社会保障和社会组织	0.00	0.00	0.00	0.00	1.94	100.00	0.00	0.00
合计	1287.55	2.26	9009.63	15.82	38 385.69	67.39	2089.90	3.67

四、小结

①知识产权是关于人类在社会实践中创造的智力劳动成果的专有权利，是国际上衡量企业创新产出的重要指标之一。截至2019年年底，全国高新技术企业累计拥有的各类知识产权共626.97万件，相较2018年的485.09万件增长29.25%。其中专利数量最多，达到451.08万件，占比71.95%，相较2018年的364.65万件增长23.70%；期末拥有软件著作权为173.37万件，相较2018年的118.48万件增长46.33%。从规模分布来看，不同规模高新技术企业知识产权的结构不同，规模相对小的企

业专利占比相对较低，而软件著作权占比相对较高，2019年各规模高新技术企业知识产权相关指标与上年相比稳步提升；从行业来看，不同行业高新技术企业知识产权结构也不同，截至2019年年底，制造业期末拥有有效专利数占比最高，占总数的78.87%，信息传输、软件和信息技术服务业，排在第二位，占比7.42%，科学研究和技术服务业排在第三位，占比6.88%。

②户均累计拥有知识产权数量继续增加。2019年，全国高新技术企业户均累计拥有知识产权数量为28.69件，相较2018年的28.16件增加1.88%。从户均拥有知识产权的结构分布看，随着规模的扩大，高新技术企业户均拥有各类知识产权数量明显上升，2019年不同规模的高新技术企业户均拥有知识产权相较2018年而言，大多都稳中有升。分行业看，采矿业2019年户均期末拥有有效专利数最高，达到41.35件；建筑业，制造业，电力、燃气及水的生产和供应业，科学研究和技术服务业户均期末拥有有效专利数相对较高，分别为29.77件、27.31件、17.82件、17.13件。在软件著作权方面，截至2019年年底，公共管理、社会保障和社会组织，金融业，信息传输、软件和信息技术服务业，交通运输、仓储和邮政业户均拥有软件著作权相对较高，分别为32.00件、25.00件、20.55件、13.51件。相较2018年，除住宿和餐饮业、房地产业外，各行业户均拥有软件著作权都有所上升，其中金融业增幅较快，从2018年的19.30件增加到2019年的25.00件。

③高新技术企业专利申请和授权总量保持稳定增长。2019年，全国高新技术企业期末拥有有效专利达到451.08万件，同比增长23.70%；当年专利申请数为136.77万件，同比增长14.62%；当年专利授权数为89.28万件，同比增长14.92%。拥有的发明专利117.75万件，占专利总数的26.10%；当年授权的发明专利为21.94万件，与2018年的19.94万件相比增加了10.02%；境外授权发明专利12.82万件，占境外授权专利的比例为72.00%，远高于整体占比水平。2019年，无论是专利申请、授权总量，还是发明专利申请、授权总量，均有较大增幅，但发明专利占专利总量的比例基本保持稳定。此外，申请欧美日专利数量和申请PCT国际专利数量也出现较大增幅，但其占专利总量比例基本不变。同时，授权欧美日专利的总量有所上升，其占专利授权的比例也有所提高。与全国规模以上工业企业相比，高新技术企业户均申请的专利数是规模以上工业企业户均申请专利的2倍左右，是我国最具创新活力的企业群体。

④高新技术企业技术收入呈现较快增长。2019年高新技术企业技术收入达到5.70万亿元，比上年增加1.21万亿元，同比增长26.92%。其中，技术转让收入达1287.55亿元，同比增长16.36%；技术承包收入达9009.63亿元，同比增长31.14%；技术咨询与服务收入达3.84万亿元，同比增长26.77%；接受委托研究开发收入达2089.90亿元，同比增长21.04%。2019年高新技术企业户均技术收入2606.17万元，与2018年基本持平；技术收入占营业收入的比例为12.63%，比2018年提高约1.1%；技术转让收入占总技术收入的2.26%，占比与上年相比略微下降；技术承包收入占总技术收入的15.82%，占比与上年相比略微上升；技术咨询与服务收入占总技术收入的67.39%，超过总技术收入的2/3，是技术收入的主要组成部分。

第四章
高新技术企业经济贡献和经济效益

科技创新是高质量发展的重要内在推动力，高新技术企业通过持续进行研究开发与技术成果转化，形成企业核心自主知识产权，并以此为基础开展经营活动。高新技术企业的经济贡献和经济效益是科技创新成效的重要体现。本章将从总体特征、区域特征和行业特征等方面，对高新技术企业的经济贡献和经济效益进行分析。

一、高新技术企业的经济贡献

（一）总体发展情况

本部分选取营业收入、工业总产值、净利润、出口额、上缴税额等指标分析高新技术企业的经济贡献。

1. 经济总量指标

表 4-1 反映了高新技术企业在 2018—2019 年各项经济指标变化情况。整体上，高新技术企业在促进我国经济增长方面发挥了重要作用。其中，2019 年高新技术企业的营业收入为45.10 万亿元，同比增长 15.87%；工业总产值为 32.41 万亿元，同比增长 12.27%；净利润达 2.73 万亿元，同比增长 4.59%；出口额达 4.91 万亿元，同比增长 9.04%；上缴税额近 1.80 万亿元，较 2018 年略有下降。此外，高新技术企业的就业人数达 3436.99 万人，同比增长 9.75%。

表 4-1 2018—2019 年高新技术企业经济贡献的年度变化

指标	2018 年	2019 年	同比增长率（%）
企业数（家）	172 262	218 544	26.87
营业收入（亿元）	389 203.73	450 957.74	15.87
工业总产值（亿元）	288 706.26	324 137.38	12.27
净利润（亿元）	26 140.30	27 340.65	4.59
出口额（亿元）	45 007.62	49 076.34	9.04
上缴税额（亿元）	18 000.78	17 988.02	-0.07
从业人员期末人数（万人）	3131.56	3436.99	9.75
当年新增从业人员（万人）	504.56	535.20	6.07
吸纳高校应届毕业生（万人）	95.45	96.20	0.79

2. 经济指标占全国比重

图4-1反映了2018—2019年高新技术企业对全国经济贡献及其变化情况。其中，高新技术企业营业收入在全国对应经济指标占比较高，从2018年的35.72%提高到2019年的39.71%，提升了近4个百分点；高新技术企业出口额占比缓慢上升，从2018年的27.42%提高到2019年的28.47%；高新技术企业提供就业占比上升较大，从2018年的4.04%提高到2019年的4.44%，提升0.4个百分点；高新技术企业上缴税额占比略有下降，但仍保持在10%以上。

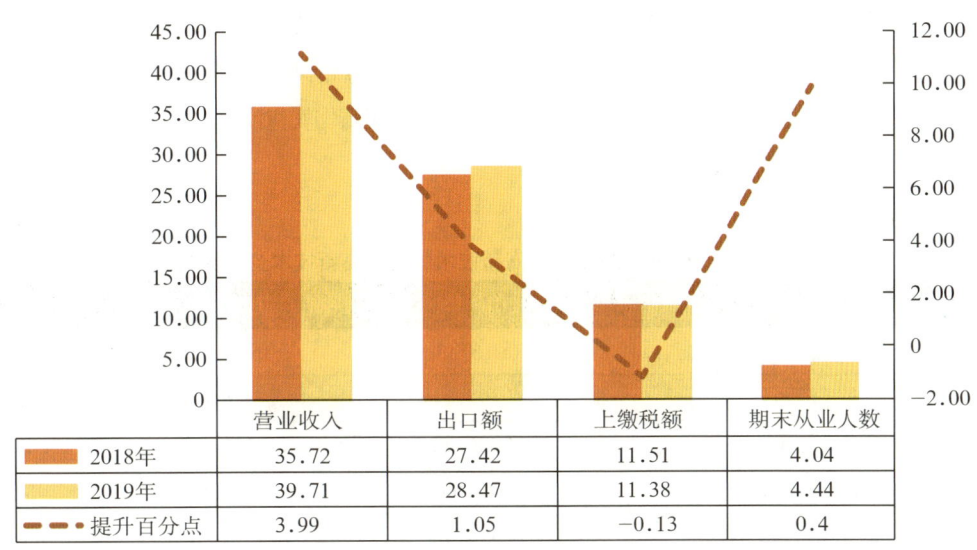

图4-1 2018—2019年高新技术企业的经济贡献占全国对应经济指标比例

注：此处的全国经济指标是指全国范围的经济数据。其中，营业收入占比指高新技术企业营业收入占规模以上工业企业营业收入的比重；出口额占比指高新技术企业出口额占全国对外贸易货物出口额的比重。数据来源于历年《中国统计年鉴》。

（二）规模以上高新技术企业发展情况

表4-2反映了2018—2019年规模以上高新技术企业的经济发展情况。2019年与2018年相比，营业收入、净利润、所有者权益（资产－负债）、期末从业人数均有大幅提高，说明规模以上高新技术企业发展比较快。其中，2019年规模以上高新技术企业营业收入同比增长11.99%；净利润同比增长5.23%；所有者权益（资产－负债）同比增长14.88%，这反映了规模以上高新技术企业整体上呈现较好的盈利能力。

表4-2 2018—2019年规模以上高新技术企业发展情况

指标	2018年	2019年	同比增长率（%）
企业数（家）	97 410	117 291	20.41
营业收入（亿元）	372 678.28	417 375.47	11.99
营业成本（亿元）	301 827.19	348 376.15	15.42

续表

指标	2018年	2019年	同比增长率（%）
净利润（亿元）	29 681.12	31 233.26	5.23
所有者权益（资产－负债）(亿元)	551 241.09	633 274.45	14.88
负债合计（亿元）	311 280.82	357 191.56	14.75
期末从业人数（人）	28 960 096	31 704 761	9.48

表4-3反映了2018—2019年规模以上高新技术服务业高新技术企业的经济发展情况。2019年与2018年相比，营业收入、净利润、所有者权益（资产－负债）、期末从业人数均有大幅提高。其中，2019年规模以上高技术服务业企业营业收入同比增长22.64%；净利润同比增长11.16%，可以看出高新技术服务业总体发展增速较快。

表4-3　2018—2019年规模以上高新技术服务业高新技术企业发展情况

指标	2018年	2019年	同比增长率（%）
企业数（家）	51 673	69 446	34.40
营业收入（亿元）	47 195.11	57 878.81	22.64
营业成本（亿元）	28 936.72	35 349.66	22.16
净利润（亿元）	5649.64	6280.10	11.16
所有者权益（资产－负债）(亿元)	95 519.90	103 556.16	8.41
负债合计（亿元）	52 845.38	54 196.94	2.56
期末从业人数（人）	4 721 647	5 523 216	16.98

表4-4反映了2018—2019年规模以上高新技术制造业高新技术企业的经济发展情况。2019年与2018年相比，营业收入、净利润、所有者权益（资产－负债）、期末从业人数均有所提高，其中，2019年规模以上高技术制造业企业营业收入同比增长11.06%；2019年规模以上高技术制造业企业净利润同比增长9.9%，可以看出高技术制造业发展总体上有较快增速。

表4-4　2018—2019年规模以上高新技术制造业高新技术企业发展情况

指标	2018年	2019年	同比增长率（%）
企业数（家）	26 609	31 389	17.96
营业收入（亿元）	70 016.76	77 759.18	11.06
营业成本（亿元）	51 322.06	56 372.96	9.84
净利润（亿元）	6142.66	6750.55	9.90
所有者权益（资产－负债）(亿元)	102 970.43	117 844.82	14.45
负债合计（亿元）	50 374.50	57 114.87	13.38
期末从业人数（人）	6 541 934	6 897 418	5.43

(三) 高新技术企业经济贡献的规模特征

1. 数量的规模特征

表 4-5 反映了 2018—2019 年不同规模高新技术企业的数量年度变化及占比情况。数据显示，2019 年不同规模的高新技术企业数量均在增加。其中，规模在 2 亿元以下的高新技术企业数量占比较大。2018—2019 年，规模在 500 万（含）~ 2000 万元的高新技术企业数量占比最大，占比在 23% 以上。

表 4-5　2018—2019 年不同规模高新技术企业的数量分布

企业规模	数量（家）		占比（%）	
	2018 年	2019 年	2018 年	2019 年
500 万元以下	35 141	49 601	20.40	22.70
500 万（含）~ 2000 万元	39 711	51 652	23.05	23.63
2000 万（含）~ 5000 万元	32 682	41 781	18.97	19.12
5000 万（含）~ 2 亿元	38 960	46 345	22.62	21.21
2 亿（含）~ 5 亿元	13 990	16 006	8.12	7.32
5 亿（含）~ 10 亿元	5709	6381	3.31	2.92
10 亿（含）~ 50 亿元	5001	5543	2.90	2.54
50 亿（含）~ 100 亿元	641	736	0.37	0.34
100 亿元（含）以上	427	499	0.25	0.23
合计	172 262	218 544	100.00	100.00

2. 营业收入的规模特征

表 4-6 反映了 2018—2019 年不同规模高新技术企业的营业收入年度变化及占比情况。数据显示，2019 年随着不同规模高新技术企业数量的增加，其营业收入总额均在增加，规模在 5000 万元（含）以上的高新技术企业营业收入占比较大。其中，规模在 10 亿（含）~ 50 亿元和 100 亿元（含）以上的高新技术企业营业收入占比最大，均超过 25%。2019 年规模在 2 亿元以下的营业收入占比相对于 2018 年有所增加；规模在 2 亿~ 100 亿元的高新技术企业营业收入占比，2019 年比 2018 年有所下降。此外，规模在 100 亿元的企业营业收入占比，2019 年比 2018 年略有增加。

表 4-6　2018—2019 年不同规模高新技术企业营业收入分布　　　单位：亿元

企业规模	营业收入		占比（%）	
	2018 年	2019 年	2018 年	2019 年
500 万元以下	714.31	1002.01	0.18	0.22
500 万（含）~ 2000 万元	4433.67	5712.68	1.14	1.27
2000 万（含）~ 5000 万元	10 523.81	13 360.58	2.70	2.96

续表

企业规模	营业收入		占比（%）	
	2018年	2019年	2018年	2019年
5000万（含）～2亿元	39 422.23	46 613.18	10.13	10.34
2亿（含）～5亿元	43 496.01	49 655.87	11.18	11.01
5亿（含）～10亿元	39 683.72	44 334.92	10.20	9.83
10亿（含）～50亿元	102 310.10	112 980.94	26.29	25.05
50亿（含）～100亿元	43 880.46	50 530.63	11.27	11.21
100亿元（含）以上	104 739.44	126 766.92	26.91	28.11
合计	389 203.73	450 957.74	100.00	100.00

3. 工业总产值的规模特征

表4-7反映了2018—2019年不同规模高新技术企业工业总产值年度变化及占比情况。数据显示，2019年与营业收入的规模特征类似，随着不同规模高新技术企业数量的增加，其工业总产值均在增加，规模在5000万元（含）以上的高新技术企业工业总产值占比较大。其中，规模在10亿（含）～50亿元和100亿元（含）以上的高新技术企业工业总产值占比最大，均超过25%。2019年规模小于2亿元的高新技术企业工业总产值占比较2018年均有所增加；规模在2亿（含）～100亿元的高新技术企业工业总产值占比有所减少，而规模在100亿元以上的高新技术企业工业总产值占比略有增加。

表4-7 2018—2019年不同规模高新技术企业工业总产值（当年价）分布 单位：亿元

企业规模	工业总产值		占比（%）	
	2018年	2019年	2018年	2019年
500万元以下	383.61	534	0.13	0.16
500万（含）～2000万元	2995.69	3544.69	1.04	1.09
2000万（含）～5000万元	7818.94	9898.62	2.71	3.05
5000万（含）～2亿元	31 630.32	37 077.96	10.96	11.44
2亿（含）～5亿元	36 219.28	40 474.98	12.55	12.49
5亿（含）～10亿元	32 730.19	36 164.82	11.34	11.16
10亿（含）～50亿元	76 718.86	82 361.16	26.57	25.41
50亿（含）～100亿元	29 171.39	32 468.61	10.10	10.02
100亿元（含）以上	71 037.98	81 612.54	24.61	25.18
合计	288 706.26	324 137.38	100.00	100.00

4. 净利润的规模特征

表4-8反映了2018—2019年不同规模高新技术企业的净利润年度变化及占比情况。数据显示，2019年规模在5000万元（含）以上的高新技术企业净利润占比较大。其中，规模在10亿（含）～

50亿元和100亿元（含）以上的高新技术企业净利润占比最大。值得注意的是，规模在2亿~50亿元和100亿元以上的高新技术企业净利润及其占比同比增加；规模在50亿~100亿元的高新技术企业净利润及其占比2019年比2018年有所减少，规模在2000万元以下的高新技术企业亏损加大，说明高新技术企业创业初始阶段获利较少，超大型高新技术企业获利能力有所提升。

表 4-8 2018—2019年不同规模高新技术企业净利润分布　　　　　　　　　　单位：亿元

企业规模	净利润		占比（%）	
	2018年	2019年	2018年	2019年
500万元以下	−389.12	−509.25	−1.49	−1.86
500万（含）~2000万元	−246.77	−333.11	−0.94	−1.22
2000万（含）~5000万元	167.20	232.76	0.64	0.85
5000万（含）~2亿元	2376.44	2352.43	9.09	8.60
2亿（含）~5亿元	3151.75	3377.11	12.06	12.35
5亿（含）~10亿元	2968.30	3279.19	11.36	11.99
10亿（含）~50亿元	7491.09	7899.20	28.66	28.89
50亿（含）~100亿元	2847.20	2640	10.89	9.66
100亿元（含）以上	7774.21	8402.31	29.74	30.73
合计	26 140.30	27 340.64	100.00	100.00

5. 出口总额的规模特征

表4-9反映了2018—2019年不同规模高新技术企业出口总额年度变化及占比情况。数据显示，2019年不同规模高新技术企业的出口总额均呈现增长态势，规模在5000万元（含）以上的高新技术企业出口占比较大。其中，规模在10亿（含）~50亿元和100亿（含）以上的高新技术企业出口占比最大。值得注意的是，规模在500万~5亿元的高新技术企业出口占比同比增加；规模在5亿~100亿元的高新技术企业出口占比同比减少；规模在100亿元以上的高新技术企业出口占比同比增加。

表 4-9 2018—2019年不同规模高新技术企业出口总额分布　　　　　　　　　单位：亿元

企业规模	出口总额		占比（%）	
	2018年	2019年	2018年	2019年
500万元以下	15.80	16.34	0.04	0.03
500万（含）~2000万元	174.22	218.21	0.39	0.44
2000万（含）~5000万元	774.76	955.20	1.72	1.95
5000万（含）~2亿元	4456.34	5028.05	9.90	10.25
2亿（含）~5亿元	5677.58	6297.88	12.61	12.83
5亿（含）~10亿元	5481.69	5591.29	12.18	11.39
10亿（含）~50亿元	12 977.31	13 541.47	28.83	27.59

续表

企业规模	出口总额		占比（%）	
	2018年	2019年	2018年	2019年
50亿（含）~100亿元	5177.86	5349.92	11.50	10.90
100亿元（含）以上	10 272.07	12 077.98	22.82	24.61
合计	45 007.63	49 076.34	100.00	100.00

6. 上缴税额的规模特征

表4-10反映了2018—2019年不同规模高新技术企业上缴税额年度变化及占比情况。数据显示，2019年规模在5000万元（含）以上的高新技术企业上缴税额占比较大。其中，规模在10亿（含）~50亿元和100亿元（含）以上的高新技术企业上缴税额占比最大。2019年，规模小于2亿元的高新技术企业和规模在50亿元（含）以上的大型高新技术企业的上缴税额及其占比相较2018年增加。值得注意的是，规模在10亿（含）~50亿元和100亿元（含）以上的高新技术企业在营业收入、工业总产值、净利润、出口总额和上缴税额几个方面占比均是最大的，说明高新技术企业的发展呈现出一定的规模效应。

表4-10 2018—2019年不同规模高新技术企业上缴税额分布　　单位：亿元

企业规模	上缴税额		占比（%）	
	2018年	2019年	2018年	2019年
500万元以下	44.15	46.31	0.25	0.26
500万（含）~2000万元	241.68	252.22	1.34	1.40
2000万（含）~5000万元	549.68	585.35	3.05	3.25
5000万（含）~2亿元	2094.68	2124.51	11.64	11.81
2亿（含）~5亿元	2269.15	2251.55	12.61	12.52
5亿（含）~10亿元	1956.69	1930.99	10.87	10.73
10亿（含）~50亿元	4595.30	4463.45	25.53	24.81
50亿~100亿元	1733.67	1736.37	9.63	9.65
100亿元（含）以上	4515.78	4597.27	25.09	25.56
合计	18 000.78	17 988.02	100.00	100.00

（四）高新技术企业经济贡献的区域分布

1. 经济贡献的区域分布情况

表4-11从营业收入、工业总产值、净利润、出口总额、上缴税额和期末从业人数等6个指标，反映了2018—2019年高新技术企业经济贡献的区域分布情况。数据显示，高新技术企业主要集中在

表 4-11 2018—2019 年高新技术企业主要经济指标

单位：亿元

地区	营业收入 2018年	营业收入 2019年	工业总产值 2018年	工业总产值 2019年	净利润 2018年	净利润 2019年	出口总额 2018年	出口总额 2019年	上缴税额 2018年	上缴税额 2019年	期末从业人数（人） 2018年	期末从业人数（人） 2019年
北京	32 082.01	38 024.65	7245.32	7745.36	2185.40	1919.73	1226.05	1273.10	1558.16	1500.82	2 322 720	2 565 435
天津	8817.12	10 042.51	4789.59	5461.23	407.70	456.05	856.75	878.74	334.75	315.07	603 507	644 967
河北	16 382.97	19 766.26	13 322.69	16 710.76	888.40	880.02	773.94	910.67	777.38	825.59	1 111 585	1 287 957
山西	4718.63	5546.56	3297.89	3818.36	254.57	215.09	302.24	383.52	202.53	192.60	384 237	423 704
内蒙古	3875.16	5724.41	3488.85	4598.28	265.18	337.13	159.23	204.14	225.43	276.89	237 689	297 733
辽宁	5310.52	7272.69	4359.47	5767.51	302.47	288.52	282.67	322.21	230.67	250.05	459 190	550 627
大连	2617.22	2653.71	2227.89	2234.18	117.32	118.85	351.79	332.90	109.26	90.45	191 963	191 364
吉林	2497.01	2782.24	2198.23	2433.29	245.80	218.40	85.00	85.76	183.54	157.76	195 133	231 812
黑龙江	2213.13	2466.95	1892.37	2027.51	86.64	106.59	141.04	125.23	119.22	97.19	225 958	223 593
上海	26 547.56	30 281.19	13 472.83	13 725.02	2090.68	2138.35	2735.95	2972.18	1270.48	1209.28	1 619 521	1 784 780
江苏	43 582.15	48 971.87	39 550.82	44 141.37	3001.21	3041.88	8081.04	8425.28	2062.18	1960.09	3 525 289	3 810 008
浙江	25 113.54	30 161.48	19 546.98	23 045.34	2882.02	3305.65	4096.85	4695.24	1435.99	1524.36	2 271 537	2 719 325
宁波	5295.81	6203.91	5021.77	5910.30	491.24	596.72	1035.26	1249.78	241.62	268.62	497 451	497 925
安徽	11 472.38	13 080.25	10 104.91	11 085.71	637.58	735.05	1079.33	1077.53	500.28	515.23	998 743	1 112 106
福建	5073.93	5614.66	4918.54	5094.75	424.08	431.10	642.90	722.52	236.36	261.64	452 401	537 075
厦门	2245.80	2420.25	1943.05	2058.50	208.67	239.17	560.68	571.17	88.85	86.33	301 994	301 639
江西	10 246.76	12 683.73	8897.64	10 795.69	533.02	534.32	866.97	1210.60	380.33	432.68	808 515	944 126
山东	18 826.95	21 997.22	17 243.52	19 298.23	1197.32	1228.42	2355.99	2539.79	855.59	855.14	1 451 557	1 691 543
青岛	4752.90	5448.09	3686.91	4088.21	284.63	326.00	533.61	700.36	208.31	204.62	340 990	335 072
河南	8780.39	10 330.40	7147.15	8253.18	489.21	504.05	709.07	692.16	375.30	374.21	880 139	980 514
湖北	17 876	21 296.12	11 829.82	13 736.91	1204.98	1471.06	1067.08	1134.53	790.57	890.89	1 201 702	1 314 593
湖南	14 151.76	16 251.81	10 724.79	12 250.95	796.43	881.51	765.18	886.59	600.77	622.92	1 085 738	1 176 449
广东	47 335.99	52 969.67	39 009.06	42 662.46	2830.89	2984.92	8951.92	9087.44	2100.64	2056.52	4 537 086	4 808 108

续表

地区	营业收入		工业总产值		净利润		出口总额		上缴税额		期末从业人数（人）	
	2018年	2019年	2018年	2019年	2018年	2019年	2018年	2019年	2018年	2019年	2018年	2019年
深圳	26 912.31	29 914.70	20 309.29	22 122.60	2097.68	2687.18	5265.30	6235.67	1130.04	1136.98	2 270 739	2 269 192
广西	6426.14	7037.82	5191.60	5176.00	262.87	225.39	213.35	269.55	246.92	255.73	370 356	410 228
海南	662.09	766.12	493.60	573.14	50.95	51.13	29.89	37.94	53.73	56.86	55 924	67 742
四川	8741.38	10 664.02	6179.86	7179.26	545.44	590.83	613.30	645.20	391.85	410.45	846 457	943 059
重庆	8610.10	9176.30	7414.97	7021.69	311.17	251.45	541.29	648.01	440.44	357.76	654 500	692 590
贵州	2220.58	2436.58	1525.37	1601.02	104.71	68.19	72.43	73.90	93.49	83.49	201 496	216 067
云南	4033.47	4450.56	2484.21	2823.91	218.14	264.66	70.24	80.88	167.30	169.43	225 240	237 360
西藏	168.31	231.34	112.75	149.45	49.11	41.44	2.52	2.56	18.83	15.23	12 458	16 797
陕西	7188.28	9006.31	5613.42	6573.50	422.89	490.06	340.23	388.91	331.75	338.41	600 914	668 573
甘肃	1444.92	1622.62	1094.22	1082.58	94.02	94.01	91.44	79.27	83.58	61.21	151 353	156 666
青海	696.14	698.34	462.82	482.24	−0.73	−552.39	5.00	2.27	31.16	19.92	47 849	49 345
宁夏	400.58	559.27	384.08	525.88	21.48	38.08	47.62	41.05	19.25	21.91	40 537	52 310
新疆	1883.71	2403.16	1519.97	1883.00	137.12	132.06	54.50	89.69	104.23	91.67	133 149	159 533
合计	389 203.70	450 957.74	288 706.25	324 137.37	26 140.29	27 340.67	45 007.65	49 076.34	18 000.78	17 988.00	31 315 617	34 369 917

经济比较发达的东部地区，广东（含深圳）、江苏连续两年排名前2位。其中，广东省（含深圳）高新技术企业2019年营业收入超过8万亿元，工业总产值近6.5万亿元，净利润超过5000亿元，出口超过1.5万亿元，上缴税额超过3000亿元，期末从业人数达到700万人，均高于其他省（自治区、直辖市）。

2. 经济贡献占比的区域分布情况

表4-12显示了2018—2019年高新技术企业经济贡献占比区域分布情况。数据显示，高新技术企业主要集中在经济比较发达的东部地区，广东（含深圳）、江苏高新技术企业主要经济指标占比排名前2位。其中，广东（含深圳）各项指标经济贡献占比均在20%左右，出口总额占比超过30%。江苏各项指标经济贡献占比均在10%以上，出口总额占比2018—2019年分别为17.95%和17.17%。北京、浙江、上海、山东的高新技术企业经济贡献也比较高。

从年度变化趋势分析，占比较大的省（自治区、直辖市）中，北京、广东、上海、江苏大部分指标总体呈下降趋势，而浙江、山东各项指标总体呈小幅上升趋势。

3. 京津冀、长江经济带、粤港澳大湾区、成渝经济圈经济贡献的区域情况分析

表4-13显示了京津冀、长江经济带、粤港澳大湾区、成渝经济圈几个区域的高新技术企业在2018—2019年的经济贡献特征情况。数据显示，长江经济带在各项经济指标中都位于前列，且远超位列第二的粤港澳大湾区，京津冀地区和成渝地区分列第3、第4位。2019年，除京津冀地区的净利润和上缴税额，以及粤港澳大湾区和成渝地区的上缴税额呈现下降趋势外，各地区的其他经济指标均呈上升趋势。

二、高新技术企业经济效益

（一）高新技术企业总体经济效益

本部分从劳动生产率、资产收益率、净利润率和人均产出4个维度对高新技术企业的总体经济效益进行分析。

1. 劳动生产率

劳动生产率是指劳动者在一定时期内创造的劳动成果与其相适应的劳动消耗量的比值，是衡量劳动效率的重要指标。根据数据的可得性，本部分计算劳动生产率采用的公式为：劳动生产率=（营业利润+税金及附加+应付职工薪酬）/从业人员平均数。

图4-2显示，2018—2019年高新技术企业的劳动生产率均超过20万元/人，2019年比2018年上升了1.56%。

2. 资产收益率

资产收益率，也称资产回报率，是用来衡量每单位资产创造多少净利润的指标。

资产收益率是应用最为广泛的衡量盈利能力的指标之一，该指标越高表明企业资产利用效果越好。

资产收益率计算公式为：（资产收益率=净利润）/平均资产总额×100%。

图4-2显示，高新技术企业的资产收益率呈现下降趋势，2019年相对于2018年同比下降4.2个百分点。

表 4-12 2018—2019 年高新技术企业主要经济指标

单位：%

地区	营业收入占比 2018年	营业收入占比 2019年	工业总产值占比 2018年	工业总产值占比 2019年	净利润占比 2018年	净利润占比 2019年	出口总额占比 2018年	出口总额占比 2019年	上缴税额占比 2018年	上缴税额占比 2019年	期末从业人数占比 2018年	期末从业人数占比 2019年
北京	8.24	8.43	2.51	2.39	8.36	7.02	2.72	2.59	8.66	8.34	7.42	7.46
天津	2.27	2.23	1.66	1.68	1.56	1.67	1.90	1.79	1.86	1.75	1.93	1.88
河北	4.21	4.38	4.61	5.16	3.40	3.22	1.72	1.86	4.32	4.59	3.55	3.75
山西	1.21	1.23	1.14	1.18	0.97	0.79	0.67	0.78	1.13	1.07	1.23	1.23
内蒙古	1	1.27	1.21	1.42	1.01	1.23	0.35	0.42	1.25	1.54	0.76	0.87
辽宁	1.37	1.61	1.51	1.78	1.16	1.06	0.63	0.65	1.28	1.39	1.47	1.60
大连	0.67	0.59	0.77	0.69	0.45	0.43	0.78	0.68	0.61	0.50	0.61	0.56
吉林	0.64	0.62	0.76	0.75	0.94	0.80	0.19	0.17	1.02	0.88	0.62	0.67
黑龙江	0.57	0.55	0.66	0.63	0.33	0.39	0.31	0.26	0.66	0.54	0.72	0.65
上海	6.82	6.71	4.67	4.23	8.00	7.82	6.08	6.06	7.06	6.72	5.17	5.19
江苏	11.20	10.86	13.70	13.62	11.48	11.13	17.95	17.17	11.46	10.90	11.26	11.09
浙江	6.45	6.69	6.77	7.11	11.02	12.09	9.10	9.56	7.98	8.48	7.25	7.91
宁波	1.36	1.38	1.74	1.82	1.88	2.18	2.30	2.55	1.34	1.49	1.59	1.45
安徽	2.95	2.90	3.50	3.42	2.44	2.69	2.40	2.20	2.78	2.86	3.19	3.24
福建	1.30	1.24	1.71	1.57	1.62	1.58	1.42	1.48	1.32	1.45	1.44	1.56
厦门	0.58	0.54	0.67	0.64	0.80	0.87	1.25	1.16	0.49	0.48	0.96	0.88
江西	2.63	2.81	3.08	3.33	2.04	1.95	1.93	2.47	2.11	2.41	2.58	2.75
山东	4.84	4.88	5.97	5.95	4.58	4.50	5.23	5.17	4.75	4.75	4.64	4.92
青岛	1.22	1.21	1.28	1.26	1.09	1.19	1.19	1.43	1.16	1.14	1.09	0.97
河南	2.26	2.29	2.48	2.55	1.87	1.84	1.58	1.41	2.08	2.08	2.81	2.85
湖北	4.59	4.72	4.10	4.24	4.61	5.38	2.37	2.31	4.39	4.95	3.84	3.82
湖南	3.64	3.60	3.71	3.78	3.05	3.22	1.70	1.81	3.34	3.46	3.47	3.42
广东	12.16	11.75	13.51	13.16	10.83	10.92	19.89	18.52	11.67	11.43	14.49	13.99

续表

地区	营业收入占比		工业总产值占比		净利润占比		出口总额占比		上缴税额占比		期末从业人数占比	
	2018年	2019年	2018年	2019年	2018年	2019年	2018年	2019年	2018年	2019年	2018年	2019年
深圳	6.91	6.63	7.03	6.83	8.02	9.83	11.70	12.71	6.28	6.32	7.25	6.60
广西	1.65	1.56	1.80	1.60	1.01	0.82	0.47	0.55	1.37	1.42	1.18	1.19
海南	0.17	0.17	0.17	0.18	0.19	0.19	0.07	0.08	0.30	0.32	0.18	0.20
四川	2.25	2.36	2.14	2.21	2.09	2.16	1.36	1.31	2.18	2.28	2.70	2.74
重庆	2.21	2.03	2.57	2.17	1.19	0.92	1.20	1.32	2.45	1.99	2.09	2.02
贵州	0.57	0.54	0.53	0.49	0.40	0.25	0.16	0.15	0.52	0.46	0.64	0.63
云南	1.04	0.99	0.86	0.87	0.83	0.97	0.16	0.16	0.93	0.94	0.72	0.69
西藏	0.04	0.05	0.04	0.05	0.19	0.15	0.01	0.01	0.10	0.08	0.04	0.05
陕西	1.85	2.00	1.94	2.03	1.62	1.79	0.76	0.79	1.84	1.88	1.92	1.95
甘肃	0.37	0.36	0.38	0.33	0.36	0.34	0.20	0.16	0.46	0.34	0.48	0.46
青海	0.18	0.15	0.16	0.15	0	-2.02	0.01	0	0.17	0.11	0.15	0.14
宁夏	0.10	0.12	0.13	0.16	0.08	0.14	0.11	0.08	0.11	0.12	0.13	0.15
新疆	0.49	0.53	0.53	0.58	0.53	0.48	0.12	0.18	0.58	0.51	0.43	0.46
合计	100.00	100.00	100.00	100.00	100.00	100.00	100.00	100.00	100.00	100.00	100.00	100.00

表 4-13 2018—2019 年高新技术企业主要经济指标

单位：亿元

区域	营业收入			工业总产值			净利润			出口总额			上缴税额			期末从业人数（人）		同比增长率(%)
	2018年	2019年	同比增长率(%)	2018年	2019年	同比增长率(%)	2018年	2019年	同比增长率(%)	2018年	2019年	同比增长率(%)	2018年	2019年	同比增长率(%)	2018年	2019年	
京津冀	57282.10	67833.42	18.42	25357.60	29917.35	17.98	3481.50	3255.80	-6.48	2856.74	3062.51	7.20	2670.29	2641.48	-1.08	4037812	4498359	11.41
长江经济带	177891.50	205657.80	15.61	136754.00	153317.20	12.11	12816.62	13879.66	8.29	21024.91	23099.72	9.87	8375.29	8445.20	0.83	13936189	15448388	10.85
粤港澳大湾区	69579.36	77716.71	11.70	54840.73	59944.47	9.31	4593.06	5366.95	16.85	13461.86	14557.25	8.14	3028.17	2991.57	-1.21	6340920	6581852	3.80
成渝地区	13484.36	15242.98	13.04	10340.91	10654.30	3.03	640.27	652.62	1.93	891.12	970.67	8.93	638.47	580.68	-9.05	1225191	1289491	5.25
全国合计	389203.70	450957.70	15.87	288706.30	324137.40	12.27	26140.30	27340.65	4.59	38234.63	41690.15	9.04	14712.22	14658.93	-0.36	31315617	34369917	9.75

3. 净利润率

净利润率是指企业净利润与营业收入的比率，它反映企业营业收入创造净利润的能力。净利润率是企业销售的最终获利能力指标，比率越高说明企业的获利能力越强。

净利润率计算公式为：净利润率＝净利润／营业收入×100%。

图4-2显示，高新技术企业的净利润率呈现下降趋势，从2018年的6.72%减少到2019年的6.06%，同比下降0.66个百分点。

4. 人均产出

人均产出是一个地区（行业或单位）的总产出分摊到每一个人的平均值。本部分中的高新技术企业人均产出计算公式为：人均产出＝工业总产值／从业人员年平均人数。

图4-2显示，2019年高新技术企业的人均产出为95.13万元，相较于2018年的93.36万元有所上升，同比增长1.9%。

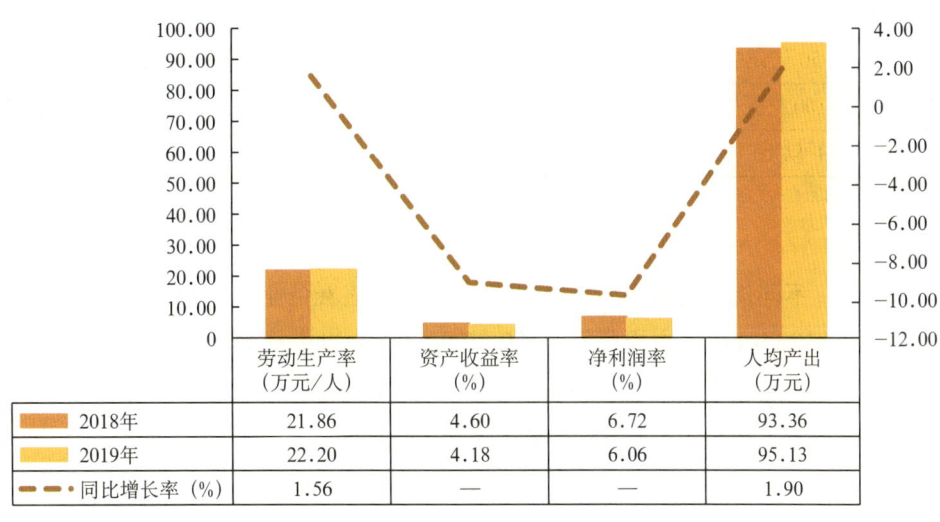

图4-2 2018—2019年高新技术企业经济效益

（二）不同规模的高新技术企业经济效益

表4-14至表4-17反映了不同规模高新技术企业经济效益指标的变化趋势。总体上看，不同规模的企业劳动生产率、资产收益率、净利润率和人均产出指标存在较大差异。其中，2019年的劳动生产率从500万元以下规模企业的人均-0.21万元，到100亿元以上规模企业增加到人均51万元，差别巨大。人均产出从500万元以下规模企业的人均7.41万元，增加到100亿元以上规模企业人均237.46万元，同样差别巨大。此外，资产收益率和净利润率两个指标2000万元以下规模企业为负值。

1. 劳动生产率

表4-14反映了2018—2019年不同规模高新技术企业的劳动生产率情况。数据显示，企业规模越大，劳动生产率越高。劳动生产率最高的是规模100亿元以上的高新技术企业，2018—2019年年均达

到 50 万元／人；规模 50 亿（含）～100 亿元的高新技术企业的劳动生产率次之，2018—2019 年年均超过 30 万元／人，10 亿（含）～50 亿元的年均超过 25 万元／人。规模小于 500 万元的企业劳动生产率最低，均为负值。

表 4-14　2018—2019 年不同规模高新技术企业的劳动生产率　　　　　　　　　　单位：万元／人

企业规模	劳动生产率		
	2018 年	2019 年	同比增长率（%）
500 万元以下	−0.71	−0.21	70.42
500 万（含）～2000 万元	5.23	6.09	16.44
2000 万（含）～5000 万元	8.84	9.31	5.32
5000 万（含）～2 亿元	13.20	13.39	1.44
2 亿（含）～5 亿元	17.42	18.38	5.51
5 亿（含）～10 亿元	20.95	22.23	6.11
10 亿（含）～50 亿元	27.10	28.06	3.54
50 亿（含）～100 亿元	33.93	31.55	−7.01
100 亿元（含）以上	49.24	51.00	3.57

2. 资产收益率

如表 4-15 所示，不同规模高新技术企业的资产收益率随着企业规模的上升而增加。其中，规模小于 2000 万元的企业资产收益率均为负值，100 亿元（含）以上规模的企业资产收益率最高，年均超过 5.5%。但是，2019 年不同规模企业资产收益率几乎都有所下降，仅有规模为 500 万元以下和 2000 万（含）～5000 万元的企业较 2018 年略有提高。

表 4-15　2018—2019 年不同规模高新技术企业的资产收益率　　　　　　　　　　单位：%

企业规模	资产收益率		
	2018 年	2019 年	增长百分点
500 万元以下	−6.35	−6.22	0.13
500 万（含）～2000 万元	−2.28	−2.59	−0.31
2000 万（含）～5000 万元	0.85	0.99	0.14
5000 万（含）～2 亿元	3.82	3.28	−0.54
2 亿（含）～5 亿元	4.90	4.57	−0.33
5 亿（含）～10 亿元	5.03	4.98	−0.05
10 亿（含）～50 亿元	4.78	4.49	−0.29
50 亿（含）～100 亿元	4.70	3.70	−1.00
100 亿元（含）以上	6.04	5.57	−0.47

3. 净利润率

如表 4-16 所示，高新技术企业的净利润率随着规模上升总体上呈现增长趋势。其中，5 亿（含）~ 10 亿元规模企业净利润率最高，2018—2019 年均超过 7.4%；规模在 2000 万元以下的企业净利润率均为负值。值得注意的是，2019 年相较于 2018 年，仅有规模在 500 万元以下和 2000 万（含）~ 5000 万元的企业净利润率为正增长，其余规模企业的净利润率均存在不同程度的下降。

表 4-16 2018—2019 年不同规模高新技术企业净利润率　　　　　　　　单位：%

企业规模	净利润率		
	2018 年	2019 年	增长百分点
500 万元以下	−54.47	−50.82	3.65
500 万（含）~ 2000 万元	−5.57	−5.83	−0.26
2000 万（含）~ 5000 万元	1.59	1.74	0.15
5000 万（含）~ 2 亿元	6.03	5.05	−0.98
2 亿（含）~ 5 亿元	7.25	6.80	−0.45
5 亿（含）~ 10 亿元	7.48	7.40	−0.08
10 亿（含）~ 50 亿元	7.32	6.99	−0.33
50 亿（含）~ 100 亿元	6.49	5.22	−1.27
100 亿元（含）以上	7.42	6.63	−0.79

4. 人均产出

从表 4-17 可以看出，不同规模高新技术企业的人均产出存在较大差异，企业规模越大，人均产出水平越高。总体上看，2018—2019 年，不同规模的企业人均产出大部分呈现增长的趋势，仅有规模在 500 万（含）~ 2000 万元和 50 亿（含）~ 100 亿元的企业人均产出出现了小幅下降。值得注意的是，同比增长率较高的企业为规模在 500 万元以下的企业和 100 亿元以上的企业，说明企业在初始阶段人均产出增长较快，同时在企业成为超大型企业后，基于规模效应等原因企业的人均产出也有较快提升。

表 4-17 2018—2019 年不同规模高新技术企业人均产出　　　　　　　　单位：万元

企业规模	人均产出		
	2018 年	2019 年	同比增长率（%）
500 万元以下	6.69	7.41	10.76
500 万（含）~ 2000 万元	21.56	21.50	−0.28
2000 万（含）~ 5000 万元	33.75	35.91	6.40
5000 万（含）~ 2 亿元	51	53.51	4.92
2 亿（含）~ 5 亿元	71.74	73.27	2.13
5 亿（含）~ 10 亿元	89.22	93.02	4.26

续表

企业规模	人均产出		
	2018年	2019年	同比增长率（%）
10亿（含）~50亿元	116.35	118.08	1.49
50亿（含）~100亿元	152.72	147.91	-3.15
100亿元（含）以上	220.61	237.46	7.64

（三）不同技术领域的高新技术企业经济效益

1. 劳动生产率

表4-18显示了2018—2019年不同技术领域高新技术企业的劳动生产率变化情况。2018—2019年，高新技术服务领域高新技术企业的劳动生产率最高，年均超过30万元／人。航空航天领域高新技术企业的劳动生产率变化最大，从2018的23.04万元／人增加至2019年的26.36万元／人；其次是新能源与节能领域高新技术企业，由2018的20.68万元／人上升到2019年的23.32万元／人。而资源与环境领域高新技术企业的劳动生产率有较大幅下降，从2018年的25.78万元／人下降到2019年的22.18万元／人。除上述领域外，其他各技术领域高新技术企业的劳动生产率基本保持平稳或呈现较小幅度的波动。

表4-18　2018—2019年高新技术企业技术领域分布劳动生产率　　　　　单位：万元／人

技术领域	2018年	2019年	同比增长率（%）
电子信息	22.25	23.71	6.56
生物与新医药	24.53	24.55	0.08
航空航天	23.04	26.36	14.41
新材料	19.26	18.72	-2.80
高技术服务	30.26	31.22	3.17
新能源与节能	20.68	23.32	12.77
资源与环境	25.78	22.18	-13.96
先进制造与自动化	18.39	17.99	-2.18

2. 资产收益率

表4-19显示了2018—2019年不同技术领域的高新技术企业资产收益率及其变化情况。资产收益率最高的是生物与新医药领域，2018年为6.97%，2019年为6.46%，虽然出现下降趋势，但仍然保持较高的收益率。新材料和高技术服务领域的资产收益率也处在较高水平，但均呈现不同程度的下降。增长最快的是航空航天领域，上升0.39个百分点。此外，资源与环境领域的高新技术企业资产收益率下降幅度最大，下降1.47个百分点。

表 4-19　2018—2019 年高新技术企业技术领域分布资产收益率　　　　单位：%

技术领域	2018 年	2019 年	增长百分点
电子信息	4.34	4.30	−0.04
生物与新医药	6.97	6.46	−0.51
航空航天	2.77	3.16	0.39
新材料	5.08	4.38	−0.70
高技术服务	4.85	4.58	−0.27
新能源与节能	3.07	3.25	0.18
资源与环境	3.98	2.51	−1.47
先进制造与自动化	4.40	3.84	−0.56

3. 净利润率

表 4-20 显示了 2018—2019 年不同技术领域高新技术企业净利润率及其变化情况。净利润率最高的领域是生物与新医药领域，2018 年为 11.45%，2019 年为 10.82%，呈小幅下降趋势。其次是航空航天领域，从 2018 年的 6.49% 上升到 2019 年的 7.08%。净利润率最低的 3 个领域分别为新材料、新能源与节能、资源与环境领域。同时资源与环境领域和新材料领域净利润率的下降幅度也最大，分别下降 2.77 和 0.77 个百分点。

表 4-20　2018—2019 年不同技术领域的高新技术企业净利润率　　　　单位：%

技术领域	2018 年	2019 年	增长百分点
电子信息	6.86	6.49	−0.37
生物与新医药	11.45	10.82	−0.63
航空航天	6.49	7.08	0.59
新材料	6.19	5.42	−0.77
高技术服务	6.69	6.27	−0.42
新能源与节能	5.03	5.14	0.11
资源与环境	7.15	4.38	−2.77
先进制造与自动化	6.18	5.52	−0.66

4. 人均产出

表 4-21 显示了 2018—2019 年不同技术领域高新技术企业人均产出及其变化情况。大部分技术领域的高新技术企业人均产出呈上升趋势，其中人均产出最高的为新材料领域，从 2018 年的 136.02 万元上升至 2019 年的 140.95 万元。新能源与节能领域、资源与环境领域的人均产出也保持在较高水平，年均在 120 万元左右。人均产出较低的领域为高技术服务领域，2019 年为 15.21 万元，较 2018 年的 16.27 万元有所下降。

表4-21 2018—2019年不同领域高新技术企业人均产出　　　　　　　　　　　　单位：万元

技术领域	2018年	2019年	同比增长率（%）
电子信息	68.64	70.27	2.37
生物与新医药	100.90	101.39	0.49
航空航天	76.79	86.59	12.76
新材料	136.02	140.95	3.62
高技术服务	16.27	15.21	−6.52
新能源与节能	117.03	124.89	6.72
资源与环境	123.85	123.77	−0.06
先进制造与自动化	106.39	107.19	0.75

（四）不同行业的高新技术企业经济效益

1. 劳动生产率

表4-22显示了2018—2019年不同行业高新技术企业的劳动生产率变化情况。2018年，金融业是劳动生产率最高的行业，但是从2018年的80.50万元/人下降到2019年的49.23万元/人，同比下降38.84%。2019年，劳动生产率最高的行业是公共管理、社会保障和社会组织。增长率最高的行业是住宿和餐饮业，同比增长62.72%。此外，房地产业是劳动生产率下降最快的行业，同比降低70.95%。

表4-22 2018—2019年高新技术企业技术行业分布劳动生产率　　　　　　　　　单位：万元/人

行业	2018年	2019年	同比增长率（%）
农、林、牧、渔业	11.23	11.81	5.16
采矿业	30.30	33.09	9.21
制造业	19.35	19.34	−0.05
电力、燃气及水的生产和供应业	34.55	40.25	16.50
建筑业	24.82	26.85	8.18
批发和零售业	31.12	27.79	−10.70
交通运输、仓储和邮政业	31.06	29.28	−5.73
住宿和餐饮业	2.87	4.67	62.72
信息传输、软件和信息技术服务业	32.54	33.77	3.78
金融业	80.50	49.23	−38.84
房地产业	12.60	3.66	−70.95
租赁和商务服务业	27.48	22.68	−17.47
科学研究和技术服务业	28.09	27.56	−1.89

续表

行业	2018年	2019年	同比增长率（%）
水利、环境和公共设施管理业	23.38	23.28	−0.43
居民服务、修理和其他服务业	12.29	16.17	31.57
教育	14.68	13.59	−7.43
卫生和社会工作	23.88	24.57	2.89
文化、体育和娱乐业	27.37	33.31	21.70
公共管理、社会保障和社会组织	—	55.41	—

2. 资产收益率

表4-23显示了2018—2019年不同行业高新技术企业资产收益率及其变化情况。资产收益率最高的是卫生和社会工作行业，2018年为10.34%，2019年为10.06%。公共管理、社会保障和社会组织行业是资产收益率第二高的行业，2019年的资产收益率为8.23%。文化、体育和娱乐业从2018年的3.84%上升到2019年的7.03%，成为资产收益率第三高的行业。此外，信息传输、软件和信息技术服务业2019年的资产收益率为6.48%，处在第4位。

表4-23　2018—2019年高新技术企业技术行业分布资产收益率　　单位：%

行业	2018年	2019年
农、林、牧、渔业	2.01	2.67
采矿业	3.50	4.25
制造业	4.84	4.29
电力、燃气及水的生产和供应业	3.26	3.28
建筑业	2.34	2.31
批发和零售业	3.67	2.45
交通运输、仓储和邮政业	5.86	3.84
住宿和餐饮业	−3.18	−5.96
信息传输、软件和信息技术服务业	6.32	6.48
金融业	2.96	2.38
房地产业	3.89	−6.09
租赁和商务服务业	1.67	1.25
科学研究和技术服务业	3.71	3.43
水利、环境和公共设施管理业	3.85	3.31
居民服务、修理和其他服务业	2.12	4.09
教育	1.03	−1.38
卫生和社会工作	10.34	10.06

续表

行业	2018年	2019年
文化、体育和娱乐业	3.84	7.03
公共管理、社会保障和社会组织	—	8.23

3. 净利润率

表4-24显示了2018—2019年不同行业高新技术企业净利润率及其变化情况。净利润率最高的行业是卫生和社会工作，年均在17%以上。排在第2位的是公共管理、社会保障和社会组织行业，2019年的净利润率为16.66%。文化、体育和娱乐业的净利润率从2018年的9.78%上升至2019年的15.71%，位列第三。

表4-24　2018—2019年不同行业高新技术企业净利润率　　　　单位：%

行业	2018年	2019年
农、林、牧、渔业	5.14	6.48
采矿业	7.39	8.46
制造业	6.53	5.89
电力、燃气及水的生产和供应业	7.96	9.22
建筑业	2.77	2.67
批发和零售业	5.30	3.42
交通运输、仓储和邮政业	11.77	8.52
住宿和餐饮业	−5.96	−7.57
信息传输、软件和信息技术服务业	12.58	11.11
金融业	16.56	14.68
房地产业	10.57	−23.62
租赁和商务服务业	5.01	2.42
科学研究和技术服务业	7.38	6.32
水利、环境和公共设施管理业	9.38	8.53
居民服务、修理和其他服务业	4.60	7.02
教育	1.66	−1.85
卫生和社会工作	17.81	17.28
文化、体育和娱乐业	9.78	15.71
公共管理、社会保障和社会组织	—	16.66

4. 人均产出

表4-25显示了2018—2019年不同行业高新技术企业人均产出及其变化情况。其中，电力、燃

气及水的生产和供应业人均产出最高,年均超过200万元。采矿业和制造业人均产出年均超过100万元,分列第2、第3位。居民服务、修理和其他服务业,卫生和社会工作人均产出同比增长较高,房地产业和批发零售业同比下降幅度较大。

表4-25　2018—2019年不同行业高新技术企业人均产出　　　　单位:万元

行业	2018年	2019年	同比增长率(%)
农、林、牧、渔业	18.37	10.92	−40.56
采矿业	126.62	130.92	3.40
制造业	119.73	123.81	3.41
电力、燃气及水的生产和供应业	201.65	216.93	7.58
建筑业	7.76	8.04	3.61
批发和零售业	18.81	3.23	−82.83
交通运输、仓储和邮政业	2.82	2.63	−6.74
住宿和餐饮业	0.00	11.23	—
信息传输、软件和信息技术服务业	1.88	2.00	6.38
金融业	0.00	0.19	—
房地产业	0.07	0.00	−100.00
租赁和商务服务业	0.47	0.38	−19.15
科学研究和技术服务业	3.57	3.60	0.84
水利、环境和公共设施管理业	13.62	11.89	−12.70
居民服务、修理和其他服务业	0.32	4.29	1240.63
教育	0.03	0.02	−33.33
卫生和社会工作	0.04	0.78	1850.00
文化、体育和娱乐业	0.76	0.95	25.00
公共管理、社会保障和社会组织	—	0.00	—

三、高新技术企业的高新技术产品

(一)高新技术企业的高新技术产品总体情况

1. 高新技术产品总体情况

表4-26显示,2018—2019年高新技术企业产品销售收入整体呈现快速增长态势。其中,高新技术企业高新技术产品销售收入占比近80%。

表 4-26　2018—2019 年高新技术企业高新技术产品总体情况

指标	2018 年	2019 年
企业数（家）	172 262	218 544
产品销售收入（亿元）	318 724.17	364 691.72
产品销售收入年增长率（%）	21.36	14.42
高新技术产品收入（亿元）	253 506.78	289 026.17
高新技术产品收入年增长率（%）	22.47	14.01
高新技术产品收入／产品销售收入（%）	79.54	79.25

2. 高新技术产品规模分布

表 4-27 反映了 2018—2019 年不同规模高新技术企业的高新技术产品销售收入年度变化及占比情况。总体上，规模在 5000 万元（含）以上的高新技术企业的高新技术产品销售收入占比较大。其中，规模在 10 亿（含）～ 50 亿元和 100 亿元（含）以上的企业占比最大，2018—2019 年均在 25% 以上；占比最少的是规模在 500 万元以下的高新技术企业，2018—2019 年均小于 0.2%。

表 4-27　2018—2019 年不同规模高新技术企业的高新技术产品销售收入

企业规模	高新技术产品销售收入（亿元）		占比（%）	
	2018 年	2019 年	2018 年	2019 年
小于 500 万元	381.77	524.56	0.15	0.18
500 万（含）～ 2000 万元	2638	3401.50	1.04	1.18
2000 万（含）～ 5000 万元	6774.52	8660.33	2.67	3.00
5000 万（含）～ 2 亿元	26 549.22	31 457.13	10.47	10.88
2 亿（含）～ 5 亿元	29 963.49	33 953.15	11.82	11.74
5 亿（含）～ 10 亿元	27 448.88	30 201.79	10.83	10.45
10 亿（含）～ 50 亿元	66 984.33	74 498.55	26.42	25.78
50 亿（含）～ 100 亿元	27 486.75	31 903.18	10.84	11.04
100 亿元（含）以上	65 279.82	74 425.98	25.75	25.75
合计	253 506.78	289 026.17	100.00	100.00

（二）高新技术企业的高新技术产品出口情况

1. 高新技术产品出口情况

表 4-28 显示，2019 年高新技术企业出口总额为 49 076.34 亿元，同比增长 9.04%，其中高新技术产品出口为 35 614.09 亿元，同比增长 9.16 %，且占比超过 72%。

表 4-28　2018—2019 年高新技术企业高新技术产品出口情况

指标	2018 年	2019 年
企业数（家）	172 262	218 544
出口总额（亿元）	45 007.62	49 076.34
出口总额年增长率（%）	18.97	9.04
高新技术产品出口（亿元）	32 624.50	35 614.09
高新技术产品出口年增长率（%）	14.80	9.16
高新技术产品出口／出口总额（%）	72.49	72.57

2. 高新技术产品出口分布

表 4-29 反映了 2018—2019 年不同规模高新技术企业的高新技术产品出口年度变化及占比情况。总体上，高新技术企业的高新技术产品出口额随着企业规模的增长而大幅增加。2019 年，规模在 500 万元以下企业的高新技术产品出口额仅为 10.49 亿元，而规模超过 100 亿元企业的高新技术产品出口额为 8211.03 亿元。从高新技术企业的高新技术产品出口额占出口总额的比重来看，企业规模的影响并不明显。

表 4-29　2018—2019 年不同规模高新技术企业的高新技术产品出口分布

企业规模	2018 年			2019 年		
	出口总额（亿元）	高新技术产品出口（亿元）	占比（%）	出口总额（亿元）	高新技术产品出口（亿元）	占比（%）
500 万元以下	15.80	11.82	74.81	16.34	10.49	64.20
500 万（含）～ 2000 万元	174.22	122.11	70.09	218.21	147.91	67.78
2000 万（含）～ 5000 万元	774.76	557.65	71.98	955.20	673.50	70.51
5000 万（含）～ 2 亿元	4456.34	3273.93	73.47	5028.05	3662.34	72.84
2 亿（含）～ 5 亿元	5677.58	4159.73	73.27	6297.88	4645.06	73.76
5 亿（含）～ 10 亿元	5481.69	4026.01	73.44	5591.29	4217.44	75.43
10 亿（含）～ 50 亿元	12 977.32	9718.82	74.89	13 541.47	10 077.00	74.42
50 亿（含）～ 100 亿元	5177.86	3766.64	72.75	5349.92	3969.31	74.19
100 亿元（含）以上	10 272.08	6987.79	68.03	12 077.98	8211.03	67.98
合计	45 007.63	32 624.50	72.49	49 076.34	35 614.09	72.57

四、小结

本章主要从经济贡献、经济效益和高新技术产品等角度对我国高新技术企业特征进行了分析。主要结论如下。

① 从总体上看，2019 年，高新技术企业的营业收入为 45.10 万亿元，同比增长 15.87%，工业总产值达到 32.41 万亿元，同比增长 12.27%。净利润达到 2.73 万亿元，同比增长 4.59%；出口额达到 4.91 万亿元，同比增长 9.04%；上缴税额近 1.80 万亿元，较 2018 年略有下降，说明减税降费政策开始发挥作用。高新技术企业的就业人数达 3436.99 万人，同比增长 9.75%。高新技术企业已成为推动我国经济增长的重要力量。

② 从经济贡献角度分析，与 2018 年相比，2019 年规模以上高新技术企业在营业收入、净利润、所有者权益（资产－负债）、期末从业人数等方面均有较大幅提高。其中，营业收入同比增长 11.99%、净利润同比增长 5.23%、所有者权益（资产－负债）同比增长 14.88%，这反映了高新技术企业的经营状况和盈利能力普遍向好。按照规模划分，2018—2019 年规模在 5000 万元（含）以上的高新技术企业营业收入占比较大，其中规模在 10 亿（含）～50 亿元和 100 亿元（含）以上的高新技术企业营业收入占比年均在 25% 以上。

从经济贡献区域分布来看，2018-2019 年营业收入、工业总产值、净利润、出口总额、上缴税收和就业等 6 个指标表明我国高新技术企业主要集中在经济较发达的东部地区，广东、江苏、北京、浙江和山东整体发展情况最好。

③ 从劳动生产率、资产收益率、净利润率和人均产出 4 个指标对全国高新技术企业经济效益进行分析，得出以下结论：从不同规模来看，劳动生产率最高的是规模在 100 亿元以上的高新技术企业，2018—2019 年均达到 50 万元／人。资产收益率最高的也是 100 亿元（含）以上规模的企业，年均超过 5.5%。高新技术企业的净利润率随着企业规模的上升总体上呈现增长趋势；其中，5 亿（含）～10 亿元规模的企业净利润率最高，2018—2019 年年均超过 7.4%。不同规模高新技术企业的人均产出存在较大差异，企业规模越大，人均产出水平越高。

从领域来看，2018—2019 年航空航天领域高新技术企业的劳动生产率增加最大，新能源与节能领域高新技术企业的劳动生产率也有较大提升，资源与环境领域高新技术企业的劳动生产率下降较大，而其他技术领域高新技术企业的劳动生产率基本保持平稳。资产收益率和净利润率最高的是生物与新医药领域。人均产出最高的为新材料领域，除高技术服务和资源环境领域外，其他领域人均产出呈现上升趋势。

从行业来看，2019 年劳动生产率最高的行业是公共管理、社会保障和社会组织行业，达到 55.41 万元／人。资产收益率最高的是卫生和社会工作行业，2018—2019 年均超过 10%。净利润率最高的行业是卫生和社会工作，年均增长率在 17% 以上。高新技术企业人均产出最高的是电力、燃气及水的生产和供应业，超过 200 万元／人。

④ 从高新技术企业产品来看，2018—2019 年高新技术产品的销售收入有较大幅增长，高新技术产品的收入在所有产品销售收入中的占比连续两年超过 79%。从企业规模来看，10 亿（含）～50 亿元

和 100 亿元（含）以上规模的企业高新技术产品销售收入占比最大，年均占比超过 25%。

在产品出口方面，高新技术企业 2019 年的高新技术产品出口达 35 614.09 亿元，同比增长 9.16%，且 2018—2019 年高新技术产品出口占高新技术企业出口总额的比重均达 70% 以上。从企业规模来看，高新技术产品出口额随着企业规模的增长而大幅增加。

第五章
高新技术企业的区域特征

作为与地区技术创新水平及经济社会发展情况高度相关的高新技术企业，存在着明显的区域特征。本章按照我国现行的行政区划（31个省+5个计划单列市，不含港澳台，下同）、东中西部及东北地区、京津冀地区、长江经济带、粤港澳大湾区和成渝经济圈等对我国高新技术企业进行区域划分，分析了各区域高新技术企业的数量、创新投入、创新成果、经济贡献和社会效益等重要指标，进而对我国高新技术企业的区域特征进行分析与总结。

一、总体情况

（一）数量分布

图5-1显示了2019年高新技术企业在31个省和5个计划单列市的分布情况。数据显示：广东、江苏、北京、浙江、上海、湖北、河北和山东是全国高新技术企业数量占比较高的地区，深圳在计划单列市中高新技术企业数量处于领先地位。

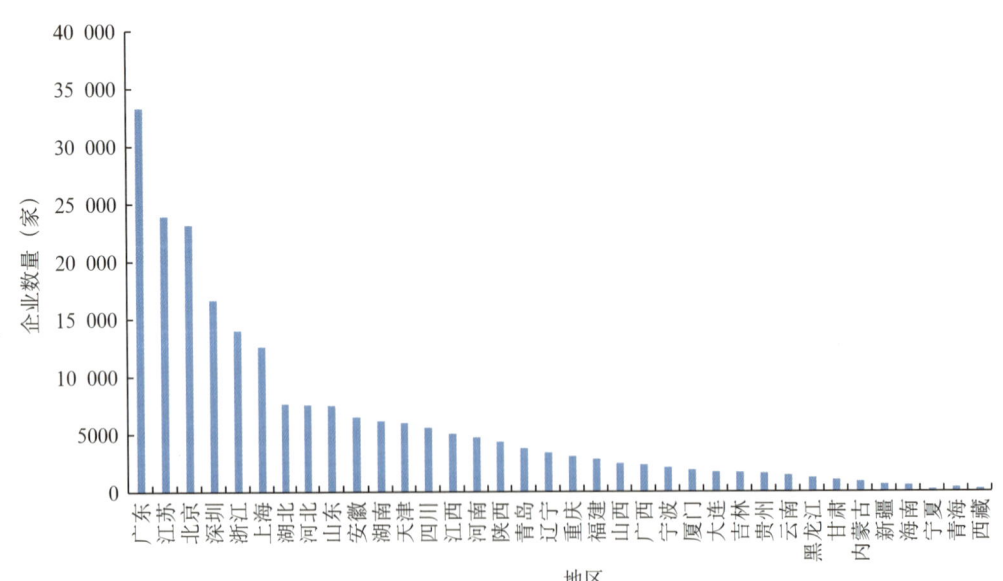

图 5-1　2019年全国高新技术企业地区分布情况

表 5-1 反映了 2018—2019 年各地区高新技术企业数量及全国占比情况。2018—2019 年，全国各地高新技术企业绝对数量均有所上升，增速最快的是吉林省，为 89.36%；增速最慢的是青海省，为 6.02%。

表 5-1　2018—2019 年全国各地区高新技术企业数量及占比情况

地区	2018 年		2019 年		增长率（%）
	企业数（家）	占比（%）	企业数（家）	占比（%）	
北京	18 749	10.88	23 190	10.61	23.69
天津	4889	2.84	6013	2.75	22.99
河北	5020	2.91	7611	3.48	51.61
山西	1621	0.94	2485	1.14	53.30
内蒙古	750	0.44	896	0.41	19.47
辽宁	2472	1.44	3420	1.56	38.35
大连	1186	0.69	1727	0.79	45.62
吉林	893	0.52	1691	0.77	89.36
黑龙江	1141	0.66	1230	0.56	7.80
上海	9023	5.24	12 619	5.77	39.85
江苏	17 968	10.43	23 946	10.96	33.27
浙江	10 077	5.85	14 021	6.42	39.14
宁波	1734	1.01	2131	0.98	22.90
安徽	5324	3.09	6547	3.00	22.97
福建	2143	1.24	2856	1.31	33.27
厦门	1611	0.94	1911	0.87	18.62
江西	3483	2.02	5066	2.32	45.45
山东	5752	3.34	7553	3.46	31.31
青岛	3079	1.79	3805	1.74	23.58
河南	3283	1.91	4749	2.17	44.65
湖北	6437	3.74	7686	3.52	19.40
湖南	4579	2.66	6209	2.84	35.60
广东	30 566	17.74	33 339	15.26	9.07
深圳	14 120	8.20	16 652	7.62	17.93
广西	1849	1.07	2366	1.08	27.96
海南	381	0.22	563	0.26	47.77
四川	4250	2.47	5594	2.56	31.62
重庆	2430	1.41	3105	1.42	27.78
贵州	1163	0.68	1620	0.74	39.29

续表

地区	2018年		2019年		增长率（%）
	企业数（家）	占比（%）	企业数（家）	占比（%）	
云南	1329	0.77	1454	0.67	9.41
西藏	49	0.03	66	0.03	34.69
陕西	3120	1.81	4357	1.99	39.65
甘肃	892	0.52	1045	0.48	17.15
青海	166	0.10	176	0.08	6.02
宁夏	150	0.09	201	0.09	34.00
新疆	583	0.34	644	0.29	10.46
合计/平均	172 262	100.00	218 544	100.00	26.87

（二）创新投入

表 5-2 显示，2018—2019 年全国各地区高新技术企业创新投入指标（科技活动费用及人员、R&D 经费及人员、研发强度等）水平整体上呈现上升趋势；2019 年，全国高新技术企业 R&D 人员合计 435.50 万人，R&D 经费投入 11 850.05 亿元。R&D 人员数量较多的地区有广东、江苏、深圳、浙江、北京、湖北、山东和上海；R&D 人员数量较少的地区包括西藏、青海、海南、宁夏、新疆和甘肃。研发经费投入较多的地区有广东、江苏、深圳和北京，均超过 1000 亿元。综合来看，广东、江苏、深圳、北京、浙江、山东、上海、湖北和湖南这些发达省（市）高新技术企业 R&D 经费投入和 R&D 人员数量较多，2019 年占全国总量的比重达 69.34% 和 66.83%，较 2018 年分别增加了 0.19 个百分点和 0.44 个百分点，在创新投入指标上表现出明显的领先优势（表 5-3）。2018—2019 年各地区的研发强度变化不均，大多呈现下降态势。图 5-2 是 2019 年各地区高新技术企业按研发强度从高到低的排列情况。

表 5-2 2018—2019 年全国各地区高新技术企业创新投入情况

地区	科技活动费用（亿元）		研发经费投入（亿元）		科技活动人员（万人）		研发人员（万人）		研发强度（%）	
	2018年	2019年	2018年	2019年	2018年	2019年	2018年	2019年	2018年	2019年
北京	2652.87	3405.29	939.79	1032.02	79.07	90.91	26.36	28.05	2.93	2.71
天津	411.37	457.93	290.12	246.18	16.32	17.22	12.73	10.60	3.29	2.45
河北	649.70	787.40	322.16	359.93	22.94	26.46	11.71	11.20	1.97	1.82
山西	209.50	245.73	59.17	86.62	8.20	9.29	3.30	3.48	1.25	1.56
内蒙古	160.93	219.35	39.31	80.18	4.89	5.60	1.97	2.19	1.01	1.40
辽宁	251.08	320.27	122.39	123.15	10.12	11.46	5.83	5.55	1.54	1.24
大连	120.39	136.30	64	86.53	4.81	5.48	3.47	3.13	2.45	3.26

续表

地区	科技活动费用（亿元）		研发经费投入（亿元）		科技活动人员（万人）		研发人员（万人）		研发强度（%）	
	2018年	2019年	2018年	2019年	2018年	2019年	2018年	2019年	2018年	2019年
吉林	114.16	138.53	31.99	42.32	4.74	5.74	1.73	1.85	1.28	1.52
黑龙江	118.34	134.89	50.97	55.03	5.24	5.18	2.67	2.62	2.30	2.23
上海	1841.32	2218.17	604.66	571.17	55.83	62.03	20.36	16.96	2.28	1.89
江苏	2141.13	2472.99	1304.94	1530.99	78.19	84.36	52.14	56.74	2.99	3.13
浙江	1507.96	1784.57	708.98	753.30	50.56	57.97	30.60	31.54	2.33	2.07
宁波	264.21	329.26	187.66	219.48	9.24	10.57	7.43	8.34	3.54	3.54
安徽	549.75	636.39	315.16	332.92	23.49	24.89	13.78	13.56	2.75	2.55
福建	242.83	273.21	133.74	137.90	10.23	11.05	5.67	5.56	1.83	1.72
厦门	138.00	164.59	104.62	120.60	7.16	7.99	5.95	6.56	4.66	4.98
江西	420.34	524.43	291.68	347.20	16.25	18.59	12.03	13.13	2.85	2.74
山东	780.28	955.02	366.00	473.43	30.42	33.63	17.14	19.72	1.55	1.72
青岛	215.02	259.45	108.48	113.82	8.86	9.77	4.36	4.24	2.28	2.09
河南	404.37	490.53	197.69	211.66	18.67	20.70	9.72	10.12	2.25	2.05
湖北	806.87	977.38	488.78	554.64	30.93	33.05	22.34	21.32	2.73	2.60
湖南	644.29	778.37	377.01	405.07	23.05	25.10	14.60	14.31	2.66	2.49
广东	2275.85	2732.44	1338.65	1565.12	95.30	96.26	61.23	60.59	1.80	1.89
深圳	2330.70	2657.41	1378.89	1329.80	63.09	66.79	46.07	41.79	5.12	4.45
广西	206.22	242.51	83.32	104.00	7.96	8.57	3.87	4.22	1.30	1.48
海南	35.27	43.16	7.31	8.69	1.51	1.61	0.44	0.43	1.10	1.13
四川	468.76	576.44	233.05	265.02	20.74	23.07	11.52	12.06	2.67	2.49
重庆	344.15	380.99	202.08	215.61	12.81	13.31	8.19	8.34	2.35	2.35
贵州	98.88	117.13	37.06	45.04	4.49	5.10	1.98	2.16	1.67	1.85
云南	159.88	162.44	97.12	94.81	5.53	5.57	3.36	2.98	2.41	2.13
西藏	8.99	10.92	2.16	3.25	0.34	0.34	0.08	0.09	1.28	1.40
陕西	495.74	538.03	306.05	288.22	18.20	18.85	11.56	9.53	4.26	3.20
甘肃	56.95	56.22	12.96	9.96	3.15	3.43	1.15	0.92	0.90	0.61
青海	21.13	24.63	6.27	6.55	0.94	1.03	0.30	0.34	0.90	0.94
宁夏	20.96	29.11	15.06	15.73	0.80	1.01	0.59	0.55	3.76	2.81
新疆	73.10	91.64	17.36	14.11	2.59	2.83	0.85	0.73	0.92	0.59
合计	21 241.29	25 373.12	10 846.64	11 850.05	756.66	824.81	437.08	435.50	—	—

表 5-3 2018—2019 年全国各地区高新技术企业创新投入占比情况　　　　单位：%

地区	科技活动费用		研发经费投入		科技活动人员		研发人员	
	2018 年	2019 年	2018 年	2019 年	2018 年	2019 年	2018 年	2019 年
北京	12.49	13.42	8.66	8.71	10.45	11.02	6.03	6.44
天津	1.94	1.80	2.67	2.08	2.16	2.09	2.91	2.43
河北	3.06	3.10	2.97	3.04	3.03	3.21	2.68	2.57
山西	0.99	0.97	0.55	0.73	1.08	1.13	0.76	0.80
内蒙古	0.76	0.86	0.36	0.68	0.65	0.68	0.45	0.50
辽宁	1.18	1.26	1.13	1.04	1.34	1.39	1.33	1.27
大连	0.57	0.54	0.59	0.73	0.64	0.66	0.79	0.72
吉林	0.54	0.55	0.29	0.36	0.63	0.70	0.40	0.42
黑龙江	0.56	0.53	0.47	0.46	0.69	0.63	0.61	0.60
上海	8.67	8.74	5.57	4.82	7.38	7.52	4.66	3.89
江苏	10.08	9.75	12.03	12.92	10.33	10.23	11.93	13.03
浙江	7.10	7.03	6.54	6.36	6.68	7.03	7.00	7.24
宁波	1.24	1.30	1.73	1.85	1.22	1.28	1.70	1.92
安徽	2.59	2.51	2.91	2.81	3.10	3.02	3.15	3.11
福建	1.14	1.08	1.23	1.16	1.35	1.34	1.30	1.28
厦门	0.65	0.65	0.96	1.02	0.95	0.97	1.36	1.51
江西	1.98	2.07	2.69	2.93	2.15	2.25	2.75	3.01
山东	3.67	3.76	3.37	4.00	4.02	4.08	3.92	4.53
青岛	1.01	1.02	1.00	0.96	1.17	1.18	1.00	0.97
河南	1.90	1.93	1.82	1.79	2.47	2.51	2.22	2.32
湖北	3.80	3.85	4.51	4.68	4.09	4.01	5.11	4.90
湖南	3.03	3.07	3.48	3.42	3.05	3.04	3.34	3.29
广东	10.71	10.77	12.34	13.21	12.59	11.67	14.01	13.91
深圳	10.97	10.47	12.71	11.22	8.34	8.10	10.54	9.60
广西	0.97	0.96	0.77	0.88	1.05	1.04	0.89	0.97
海南	0.17	0.17	0.07	0.07	0.20	0.20	0.10	0.10
四川	2.21	2.27	2.15	2.24	2.74	2.80	2.64	2.77
重庆	1.62	1.50	1.86	1.82	1.69	1.61	1.87	1.92
贵州	0.47	0.46	0.34	0.38	0.59	0.62	0.45	0.50
云南	0.75	0.64	0.90	0.80	0.73	0.68	0.77	0.68
西藏	0.04	0.04	0.02	0.03	0.04	0.04	0.02	0.02
陕西	2.33	2.12	2.82	2.43	2.41	2.29	2.64	2.19

续表

地区	科技活动费用		研发经费投入		科技活动人员		研发人员	
	2018年	2019年	2018年	2019年	2018年	2019年	2018年	2019年
甘肃	0.27	0.22	0.12	0.08	0.42	0.42	0.26	0.21
青海	0.10	0.10	0.06	0.06	0.12	0.12	0.07	0.08
宁夏	0.10	0.11	0.14	0.13	0.11	0.12	0.13	0.13
新疆	0.34	0.36	0.16	0.12	0.34	0.34	0.19	0.17

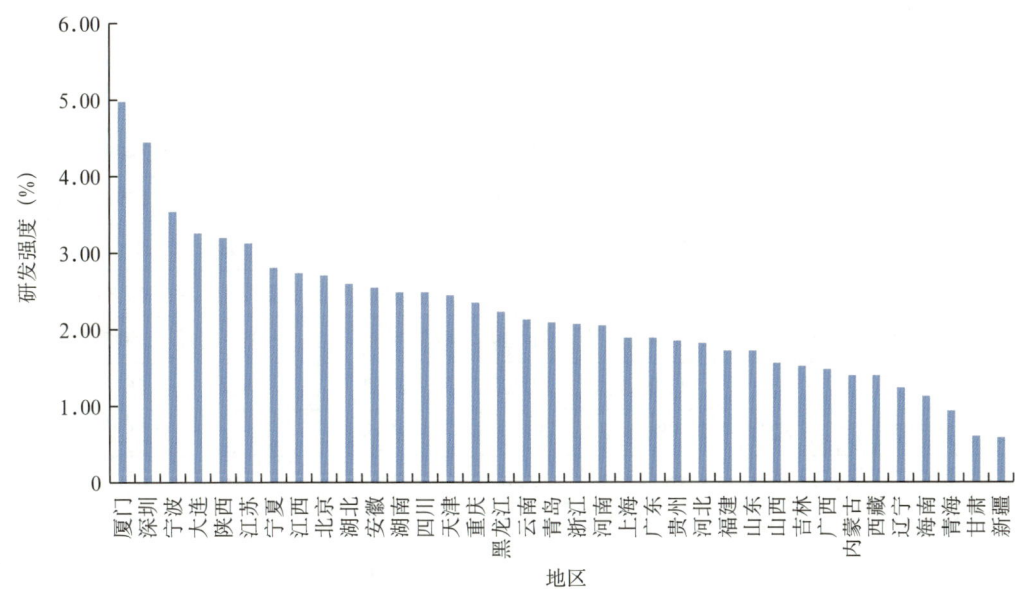

图 5-2　2019 年全国各地区高新技术企业研发强度

（三）创新成果

表 5-4 显示了 2018—2019 年全国各地区高新技术企业专利的总体情况。2018—2019 年，各地区专利申请数均有所提升，高新技术企业专利申请数最多的省（市）为广东、江苏、深圳、北京、浙江和上海。各地专利授权量均呈增长态势，其中，2019 年广东、江苏、深圳、浙江、北京、上海、湖北、安徽和山东等地区超过 3 万件，而西藏、海南和青海三省（区）获得专利授权不足 1000 件，地区差距十分明显。从 2019 年各地当年授权发明专利占专利授权总量的比重看，深圳、北京、广东、江苏、上海位居前列。从当年授权发明专利的绝对数上看，深圳、北京、广东、江苏、上海、浙江、湖北和安徽高新技术企业较其他省（市、区）具有较大的领先优势（表 5-5）。

表 5-4 2018—2019 年全国各地区高新技术企业专利情况　　　　　　　　　　　　　　　　　单位：件

地区	当年专利申请数		当年专利授权数		当年授权发明专利数		期末拥有有效专利数	
	2018 年	2019 年	2018 年	2019 年	2018 年	2019 年	2018 年	2019 年
北京	99 303	114 962	55 222	61 141	23 418	27 459	261 688	322 986
天津	29 158	32 100	21 577	24 291	3439	3037	94 357	115 101
河北	23 103	27 860	17 259	19 722	3718	4157	79 150	104 518
山西	6956	8517	4561	5078	1317	1082	23 351	28 356
内蒙古	4183	4891	2765	2890	681	604	10 707	14 057
辽宁	11 269	13 350	7592	9206	1855	1860	37 876	48 803
大连	5980	6694	4041	4633	727	662	19 723	24 400
吉林	3991	5804	2436	3320	525	626	11 614	17 006
黑龙江	5117	6124	3446	3462	1086	923	21 203	24 022
上海	68 352	83 069	47 302	54 644	13 579	15 768	244 198	298 640
江苏	153 456	175 047	102 777	121 898	21 756	20 528	465 891	588 335
浙江	76 817	92 938	55 828	66 176	10 120	10 982	281 894	359 682
宁波	16 891	20 347	11 091	13 258	2081	2328	67 843	81 288
安徽	52 244	53 101	32 472	32 314	9465	9370	150 392	176 421
福建	16 758	20 030	13 032	13 996	2252	2192	56 764	73 726
厦门	10 855	11 824	7869	8340	1788	1941	35 180	43 923
江西	25 372	29 455	18 340	20 563	2699	2686	63 115	84 220
山东	43 204	51 107	25 823	30 089	6431	6617	129 318	161 090
青岛	22 361	27 890	13 267	17 540	3200	4777	56 634	71 861
河南	35 476	33 982	22 027	25 735	3867	3530	89 071	115 798
湖北	42 211	53 831	27 195	32 909	8455	9861	111 290	143 842
湖南	32 438	34 442	21 148	20 813	7003	6422	96 825	116 645
广东	184 741	194 441	123 544	135 200	24 555	25 958	526 421	647 575
深圳	125 471	157 375	69 113	92 063	28 406	39 353	377 056	443 853
广西	8161	7785	5633	5067	1711	1035	24 491	28 264
海南	800	1223	491	729	152	179	3152	4448
四川	29 062	32 537	19 074	21 887	4649	5041	98 732	124 076
重庆	17 398	17 392	11 678	13 622	2505	2699	64 640	76 804
贵州	6141	6820	3694	4083	993	949	20 873	25 610
云南	5852	6420	4006	4588	658	564	19 380	23 135
西藏	156	179	68	113	22	45	638	752
陕西	21 454	26 444	16 127	16 834	4765	4790	73 887	86 788

续表

地区	当年专利申请数		当年专利授权数		当年授权发明专利数		期末拥有有效专利数	
	2018年	2019年	2018年	2019年	2018年	2019年	2018年	2019年
甘肃	3773	3837	2704	2497	705	591	12 769	14 335
青海	1010	995	756	739	120	120	2477	3139
宁夏	1235	1591	980	1105	338	303	3881	5620
新疆	2529	3291	1950	2230	387	370	10 050	11 692
合计	1 193 278	1 367 695	776 888	892 775	199 428	219 409	3 646 531	4 510 811

表 5-5 2018—2019 年全国各地区高新技术企业专利占比情况　　单位：%

地区	当年专利申请数		当年专利授权数		当年授权发明专利数		期末拥有有效专利数	
	2018年	2019年	2018年	2019年	2018年	2019年	2018年	2019年
北京	8.32	8.41	7.11	6.85	11.74	12.51	7.18	7.16
天津	2.44	2.35	2.78	2.72	1.72	1.38	2.59	2.55
河北	1.94	2.04	2.22	2.21	1.86	1.89	2.17	2.32
山西	0.58	0.62	0.59	0.57	0.66	0.49	0.64	0.63
内蒙古	0.35	0.36	0.36	0.32	0.34	0.28	0.29	0.31
辽宁	0.94	0.98	0.98	1.03	0.93	0.85	1.04	1.08
大连	0.50	0.49	0.52	0.52	0.36	0.30	0.54	0.54
吉林	0.33	0.42	0.31	0.37	0.26	0.29	0.32	0.38
黑龙江	0.43	0.45	0.44	0.39	0.54	0.42	0.58	0.53
上海	5.73	6.07	6.09	6.12	6.81	7.19	6.70	6.62
江苏	12.86	12.80	13.23	13.65	10.91	9.36	12.78	13.04
浙江	6.44	6.80	7.19	7.41	5.07	5.01	7.73	7.97
宁波	1.42	1.49	1.43	1.49	1.04	1.06	1.86	1.80
安徽	4.38	3.88	4.18	3.62	4.75	4.27	4.12	3.91
福建	1.40	1.46	1.68	1.57	1.13	1.00	1.56	1.63
厦门	0.91	0.86	1.01	0.93	0.90	0.88	0.96	0.97
江西	2.13	2.15	2.36	2.30	1.35	1.22	1.73	1.87
山东	3.62	3.74	3.32	3.37	3.22	3.02	3.55	3.57
青岛	1.87	2.04	1.71	1.96	1.60	2.18	1.55	1.59
河南	2.97	2.48	2.84	2.88	1.94	1.61	2.44	2.57
湖北	3.54	3.94	3.50	3.69	4.24	4.49	3.05	3.19
湖南	2.72	2.52	2.72	2.33	3.51	2.93	2.66	2.59
广东	15.48	14.22	15.90	15.14	12.31	11.83	14.44	14.36

续表

地区	当年专利申请数		当年专利授权数		当年授权发明专利数		期末拥有有效专利数	
	2018年	2019年	2018年	2019年	2018年	2019年	2018年	2019年
深圳	10.51	11.51	8.90	10.31	14.24	17.94	10.34	9.84
广西	0.68	0.57	0.73	0.57	0.86	0.47	0.67	0.63
海南	0.07	0.09	0.06	0.08	0.08	0.08	0.09	0.10
四川	2.44	2.38	2.46	2.45	2.33	2.30	2.71	2.75
重庆	1.46	1.27	1.50	1.53	1.26	1.23	1.77	1.70
贵州	0.51	0.50	0.48	0.46	0.50	0.43	0.57	0.57
云南	0.49	0.47	0.52	0.51	0.33	0.26	0.53	0.51
西藏	0.01	0.01	0.01	0.01	0.01	0.02	0.02	0.02
陕西	1.80	1.93	2.08	1.89	2.39	2.18	2.03	1.92
甘肃	0.32	0.28	0.35	0.28	0.35	0.27	0.35	0.32
青海	0.08	0.07	0.10	0.08	0.06	0.05	0.07	0.07
宁夏	0.10	0.12	0.13	0.12	0.17	0.14	0.11	0.12
新疆	0.21	0.24	0.25	0.25	0.19	0.17	0.28	0.26

表5-6显示了2018—2019年全国各地区高新技术企业的户均专利授权和发明专利授权情况。在户均专利授权指标上，2018—2019年各地户均专利授权量和户均发明专利总体呈现下降态势。2019年，宁波、深圳、宁夏、河南、江苏、安徽和青岛户均专利授权量均超过4.5件，居全国领先地位；在户均发明专利授权指标上，宁夏高新技术企业的总量较少，但户均指标表现较好。

表5-6　2018—2019年全国各地区高新技术企业户均专利情况　　　　单位：件

地区	户均专利授权		户均发明专利	
	2018年	2019年	2018年	2019年
北京	2.95	2.64	1.25	1.18
天津	4.41	4.04	0.70	0.51
河北	3.44	2.59	0.74	0.55
山西	2.81	2.04	0.81	0.44
内蒙古	3.69	3.23	0.91	0.67
辽宁	2.08	1.79	0.51	0.36
大连	3.41	2.68	0.61	0.38
吉林	2.73	1.96	0.59	0.37
黑龙江	3.02	2.81	0.95	0.75
上海	5.24	4.33	1.50	1.25
江苏	5.72	5.09	1.21	0.86

续表

地区	户均专利授权		户均发明专利	
	2018年	2019年	2018年	2019年
浙江	4.73	4.10	0.86	0.68
宁波	6.40	6.22	1.20	1.09
安徽	6.10	4.94	1.78	1.43
福建	3.47	2.94	0.60	0.46
厦门	4.88	4.36	1.11	1.02
江西	5.27	4.06	0.77	0.53
山东	2.92	2.65	0.73	0.58
青岛	4.31	4.61	1.04	1.26
河南	6.71	5.42	1.18	0.74
湖北	4.22	4.28	1.31	1.28
湖南	4.62	3.35	1.53	1.03
广东	2.76	2.70	0.55	0.52
深圳	4.89	5.53	2.01	2.36
广西	3.05	2.14	0.93	0.44
海南	1.29	1.29	0.40	0.32
四川	4.49	3.91	1.09	0.90
重庆	4.81	4.39	1.03	0.87
贵州	3.18	2.52	0.85	0.59
云南	3.01	3.16	0.50	0.39
西藏	1.39	1.71	0.45	0.68
陕西	5.17	3.86	1.53	1.10
甘肃	3.03	2.39	0.79	0.57
青海	4.55	4.20	0.72	0.68
宁夏	6.53	5.50	2.25	1.51
新疆	3.34	3.46	0.66	0.57

（四）经济贡献

2019年全国高新技术企业营业收入为45.10万亿元，其中，营业收入超过3万亿元的省（市）有广东、江苏、北京、上海和浙江，营业收入分别为5.30万亿元、4.90万亿元、3.80万亿元、3.03万亿元和3.02万亿元。高新技术企业营业收入超过万亿元的省（市）由高到低排列分别为广东、江苏、北京、上海、浙江、深圳、山东、湖北、河北、湖南、安徽、江西、四川、河南和天津。全国高新技术企业2019年创造净利润共计2.73万亿元，其中，浙江、江苏、广东、深圳、上海、北京、湖北和山东的高新技术企业净利润数额超过1000亿元。浙江、江苏、广东、深圳和上海在高新技术企业净利润方面排名居前。2019年全国高新技术企业出口总额达到4.91万亿元，其中，广东、江苏、深圳、浙江、上海、山东等东部沿海省市的高新技术企业在出口贸易方面保持领先地位，六省（市）出口总额占全国的69.21%（表5-7、表5-8）。

表5-7 2018—2019年全国各地区高新技术企业主要经济贡献指标　　　　单位：亿元

地区	营业收入		净利润		出口总额		实际上缴税费总额		享受高新技术企业所得税减免	
	2018年	2019年	2018年	2019年	2018年	2019年	2018年	2019年	2018年	2019年
北京	32 082.01	38 024.65	2185.40	1919.73	1226.05	1273.10	1558.16	1500.82	179.88	181.43
天津	8817.12	10 042.51	407.70	456.05	856.75	878.74	334.75	315.07	41.27	45.42
河北	16 382.97	19 766.26	888.40	880.02	773.94	910.67	777.38	825.59	64.21	68.48
山西	4718.63	5546.56	254.57	215.09	302.24	383.52	202.53	192.60	18.60	23.50
内蒙古	3875.16	5724.41	265.18	337.13	159.23	204.14	225.43	276.89	16.64	20.50
辽宁	5310.52	7272.69	302.47	288.52	282.67	322.21	230.67	250.05	30.95	36.52
大连	2617.22	2653.71	117.32	118.85	351.79	332.90	109.26	90.45	11.32	11.16
吉林	2497.01	2782.24	245.80	218.40	85.00	85.76	183.54	157.76	22.53	22.10
黑龙江	2213.13	2466.95	86.64	106.59	141.04	125.23	119.22	97.19	10.99	10.92
上海	26 547.56	30 281.19	2090.68	2138.35	2735.95	2972.18	1270.48	1209.28	203.86	198.95
江苏	43 582.15	48 971.87	3001.21	3041.88	8081.04	8425.28	2062.18	1960.09	299.16	303.00
浙江	25 113.54	30 161.48	2882.02	3305.65	4096.85	4695.24	1435.99	1524.36	166.52	176.14
宁波	5295.81	6203.91	491.24	596.72	1035.26	1249.78	241.62	268.62	47.30	51.09
安徽	11 472.38	13 080.25	637.58	735.05	1079.33	1077.53	500.28	515.23	67.93	70.09
福建	5073.93	5614.66	424.08	431.10	642.90	722.52	236.36	261.64	34.56	39.10
厦门	2245.80	2420.25	208.67	239.17	560.68	571.17	88.85	86.33	20.62	20.32
江西	10 246.76	12 683.73	533.02	534.32	866.97	1210.60	380.33	432.68	38.19	52.29
山东	18 826.95	21 997.22	1197.32	1228.42	2355.99	2539.79	855.59	855.14	102.78	115.00
青岛	4752.90	5448.09	284.63	326	533.61	700.36	208.31	204.62	26.03	29.77
河南	8780.39	10 330.40	489.21	504.05	709.07	692.16	375.30	374.21	46.78	53.19
湖北	17 876	21 296.12	1204.98	1471.06	1067.08	1134.53	790.57	890.89	76.79	88.23
湖南	14 151.76	16 251.81	796.43	881.51	765.18	886.59	600.77	622.92	62.96	63.78
广东	47 335.99	52 969.67	2830.89	2984.92	8951.92	9087.44	2100.64	2056.52	298.67	299.12
深圳	26 912.31	29 914.70	2097.68	2687.18	5265.30	6235.67	1130.04	1136.98	136.07	137.52
广西	6426.14	7037.82	262.87	225.39	213.35	269.55	246.92	255.73	12.00	15.54

续表

地区	营业收入		净利润		出口总额		实际上缴税费总额		享受高新技术企业所得税减免	
	2018年	2019年	2018年	2019年	2018年	2019年	2018年	2019年	2018年	2019年
海南	662.09	766.12	50.95	51.13	29.89	37.94	53.73	56.86	4.58	7.63
四川	8741.38	10664.02	545.44	590.83	613.30	645.20	391.85	410.45	32.17	65.15
重庆	8610.10	9176.30	311.17	251.45	541.29	648.01	440.44	357.76	13.76	14.05
贵州	2220.58	2436.58	104.71	68.19	72.43	73.90	93.49	83.49	6.45	7.60
云南	4033.47	4450.56	218.14	264.66	70.24	80.88	167.30	169.43	9.27	10.73
西藏	168.31	231.34	49.11	41.44	2.52	2.56	18.83	15.23	2.14	1.47
陕西	7188.28	9006.31	422.89	490.06	340.23	388.91	331.75	338.41	29.90	31.35
甘肃	1444.92	1622.62	94.02	94.01	91.44	79.27	83.58	61.21	5.92	6.70
青海	696.14	698.34	−0.73	−552.39	5.00	2.27	31.16	19.92	1.26	0.92
宁夏	400.58	559.27	21.48	38.08	47.62	41.05	19.25	21.91	0.70	1.52
新疆	1883.71	2403.16	137.12	132.06	54.50	89.69	104.23	91.67	11.56	6.14
合计	389203.70	450957.74	26140.29	27340.67	45007.65	49076.34	18000.78	17988	2154.29	2286.40

表 5-8　2018—2019 年全国各地区高新技术企业主要经济贡献指标占比　　单位：%

地区	营业收入		净利润		出口总额		实际上缴税费总额		享受高新技术企业所得税减免	
	2018年	2019年	2018年	2019年	2018年	2019年	2018年	2019年	2018年	2019年
北京	8.24	8.43	8.36	7.02	2.72	2.59	8.66	8.34	8.35	7.94
天津	2.27	2.23	1.56	1.67	1.90	1.79	1.86	1.75	1.92	1.99
河北	4.21	4.38	3.40	3.22	1.72	1.86	4.32	4.59	2.98	3.00
山西	1.21	1.23	0.97	0.79	0.67	0.78	1.13	1.07	0.86	1.03
内蒙古	1.00	1.27	1.01	1.23	0.35	0.42	1.25	1.54	0.77	0.90
辽宁	1.36	1.61	1.16	1.06	0.63	0.66	1.28	1.39	1.44	1.60
大连	0.67	0.59	0.45	0.43	0.78	0.68	0.61	0.50	0.53	0.49
吉林	0.64	0.62	0.94	0.80	0.19	0.17	1.02	0.88	1.05	0.97
黑龙江	0.57	0.55	0.33	0.39	0.31	0.26	0.66	0.54	0.51	0.48
上海	6.82	6.71	8.00	7.82	6.08	6.06	7.06	6.72	9.46	8.70
江苏	11.20	10.86	11.48	11.13	17.95	17.17	11.46	10.90	13.89	13.25
浙江	6.45	6.69	11.03	12.09	9.10	9.57	7.98	8.47	7.73	7.70
宁波	1.36	1.38	1.88	2.18	2.30	2.55	1.34	1.49	2.20	2.23
安徽	2.95	2.90	2.44	2.69	2.40	2.20	2.78	2.86	3.15	3.07
福建	1.30	1.25	1.62	1.58	1.43	1.47	1.31	1.45	1.60	1.71

续表

地区	营业收入		净利润		出口总额		实际上缴税费总额		享受高新技术企业所得税减免	
	2018年	2019年	2018年	2019年	2018年	2019年	2018年	2019年	2018年	2019年
厦门	0.58	0.54	0.80	0.87	1.25	1.16	0.49	0.48	0.96	0.89
江西	2.63	2.81	2.04	1.95	1.93	2.47	2.11	2.41	1.77	2.29
山东	4.84	4.88	4.58	4.49	5.23	5.18	4.75	4.75	4.77	5.03
青岛	1.22	1.21	1.09	1.19	1.19	1.43	1.16	1.14	1.21	1.30
河南	2.26	2.29	1.87	1.84	1.58	1.41	2.08	2.08	2.17	2.33
湖北	4.59	4.72	4.61	5.38	2.37	2.31	4.39	4.95	3.56	3.86
湖南	3.64	3.60	3.05	3.22	1.70	1.81	3.34	3.46	2.92	2.79
广东	12.16	11.75	10.83	10.92	19.89	18.52	11.67	11.43	13.86	13.08
深圳	6.91	6.63	8.02	9.83	11.70	12.71	6.28	6.32	6.32	6.01
广西	1.65	1.56	1.01	0.82	0.47	0.55	1.37	1.42	0.56	0.68
海南	0.17	0.17	0.19	0.19	0.07	0.08	0.30	0.32	0.21	0.33
四川	2.25	2.36	2.09	2.16	1.36	1.31	2.18	2.28	1.49	2.85
重庆	2.21	2.03	1.19	0.92	1.20	1.32	2.45	1.99	0.64	0.61
贵州	0.57	0.54	0.40	0.25	0.16	0.15	0.52	0.46	0.30	0.33
云南	1.04	0.99	0.83	0.97	0.16	0.16	0.93	0.94	0.43	0.47
西藏	0.04	0.05	0.19	0.15	0.01	0.01	0.10	0.08	0.10	0.06
陕西	1.85	2.00	1.62	1.79	0.76	0.79	1.84	1.88	1.39	1.37
甘肃	0.37	0.36	0.36	0.34	0.20	0.16	0.46	0.34	0.27	0.29
青海	0.18	0.15	0.00	−2.02	0.01	0.00	0.17	0.11	0.06	0.04
宁夏	0.10	0.12	0.08	0.14	0.11	0.08	0.11	0.12	0.03	0.07
新疆	0.48	0.53	0.52	0.48	0.12	0.18	0.58	0.51	0.54	0.27

（五）社会效益

在社会效益方面，2019年全国高新技术企业共提供了3436.99万个就业岗位，其中，广东、江苏、浙江、北京、深圳、上海、山东、湖北、河北、湖南和安徽等11个省（市）高新技术企业吸纳的从业人员数量超过百万人。广东省（含深圳）的期末从业人数、当年新增从业人员和吸纳高校应届毕业生占比达到了20.59%、27.17%和19.48%，远高于其他地区（表5-9、表5-10）。

表 5-9 2018—2019 年全国各地区高新技术企业主要社会效益指标　　　　单位：万人

地区	期末从业人数		当年新增从业人员		吸纳高校应届毕业生	
	2018 年	2019 年	2018 年	2019 年	2018 年	2019 年
北京	232.27	256.54	60.10	61.00	9.60	9.28
天津	60.35	64.50	7.37	7.92	1.66	1.73
河北	111.16	128.80	11.12	12.45	2.91	3.05
山西	38.42	42.37	3.11	3.02	0.94	0.88
内蒙古	23.77	29.77	2.76	3.31	0.79	0.77
辽宁	45.92	53.00	5.23	5.81	1.04	0.93
大连	19.20	21.20	2.29	2.86	0.47	0.63
吉林	19.51	23.18	2.05	2.21	0.40	0.46
黑龙江	22.60	22.36	1.78	1.64	0.42	0.41
上海	161.95	178.48	30.75	32.10	6.04	6.42
江苏	352.53	381.00	56.35	54.94	10.14	9.28
浙江	227.15	266.66	38.13	41.46	6.57	6.97
宁波	49.75	55.06	8.41	8.19	1.50	1.49
安徽	99.87	111.21	15.44	15.81	3.33	3.29
福建	45.24	51.38	7.78	8.97	1.30	1.42
厦门	30.20	32.49	7.05	7.66	0.87	0.91
江西	80.85	94.41	11.94	13.47	2.33	2.53
山东	145.16	164.44	16.74	19.00	4.57	4.77
青岛	34.10	38.22	4.85	5.46	1.25	1.28
河南	88.01	98.05	11.55	10.73	2.51	2.51
湖北	120.17	131.46	13.27	15.30	3.75	4.08
湖南	108.57	117.64	13.17	14.71	3.16	3.37
广东	453.71	465.19	85.71	90.74	11.51	11.13
深圳	227.07	242.54	50.83	54.71	8.10	7.61
广西	37.04	41.02	3.96	5.23	0.96	1.15
海南	5.59	6.77	1.03	0.94	0.29	0.27
四川	84.65	94.31	9.77	11.14	2.50	2.73
重庆	65.45	69.26	8.60	9.00	1.90	1.91
贵州	20.15	21.61	2.38	2.39	0.70	0.75
云南	22.52	23.74	2.02	2.11	0.65	0.68
西藏	1.25	1.68	0.26	0.50	0.06	0.05
陕西	60.09	66.86	4.89	5.87	1.84	2.07

续表

地区	期末从业人数		当年新增从业人员		吸纳高校应届毕业生	
	2018年	2019年	2018年	2019年	2018年	2019年
甘肃	15.14	15.67	1.31	1.34	0.53	0.49
青海	4.78	4.93	0.43	0.47	0.15	0.13
宁夏	4.05	5.23	0.52	0.70	0.13	0.14
新疆	13.31	15.95	1.60	2.05	0.54	0.61
合计	3131.56	3436.99	504.55	535.21	95.41	96.18

表5-10 2018—2019年全国各地区高新技术企业主要社会效益指标占比　　单位：%

地区	期末从业人数		当年新增从业人员		吸纳高校应届毕业生	
	2018年	2019年	2018年	2019年	2018年	2019年
北京	7.42	7.46	11.91	11.40	10.06	9.65
天津	1.93	1.88	1.46	1.48	1.74	1.80
河北	3.55	3.75	2.20	2.33	3.05	3.17
山西	1.23	1.23	0.62	0.56	0.98	0.91
内蒙古	0.76	0.87	0.55	0.62	0.83	0.80
辽宁	1.47	1.54	1.04	1.09	1.09	0.97
大连	0.61	0.62	0.45	0.53	0.49	0.65
吉林	0.62	0.67	0.41	0.41	0.42	0.48
黑龙江	0.72	0.65	0.35	0.31	0.44	0.43
上海	5.17	5.19	6.09	6.00	6.33	6.67
江苏	11.26	11.09	11.17	10.27	10.62	9.65
浙江	7.25	7.76	7.56	7.75	6.88	7.25
宁波	1.59	1.60	1.67	1.53	1.57	1.55
安徽	3.19	3.24	3.06	2.95	3.49	3.42
福建	1.44	1.49	1.54	1.68	1.36	1.48
厦门	0.96	0.95	1.40	1.43	0.91	0.95
江西	2.58	2.75	2.37	2.52	2.44	2.63
山东	4.64	4.78	3.32	3.55	4.79	4.96
青岛	1.09	1.11	0.96	1.02	1.31	1.33
河南	2.81	2.85	2.29	2.00	2.63	2.61
湖北	3.84	3.82	2.63	2.86	3.93	4.24
湖南	3.47	3.42	2.61	2.75	3.31	3.50
广东	14.49	13.53	16.99	16.95	12.06	11.57
深圳	7.25	7.06	10.07	10.22	8.49	7.91

续表

地区	期末从业人数		当年新增从业人员		吸纳高校应届毕业生	
	2018年	2019年	2018年	2019年	2018年	2019年
广西	1.18	1.19	0.78	0.98	1.01	1.20
海南	0.18	0.20	0.20	0.18	0.30	0.28
四川	2.70	2.74	1.94	2.08	2.62	2.84
重庆	2.09	2.02	1.70	1.68	1.99	1.99
贵州	0.64	0.63	0.47	0.45	0.73	0.78
云南	0.72	0.69	0.40	0.39	0.68	0.71
西藏	0.04	0.05	0.05	0.09	0.06	0.05
陕西	1.92	1.95	0.97	1.10	1.93	2.15
甘肃	0.48	0.46	0.26	0.25	0.56	0.51
青海	0.15	0.14	0.09	0.09	0.16	0.14
宁夏	0.13	0.15	0.10	0.13	0.14	0.15
新疆	0.43	0.46	0.32	0.38	0.57	0.63

二、东中西部及东北地区

（一）数量分布

从高新技术企业数量情况看，东中西部及东北地区的高新技术企业数量在2018—2019年均有所增长，东北地区增速最快，同比增长41.74%，中部地区增速位列第二，同比增长32.41%。各地区高新技术企业数量比例保持相对稳定，2019年东部地区高新技术企业数量占全国总量的71.48%，中部地区占比为14.98%，西部地区占比为9.85%，东北地区占比为3.69%。可以看出我国高新技术企业区域分布存在十分明显的不平衡性（表5-11、图5-3）。

表5-11　2018—2019年全国高新技术企业在四大区域的数量分布

区域	2018年		2019年		增长率（%）
	企业数（家）	占比（%）	企业数（家）	占比（%）	
东部地区	125 112	72.63	156 210	71.48	24.86
中部地区	24 727	14.35	32 742	14.98	32.41
西部地区	16 731	9.71	21 524	9.85	28.65
东北地区	5692	3.30	8068	3.69	41.74
合计	172 262	100.00	218 544	100.00	26.87

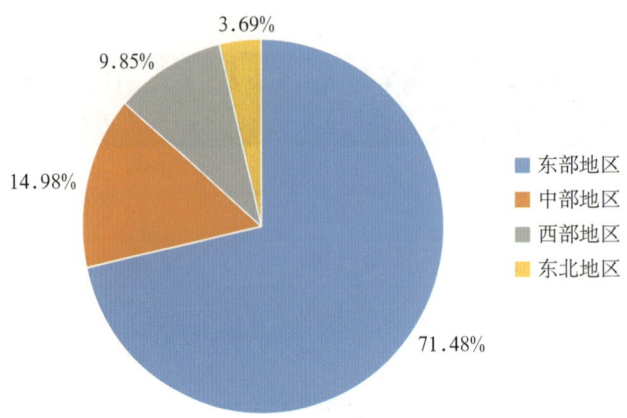

图 5-3 2019 年全国高新技术企业在四大区域的数量分布

（二）创新投入

如表 5-12 所示，2018—2019 年东部地区的研发经费投入和研发人员数量远高于其他地区。2019 年，东部地区研发经费投入和研发人员分别为 8462.43 亿元和 302.32 万人，占比超过全国的 2/3，处于绝对优势地位（表 5-13）。2018—2019 年，东部地区的研发强度高于其他地区，西部和东北地区研发强度较弱。

表 5-12　2018—2019 年四大区域高新技术企业创新投入指标

区域	科技活动费用（亿元）		研发经费投入（亿元）		科技活动人员（万人）		研发人员（万人）		研发强度（%）	
	2018年	2019年	2018年	2019年	2018年	2019年	2018年	2019年	2018年	2019年
东部地区	15 486.52	18 540.90	7796.01	8462.43	528.73	576.62	302.19	302.32	2.96	2.80
中部地区	3035.12	3652.82	1729.50	1938.13	120.59	131.62	75.78	75.91	2.57	2.45
西部地区	2115.70	2449.39	1051.81	1142.48	82.44	88.71	45.40	44.10	2.30	2.12
东北地区	603.97	730.00	269.35	307.04	24.92	27.85	13.70	13.14	2.13	2.02
合计	21 241.30	25 373.10	10 846.64	11 850.05	756.68	824.80	437.08	435.47	—	—

表 5-13　2018—2019 年四大区域高新技术企业创新投入占比　　　　　　　　　　单位：%

区域	科技活动费用		研发经费投入		科技活动人员		研发人员	
	2018年	2019年	2018年	2019年	2018年	2019年	2018年	2019年
东部地区	72.91	73.07	71.87	71.41	69.87	69.91	69.14	69.42
中部地区	14.29	14.40	15.95	16.36	15.94	15.96	17.34	17.43
西部地区	9.96	9.65	9.70	9.64	10.89	10.76	10.39	10.13
东北地区	2.84	2.88	2.48	2.59	3.29	3.38	3.13	3.02

（三）创新成果

2018—2019年东部地区高新技术企业专利产出数量显著高于其他地区。2019年东部地区当年专利授权数和授权发明专利数占全国比例分别为73.82%和75.33%（表5-14至表5-16）。

表5-14 2018—2019年四大区域高新技术企业专利情况　　　　　　　　　　　单位：件

区域	当年专利申请数		当年专利授权数		当年授权发明专利数		期末拥有有效专利数	
	2018年	2019年	2018年	2019年	2018年	2019年	2018年	2019年
东部地区	871 270	1 010 213	564 195	659 087	144 895	165 276	2 679 546	3 317 026
中部地区	194 697	213 328	125 743	137 412	32 806	32 951	534 044	665 282
西部地区	100 954	112 182	69 435	75 655	17 534	17 111	342 525	414 272
东北地区	26 357	31 972	17 515	20 621	4193	4071	90 416	114 231
合计	1 193 278	1 367 695	776 888	892 775	199 428	219 409	3 646 531	4 510 811

表5-15 2018—2019年四大区域高新技术企业专利占比　　　　　　　　　　　单位：%

区域	当年专利申请数		当年专利授权数		当年授权发明专利数		期末拥有有效专利数	
	2018年	2019年	2018年	2019年	2018年	2019年	2018年	2019年
东部地区	73.01	73.86	72.62	73.82	72.66	75.33	73.48	73.54
中部地区	16.32	15.60	16.19	15.39	16.45	15.02	14.65	14.75
西部地区	8.46	8.20	8.94	8.47	8.79	7.80	9.39	9.18
东北地区	2.21	2.34	2.25	2.31	2.10	1.86	2.48	2.53

表5-16 2018—2019年四大区域高新技术企业户均专利授权情况　　　　　　　　单位：件

区域	户均专利授权		户均发明专利	
	2018年	2019年	2018年	2019年
东部地区	4.51	4.22	1.16	1.06
中部地区	5.09	4.20	1.33	1.01
西部地区	4.15	3.51	1.05	0.79
东北地区	3.08	2.56	0.74	0.50
平均	4.51	4.09	1.16	1.00

（四）经济贡献

如表5-17和5-18所示，在我国东、中、西和东北地区高新技术企业主要经济贡献指标中，东部地区的营业收入、净利润、出口总额、实际上缴税费总额和享受高新技术企业所得税减免等指标最高，2019年占比分别为67.10%、74.20%、82.12%、68.17%和73.17%，呈现出明显的区域差异化特征。

除净利润占比外,东部地区其他经济贡献指标占比均有所降低,反映出一定的区域均衡发展趋势。

表 5-17　2018—2019 年四大区域高新技术企业主要经济贡献指标　　单位:亿元

区域	营业收入		净利润		出口总额		实际上缴税费总额		享受高新技术企业所得税减免	
	2018年	2019年	2018年	2019年	2018年	2019年	2018年	2019年	2018年	2019年
东部地区	263 631.14	302 582.57	19 040.88	20 286.32	37 146.11	40 299.88	12 354.06	12 261.91	1625.51	1672.95
中部地区	67 245.92	79 188.86	3915.79	4341.08	4789.88	5384.93	2849.78	3028.53	311.24	351.08
西部地区	45 688.77	54 010.72	2431.41	1980.89	2211.14	2525.43	2154.25	2102.11	141.75	181.66
东北地区	12 637.87	15 175.59	752.22	732.36	860.50	866.10	642.68	595.45	75.79	80.71
合计	389 203.70	450 957.77	26 140.29	27 340.67	45 007.65	49 076.34	18 000.78	17 988.00	2154.29	2286.40

表 5-18　2018—2019 年四大区域高新技术企业主要经济贡献指标占比　　单位:%

区域	营业收入		净利润		出口总额		实际上缴税费总额		享受高新技术企业所得税减免	
	2018年	2019年	2018年	2019年	2018年	2019年	2018年	2019年	2018年	2019年
东部地区	67.74	67.10	72.84	74.20	82.53	82.12	68.63	68.17	75.45	73.17
中部地区	17.28	17.56	14.98	15.88	10.64	10.97	15.83	16.84	14.45	15.36
西部地区	11.74	11.98	9.30	7.25	4.91	5.15	11.97	11.69	6.58	7.95
东北地区	3.25	3.37	2.88	2.68	1.91	1.76	3.57	3.31	3.52	3.53

(五) 社会效益

在社会效益方面,东部地区高新技术企业带动就业的成效突出,2019 年期末从业人数、当年新增从业人员和吸纳高校应届毕业生占比分别为 67.85%、75.77% 和 68.21%(表 5-19、表 5-20)。

表 5-19　2018—2019 年四大区域高新技术企业主要社会效益指标　　单位:万人

区域	期末从业人数		当年新增从业人员		吸纳高校应届毕业生	
	2018年	2019年	2018年	2019年	2018年	2019年
东部地区	2136.23	2332.07	386.21	405.53	66.32	65.62
中部地区	535.91	595.15	68.49	73.04	16.03	16.65
西部地区	352.20	390.03	38.51	44.10	10.77	11.49
东北地区	107.22	119.74	11.35	12.53	2.34	2.44
合计	3131.56	3436.99	504.56	535.20	95.45	96.20

表 5-20　2018—2019 年四大区域高新技术企业主要社会效益指标占比　　　　　单位 %

区域	期末从业人数		当年新增从业人员		吸纳高校应届毕业生	
	2018 年	2019 年	2018 年	2019 年	2018 年	2019 年
东部地区	68.22	67.85	76.54	75.77	69.47	68.21
中部地区	17.11	17.32	13.57	13.65	16.80	17.31
西部地区	11.25	11.35	7.63	8.24	11.28	11.94
东北地区	3.42	3.48	2.25	2.34	2.45	2.54

三、京津冀地区

（一）数量分布

从高新技术企业的数量及占比情况来看，京津冀高新技术企业数量在 2018—2019 年均有所增长，北京市高新技术企业数量占比最多。2019 年京津冀地区高新技术企业数量占全国总量的 16.85%（表 5-21）。

表 5-21　2018—2019 年高新技术企业在京津冀的数量分布

地区	2018 年		2019 年		增长率（%）
	企业数（家）	占比（%）	企业数（家）	占比（%）	
北京	18 749	10.88	23 190	10.61	23.69
天津	4889	2.84	6013	2.75	22.99
河北	5020	2.91	7611	3.48	51.61
合计	28 658	16.64	36 814	16.85	28.46

（二）创新投入

2018—2019 年，在京津冀地区中，北京市创新投入各项指标均处于显著的领先地位。2019 年，京津冀地区的研发经费投入和研发人员数量分别为 1638.13 亿元和 49.85 万人，占全国的 13.82% 和 11.45%（表 5-22、表 5-23）。

表 5-22　2018—2019 年京津冀高新技术企业创新投入指标

地区	科技活动费用（亿元）		研发经费投入（亿元）		科技活动人员（万人）		研发人员（万人）		研发强度（%）	
	2018 年	2019 年	2018 年	2019 年	2018 年	2019 年	2018 年	2019 年	2018 年	2019 年
北京	2652.87	3405.29	939.79	1032.02	79.07	90.91	26.36	28.05	2.93	2.71
天津	411.37	457.93	290.12	246.18	16.32	17.22	12.73	10.60	3.29	2.45

续表

地区	科技活动费用（亿元）		研发经费投入（亿元）		科技活动人员（万人）		研发人员（万人）		研发强度（%）	
	2018年	2019年	2018年	2019年	2018年	2019年	2018年	2019年	2018年	2019年
河北	649.70	787.40	322.16	359.93	22.94	26.46	11.71	11.20	1.97	1.82
合计	3713.94	4650.62	1552.07	1638.13	118.33	134.59	50.80	49.85	2.71	2.41

表5-23　2018—2019年京津冀高新技术企业创新投入占比　　　　　　　　　　　　　　　　单位：%

地区	科技活动费用		研发经费投入		科技活动人员		研发人员	
	2018年	2019年	2018年	2019年	2018年	2019年	2018年	2019年
北京	12.49	13.42	8.66	8.71	10.45	11.02	6.03	6.44
天津	1.94	1.80	2.67	2.08	2.16	2.09	2.91	2.43
河北	3.06	3.10	2.97	3.04	3.03	3.21	2.68	2.57
合计	17.48	18.33	14.31	13.82	15.64	16.32	11.62	11.45

（三）创新成果

如表5-24至表5-26所示，2018—2019年北京市高新技术企业当年专利申请数、当年专利授权数、当年授权发明专利数、期末拥有有效专利数、户均发明专利数均显著高于天津和河北两地；但在户均专利授权数量上，天津市高新技术企业表现更为突出。2019年，京津冀地区当年专利授权数和授权发明专利数量占全国比例分别为11.78%和15.79%。

表5-24　2018—2019年京津冀高新技术企业专利情况　　　　　　　　　　　　　　　　单位：件

地区	当年专利申请数		当年专利授权数		当年授权发明专利数		期末拥有有效专利数	
	2018年	2019年	2018年	2019年	2018年	2019年	2018年	2019年
北京	99 303	114 962	55 222	61 141	23 418	27 459	261 688	322 986
天津	29 158	32 100	21 577	24 291	3439	3037	94 357	115 101
河北	23 103	27 860	17 259	19 722	3718	4157	79 150	104 518
合计	151 564	174 922	94 058	105 154	30 575	34 653	435 195	542 605

表5-25　2018—2019年京津冀高新技术企业专利占比　　　　　　　　　　　　　　　　单位：%

地区	当年专利申请数		当年专利授权数		当年授权发明专利数		期末拥有有效专利数	
	2018年	2019年	2018年	2019年	2018年	2019年	2018年	2019年
北京	8.32	8.41	7.11	6.85	11.74	12.51	7.18	7.16
天津	2.44	2.35	2.78	2.72	1.72	1.38	2.59	2.55
河北	1.94	2.04	2.22	2.21	1.86	1.89	2.17	2.32
合计	12.70	12.79	12.11	11.78	15.33	15.79	11.93	12.03

第五章 高新技术企业的区域特征

表5-26　2018—2019年京津冀高新技术企业户均专利授权情况　　　　　单位：件

地区	户均专利授权		户均发明专利	
	2018年	2019年	2018年	2019年
北京	2.95	2.64	1.25	1.18
天津	4.41	4.04	0.70	0.51
河北	3.44	2.59	0.74	0.55

（四）经济贡献

2018—2019年京津冀地区高新技术企业主要经济贡献指标（除净利润和实际上缴税费总额外）均呈现出稳步提升的态势。其中，河北省的主要经济贡献指标（除净利润外）呈现出较大幅度的提升，北京和天津的主要经济贡献指标上升趋势相对平稳。2019年，京津冀地区高新技术企业的营业收入、出口总额、净利润、实际上缴税费总额和享受高新技术企业所得税减免分别占全国的15.04%、6.24%、11.91%、14.68%和12.92%（表5-27、表5-28）。

表5-27　2018—2019年京津冀高新技术企业主要经济贡献指标　　　　　单位：亿元

地区	营业收入		净利润		出口总额		实际上缴税费总额		享受高新技术企业所得税减免	
	2018年	2019年	2018年	2019年	2018年	2019年	2018年	2019年	2018年	2019年
北京	32 082.01	38 024.65	2185.40	1919.73	1226.05	1273.10	1558.16	1500.82	179.88	181.43
天津	8817.12	10 042.51	407.70	456.05	856.75	878.74	334.75	315.07	41.27	45.42
河北	16 382.97	19 766.26	888.40	880.02	773.94	910.67	777.38	825.59	64.21	68.48
合计	57 282.10	67 833.42	3481.50	3255.80	2856.74	3062.51	2670.29	2641.48	285.36	295.33

表5-28　2018—2019年京津冀高新技术企业主要经济贡献指标占比　　　　　单位：%

地区	营业收入		净利润		出口总额		实际上缴税费总额		享受高新技术企业所得税减免	
	2018年	2019年	2018年	2019年	2018年	2019年	2018年	2019年	2018年	2019年
北京	8.24	8.43	8.36	7.02	2.72	2.59	8.66	8.34	8.35	7.94
天津	2.27	2.23	1.56	1.67	1.90	1.79	1.86	1.75	1.92	1.99
河北	4.21	4.38	3.40	3.22	1.72	1.86	4.32	4.59	2.98	3.00
合计	14.72	15.04	13.32	11.91	6.35	6.24	14.83	14.68	13.25	12.92

（五）社会效益

2018—2019年京津冀地区高新技术企业就业基本保持平稳。其中，北京在期末与新增从业人员数、吸纳高校应届毕业生指标方面均远高于天津与河北地区，占京津冀地区超过半数的份额（表5-29、表5-30）。

表5-29 2018—2019年京津冀高新技术企业主要社会效益指标　　　　　　　　　　　　单位：万人

地区	期末从业人数		当年新增从业人员		吸纳高校应届毕业生	
	2018年	2019年	2018年	2019年	2018年	2019年
北京	232.27	256.54	60.10	61.00	9.60	9.28
天津	60.35	64.50	7.37	7.92	1.66	1.73
河北	111.16	128.80	11.12	12.45	2.91	3.05
合计	403.78	449.84	78.59	81.37	14.17	14.06

表5-30 2018—2019年京津冀高新技术企业主要社会效益指标占比　　　　　　　　　　单位：%

地区	期末从业人数		当年新增从业人员		吸纳高校应届毕业生	
	2018年	2019年	2018年	2019年	2018年	2019年
北京	7.42	7.46	11.91	11.40	10.06	9.65
天津	1.93	1.88	1.46	1.48	1.74	1.80
河北	3.55	3.75	2.20	2.33	3.05	3.17
合计	12.89	13.09	15.58	15.20	14.85	14.62

四、长江经济带

（一）数量分布

长江经济带是我国高新技术企业的重要聚集地，覆盖上海、江苏、浙江、安徽、江西、湖北、湖南、四川、重庆、贵州、云南等11个省（市）。表5-31显示，2018年和2019年长江经济带高新技术企业占全国高新技术企业总数的比例分别为39.36%、41.18%，同时实现了企业数量和占比的同步增长，体现了长江经济带在高新技术企业数量方面的显著优势。

表5-31 2018—2019年高新技术企业在长江经济带的数量分布

地区	2018年		2019年		增长率（%）
	企业数（家）	占比（%）	企业数（家）	占比（%）	
上海	9 023	5.24	12 619	5.77	39.85
江苏	17 968	10.43	23 946	10.96	33.27
浙江	11 811	6.86	16 152	7.40	36.75

续表

地区	2018年		2019年		增长率（%）
	企业数（家）	占比（%）	企业数（家）	占比（%）	
安徽	5324	3.09	6547	3.00	22.97
江西	3483	2.02	5066	2.32	45.45
湖北	6437	3.74	7686	3.52	19.40
湖南	4579	2.66	6209	2.84	35.60
四川	4250	2.47	5594	2.56	31.62
重庆	2430	1.41	3105	1.42	27.78
贵州	1163	0.68	1620	0.74	39.29
云南	1329	0.77	1454	0.67	9.41
合计	67 797	39.36	89 998	41.18	32.75

（二）创新投入

长江经济带高新技术企业在研发投入方面处于国内领先水平，且呈现增长的趋势。2019年长江经济带的研发经费投入和研发人员数量分别为5335.25亿元和201.44万人，占全国的45.02%和46.26%，接近全国总量的一半。2018年和2019年，长江经济带高新技术企业的研发强度分别为2.73%和2.59%，不同于在研发投入总量方面的绝对优势，长江经济带高新技术企业研发强度的表现相对一般（表5-32、表5-33）。

表5-32 2018—2019年长江经济带高新技术企业创新投入指标

地区	科技活动费用（亿元）		研发经费投入（亿元）		科技活动人员（万人）		研发人员（万人）		研发强度（%）	
	2018年	2019年	2018年	2019年	2018年	2019年	2018年	2019年	2018年	2019年
上海	1841.32	2218.17	604.66	571.17	55.83	62.03	20.36	16.96	2.28	1.89
江苏	2141.13	2472.99	1304.94	1530.99	78.19	84.36	52.14	56.74	2.99	3.13
浙江	1772.17	2113.83	896.64	972.78	59.80	68.54	38.03	39.88	2.95	2.68
安徽	549.75	636.39	315.16	332.92	23.49	24.89	13.78	13.56	2.75	2.55
江西	420.34	524.43	291.68	347.20	16.25	18.59	12.03	13.13	2.85	2.74
湖北	806.87	977.38	488.78	554.64	30.93	33.05	22.34	21.32	2.73	2.60
湖南	644.29	778.37	377.01	405.07	23.05	25.10	14.60	14.31	2.66	2.49
四川	468.76	576.44	233.05	265.02	20.74	23.07	11.52	12.06	2.67	2.49
重庆	344.15	380.99	202.08	215.61	12.81	13.31	8.19	8.34	2.35	2.35
贵州	98.88	117.13	37.06	45.04	4.49	5.10	1.98	2.16	1.67	1.85
云南	159.88	162.44	97.12	94.81	5.53	5.57	3.36	2.98	2.41	2.13
合计	9247.54	10 958.56	4848.18	5335.25	331.11	363.61	198.33	201.44	2.73	2.59

表 5-33　2018—2019 年长江经济带高新技术企业创新投入占比　　　　　　　　　　　　　　单位：%

地区	科技活动费用		研发经费投入		科技活动人员		研发人员	
	2018 年	2019 年	2018 年	2019 年	2018 年	2019 年	2018 年	2019 年
上海	8.67	8.74	5.57	4.82	7.38	7.52	4.66	3.89
江苏	10.08	9.75	12.03	12.92	10.33	10.23	11.93	13.03
浙江	8.34	8.33	8.27	8.21	7.90	8.31	8.70	9.16
安徽	2.59	2.51	2.91	2.81	3.10	3.02	3.15	3.11
江西	1.98	2.07	2.69	2.93	2.15	2.25	2.75	3.02
湖北	3.80	3.85	4.51	4.68	4.09	4.01	5.11	4.90
湖南	3.03	3.07	3.48	3.42	3.05	3.04	3.34	3.29
四川	2.21	2.27	2.15	2.24	2.74	2.80	2.64	2.77
重庆	1.62	1.50	1.86	1.82	1.69	1.61	1.87	1.92
贵州	0.47	0.46	0.34	0.38	0.59	0.62	0.45	0.50
云南	0.75	0.64	0.90	0.80	0.73	0.68	0.77	0.68
合计	43.54	43.19	44.70	45.02	43.76	44.08	45.38	46.26

（三）创新成果

2018—2019 年，长江经济带专利数量处于全国领先地位，户均专利授权数与户均发明专利数整体上处于全国较高水平，当年专利申请数、当年专利授权数、当年授权发明专利数、期末拥有有效专利数等指标均较 2019 年实现同比增长。2019 年当年专利申请数、当年专利授权数、当年授权发明专利数、期末拥有有效专利数及其全国占比绝对值领先、户均值相对较高是这一时期内长江经济带高新技术企业知识产权的典型特征（表 5-34 至表 5-36）。

表 5-34　2018—2019 年长江经济带高新技术企业专利情况　　　　　　　　　　　　　　　单位：件

地区	当年专利申请数		当年专利授权数		当年授权发明专利数		期末拥有有效专利数	
	2018 年	2019 年	2018 年	2019 年	2018 年	2019 年	2018 年	2019 年
上海	68 352	83 069	47 302	54 644	13 579	15 768	244 198	298 640
江苏	153 456	175 047	102 777	121 898	21 756	20 528	465 891	588 335
浙江	93 708	113 285	66 919	79 434	12 201	13 310	349 737	440 970
安徽	52 244	53 101	32 472	32 314	9465	9370	150 392	176 421
江西	25 372	29 455	18 340	20 563	2699	2686	63 115	84 220
湖北	42 211	53 831	27 195	32 909	8455	9861	111 290	143 842
湖南	32 438	34 442	21 148	20 813	7003	6422	96 825	116 645

续表

地区	当年专利申请数		当年专利授权数		当年授权发明专利数		期末拥有有效专利数	
	2018年	2019年	2018年	2019年	2018年	2019年	2018年	2019年
四川	29 062	32 537	19 074	21 887	4649	5041	98 732	124 076
重庆	17 398	17 392	11 678	13 622	2505	2699	64 640	76 804
贵州	6141	6820	3694	4083	993	949	20 873	25 610
云南	5852	6420	4006	4588	658	564	19 380	23 135
合计	526 234	605 399	354 605	406 755	83 963	87 198	1 685 073	2 098 698

表 5-35 2018—2019 年长江经济带高新技术企业专利占比 单位：%

地区	当年专利申请数		当年专利授权数		当年授权发明专利数		期末拥有有效专利数	
	2018年	2019年	2018年	2019年	2018年	2019年	2018年	2019年
上海	5.73	6.07	6.09	6.12	6.81	7.19	6.70	6.62
江苏	12.86	12.80	13.23	13.65	10.91	9.36	12.78	13.04
浙江	7.85	8.28	8.61	8.90	6.12	6.07	9.59	9.78
安徽	4.38	3.88	4.18	3.62	4.75	4.27	4.12	3.91
江西	2.13	2.15	2.36	2.30	1.35	1.22	1.73	1.87
湖北	3.54	3.94	3.50	3.69	4.24	4.49	3.05	3.19
湖南	2.72	2.52	2.72	2.33	3.51	2.93	2.66	2.59
四川	2.44	2.38	2.46	2.45	2.33	2.30	2.71	2.75
重庆	1.46	1.27	1.50	1.53	1.26	1.23	1.77	1.70
贵州	0.51	0.50	0.48	0.46	0.50	0.43	0.57	0.57
云南	0.49	0.47	0.52	0.51	0.33	0.26	0.53	0.51
合计	44.10	44.26	45.64	45.56	42.10	39.74	46.21	46.53

表 5-36 2018—2019 年长江经济带高新技术企业户均专利授权情况 单位：件

地区	户均专利授权		户均发明专利	
	2018年	2019年	2018年	2019年
上海	5.24	4.33	1.50	1.25
江苏	5.72	5.09	1.21	0.86
浙江	5.54	4.72	1.00	0.78
宁波	6.40	6.22	1.20	1.09
安徽	6.10	4.94	1.78	1.43
江西	5.27	4.06	0.77	0.53
湖北	4.22	4.28	1.31	1.28

续表

地区	户均专利授权		户均发明专利	
	2018年	2019年	2018年	2019年
湖南	4.62	3.35	1.53	1.03
四川	4.49	3.91	1.09	0.90
重庆	4.81	4.39	1.03	0.87
贵州	3.18	2.52	0.85	0.59
云南	3.01	3.16	0.50	0.39
合计	5.23	4.52	1.24	0.97

（四）经济贡献

2018—2019年，长江经济带高新技术企业的主要经济贡献指标整体上均出现明显增长，其中营业收入增速最快，达15.61%；实际上缴税费总额增幅最小，仅为0.83个百分点。2019年，长江经济带高新技术企业营业收入、出口总额、净利润、实际上缴税费总额分别占全国的45.60%、47.07%、50.77%和46.95%（表5-37、表5-38）。

表5-37 2018—2019年长江经济带高新技术企业主要经济贡献指标　　　　单位：亿元

地区	营业收入		净利润		出口总额		实际上缴税费总额		享受高新技术企业所得税减免	
	2018年	2019年	2018年	2019年	2018年	2019年	2018年	2019年	2018年	2019年
上海	26 547.56	30 281.19	2090.68	2138.35	2735.95	2972.18	1270.48	1209.28	203.86	198.95
江苏	43 582.15	48 971.87	3001.21	3041.88	8081.04	8425.28	2062.18	1960.09	299.16	303.00
浙江	30 409.35	36 365.39	3373.26	3902.37	5132.11	5945.02	1677.61	1792.98	213.82	227.23
安徽	11 472.38	13 080.25	637.58	735.05	1079.33	1077.53	500.28	515.23	67.93	70.09
江西	10 246.76	12 683.73	533.02	534.32	866.97	1210.60	380.33	432.68	38.19	52.29
湖北	17 876	21 296.12	1204.98	1471.06	1067.08	1134.53	790.57	890.89	76.79	88.23
湖南	14 151.76	16 251.81	796.43	881.51	765.18	886.59	600.77	622.92	62.96	63.78
四川	8741.38	10 664.02	545.44	590.83	613.30	645.20	391.85	410.45	32.17	65.15
重庆	8610.10	9176.30	311.17	251.45	541.29	648.01	440.44	357.76	13.76	14.05
贵州	2220.58	2436.58	104.71	68.19	72.43	73.90	93.49	83.49	6.45	7.60
云南	4033.47	4450.56	218.14	264.66	70.24	80.88	167.30	169.43	9.27	10.73
合计	177 891.50	205 657.80	12 816.62	13 879.67	21 024.91	23 099.72	8375.29	8445.20	1024.36	1101.10

表 5-38　2018—2019 年长江经济带高新技术企业主要经济贡献指标占比　　　　单位：%

地区	营业收入		净利润		出口总额		实际上缴税费总额		享受高新技术企业所得税减免	
	2018年	2019年	2018年	2019年	2018年	2019年	2018年	2019年	2018年	2019年
上海	6.82	6.71	8.00	7.82	6.08	6.06	7.06	6.72	9.46	8.70
江苏	11.20	10.86	11.48	11.13	17.95	17.17	11.46	10.90	13.89	13.25
浙江	7.81	8.07	12.90	14.27	11.40	12.11	9.32	9.97	9.93	9.94
安徽	2.95	2.90	2.44	2.69	2.40	2.20	2.78	2.86	3.15	3.07
江西	2.63	2.81	2.04	1.95	1.93	2.47	2.11	2.41	1.77	2.29
湖北	4.59	4.72	4.61	5.38	2.37	2.31	4.39	4.95	3.56	3.86
湖南	3.64	3.60	3.05	3.22	1.70	1.81	3.34	3.46	2.92	2.79
四川	2.25	2.36	2.09	2.16	1.36	1.31	2.18	2.28	1.49	2.85
重庆	2.21	2.03	1.19	0.92	1.20	1.32	2.45	1.99	0.64	0.61
贵州	0.57	0.54	0.40	0.25	0.16	0.15	0.52	0.46	0.30	0.33
云南	1.04	0.99	0.83	0.97	0.16	0.16	0.93	0.94	0.43	0.47
合计	45.71	45.60	49.03	50.77	46.71	47.07	46.53	46.95	47.55	48.16

（五）社会效益

2018—2019 年长江经济带高新技术企业的主要社会效益指标整体上呈现明显增长。2019 年长江经济带高新技术企业期末从业人数、当年新增从业人员和吸纳高校应届毕业生数量分别占全国的 44.95%、41.22% 和 45.22%（表 5-39、表 5-40）。

表 5-39　2018—2019 年长江经济带高新技术企业主要社会效益指标　　　　单位：万人

地区	期末从业人数		当年新增从业人员		吸纳高校应届毕业生	
	2018年	2019年	2018年	2019年	2018年	2019年
上海	161.95	178.48	30.75	32.10	6.04	6.42
江苏	352.53	381.00	56.35	54.94	10.14	9.28
浙江	276.90	321.72	46.54	49.65	8.07	8.46
安徽	99.87	111.21	15.44	15.81	3.33	3.29
江西	80.85	94.41	11.94	13.47	2.33	2.53
湖北	120.17	131.46	13.27	15.30	3.75	4.08
湖南	108.57	117.64	13.17	14.71	3.16	3.37
四川	84.65	94.31	9.77	11.14	2.50	2.73

续表

地区	期末从业人数		当年新增从业人员		吸纳高校应届毕业生	
	2018年	2019年	2018年	2019年	2018年	2019年
重庆	65.45	69.26	8.60	9.00	1.90	1.91
贵州	20.15	21.61	2.38	2.39	0.70	0.75
云南	22.52	23.74	2.02	2.11	0.65	0.68
合计	1393.62	1544.84	210.23	220.62	42.58	43.50

表5-40 2018—2019年长江经济带高新技术企业主要社会效益指标占比 单位：%

地区	期末从业人数		当年新增从业人员		吸纳高校应届毕业生	
	2018年	2019年	2018年	2019年	2018年	2019年
上海	5.17	5.19	6.09	6.00	6.33	6.67
江苏	11.26	11.09	11.17	10.27	10.62	9.65
浙江	8.84	9.36	9.23	9.28	8.45	8.79
安徽	3.19	3.24	3.06	2.95	3.49	3.42
江西	2.58	2.75	2.37	2.52	2.44	2.63
湖北	3.84	3.82	2.63	2.86	3.93	4.24
湖南	3.47	3.42	2.61	2.75	3.31	3.50
四川	2.70	2.74	1.94	2.08	2.62	2.84
重庆	2.09	2.02	1.70	1.68	1.99	1.99
贵州	0.64	0.63	0.47	0.45	0.73	0.78
云南	0.72	0.69	0.40	0.39	0.68	0.71
合计	44.50	44.95	41.67	41.22	44.61	45.22

五、粤港澳大湾区

（一）数量分布

高新技术企业数据中属于粤港澳大湾区的地区有：广州、深圳、珠海、佛山、惠州、东莞、中山、江门和肇庆[①]。作为我国科技创新的重要聚集地之一，粤港澳大湾区的高新技术企业数量在全国也占据较大份额。表5-41显示，2018年和2019年，粤港澳大湾区高新技术企业占全国高新技术企业的比例分别为24.67%和21.72%，比长江经济带低14.69和19.46个百分点。

---

① 由于不含有省、直辖市和自治区级数据，因此本部分仅列区域总数，不统计各地区数据。

表 5-41 2018—2019 年高新技术企业在粤港澳大湾区的数量分布

指标	2018 年	2019 年	增长率（%）
高新技术企业数（家）	42 493	47 477	11.73
占比（%）	24.67	21.72	—

（二）创新投入

如表 5-42 所示，粤港澳大湾区高新技术企业的创新投入水平仅次于长江经济带。2019 年，粤港澳大湾区研发经费投入增加，但研发人员数量下降，分别为 2784.06 亿元和 97.37 万人，占全国的 23.49% 和 22.36%，占比较 2018 年呈现下降的趋势。2018—2019 年，粤港澳大湾区高新技术企业研发强度明显高于其他经济带，体现出粤港澳大湾区高新技术企业在研发强度方面的领先地位。

表 5-42 2018—2019 年粤港澳大湾区高新技术企业创新投入指标

指标	2018 年	2019 年	2018 年占比（%）	2019 年占比（%）	增长率（%）
科技活动费用（亿元）	4432.69	5186.47	20.87	20.44	17.01
研发经费投入（亿元）	2624.31	2784.06	24.19	23.49	6.09
科技活动人员（万人）	150.15	154.58	19.84	18.74	2.95
研发人员（万人）	102.41	97.37	23.43	22.36	−4.92
研发强度（%）	3.11	3.77	—	—	—

（三）创新成果

如表 5-43 所示，2018—2019 年，粤港澳大湾区高新技术企业的专利水平呈增长趋势。在专利与发明专利授权的绝对数量方面虽不及长江经济带，但同样处于较高水平。在户均水平方面，不同于其他多个主要经济带的普遍下降趋势，粤港澳大湾区的户均专利水平在 2019 年实现了增长，也使其在户均专利授权方面居于全国领先水平[①]。

表 5-43 2018—2019 年粤港澳大湾区高新技术企业专利情况　　　　　　　　　　　　　单位：件

指标	2018 年	2019 年
当年专利申请数	298 344	341 389
当年专利授权数	183 457	218 474
当年授权发明专利数	52 019	64 404

---

① 参考本章京津冀地区、长江经济带和成渝经济圈的户均专利授权数据。

续表

指标	2018年	2019年
期末拥有有效专利数	863 347	1 044 444
户均专利授权	4.32	4.60
户均发明专利	1.22	1.36

（四）经济贡献

如表 5-44 所示，2018—2019 年，除实际上缴税费总额外，粤港澳大湾区高新技术企业的主要经济贡献指标均出现明显增长。其中，净利润和营业收入增幅最大，分别达 16.85% 和 11.70%。2019年，粤港澳大湾区高新技术企业的营业收入、出口总额、净利润、实际上缴税费总额分别占全国的 17.23%、29.66%、19.63% 和 16.63%。

表 5-44 2018—2019 年粤港澳大湾区高新技术企业主要经济贡献指标　　　单位：亿元

指标	2018年	2019年	2018年占比（%）	2019年占比（%）	增长率（%）
营业收入	69 579.36	77 716.71	17.88	17.23	11.70
净利润	4593.06	5366.95	17.57	19.63	16.85
出口总额	13 461.86	14 557.25	29.91	29.66	8.14
实际上缴税费总额	3028.17	2991.57	16.82	16.63	−1.21
享受高新技术企业所得税减免	403.08	408.68	18.71	17.87	1.39

（五）社会效益

如表 5-45 所示，2018—2019 年，粤港澳大湾区的高新技术企业期末从业人数和当年新增从业人员都实现了明显增长，其中当年新增从业人员的增长率达 6.10%，但吸纳高校应届毕业生的水平有所下降。

表 5-45 2018—2019 年粤港澳大湾区高新技术企业主要社会效益指标

指标	2018年	2019年	2018年占比（%）	2019年占比（%）	增长率（%）
期末从业人数（万人）	634.09	658.19	20.25	19.15	3.80
当年新增从业人员（万人）	128.95	136.82	25.56	25.56	6.10
吸纳高校应届毕业生（万人）	18.95	18.12	19.85	18.84	−4.38

六、成渝经济圈

（一）数量分布

成渝经济圈包括四川省的成都、德阳、绵阳、眉山、资阳、遂宁、乐山、雅安、自贡、泸州、内江、南充、宜宾、达州、广安15个市，以及重庆市的万州、涪陵、渝中区、大渡口、江北、沙坪坝、九龙坡、南岸区、北碚、万盛、渝北、巴南、长寿、江津、合川、永川、南川、双桥、綦江、潼南、铜梁、大足、荣昌、璧山、梁平、丰都、垫江、忠县、开州、云阳、石柱31个区县①。与上述几个经济带相比，成渝经济圈的高新技术企业数量全国占比较低，2018年和2019年分别为3.25%和3.30%，占比略有提升，且增长率较高，具有较为广阔的发展空间（表5-46）。

表5-46　2018—2019年高新技术企业在成渝经济圈的数量分布

指标	2018年	2019年	增长率（%）
高新技术企业数（家）	5607	7213	28.64
占比（%）	3.25	3.30	—

（二）创新投入

如表5-47所示，2019年成渝经济圈研发经费投入和研发人员数量分别为365.04亿元和16.19万人，占全国的3.08%和3.72%。2018—2019年，成渝经济圈高新技术企业研发强度接近全国平均水平，但与上述几个重要经济带的水平存在明显差距，且在2019年略有下降。

表5-47　2018—2019年成渝经济圈高新技术企业创新投入指标

指标	2018年	2019年	2018年占比（%）	2019年占比（%）	增长率（%）
科技活动费用（亿元）	652.52	750.58	3.07	2.96	15.03
研发经费投入（亿元）	343.22	365.04	3.16	3.08	6.36
科技活动人员（万人）	27.89	29.44	3.69	3.57	5.56
研发人员（万人）	16.24	16.19	3.72	3.72	−0.31
研发强度（%）	2.55	2.39	—	—	—

（三）创新成果

如表5-48所示，2018—2019年，成渝经济圈的专利水平实现了一定程度的增长，但仍远低于其他科技创新水平较高的经济带。在户均水平方面，成渝经济圈的水平明显较低，且呈现出下降态势。

---

① 由于不含有省、直辖市和自治区级数据，因此本部分仅列区域总数，不统计各地区数据。

表 5-48　2018—2019 年成渝经济圈高新技术企业专利情况　　　　　单位：件

指标	2018 年	2019 年
当年专利申请数	39 396	40 917
当年专利授权数	26 095	28 828
当年授权发明专利数	6058	6348
期末拥有有效专利数	136 771	165 524
户均专利授权	4.65	4.00
户均发明专利	1.08	0.88

（四）经济贡献

如表 5-49 所示，2019 年成渝经济圈高新技术企业的营业收入、净利润、出口总额、实际上缴税费总额分别占全国的 3.38%、2.39%、1.98% 和 3.23%，除上缴税费总额下降外，其余指标都实现了增长。

表 5-49　2018—2019 年成渝经济圈高新技术企业主要经济贡献指标

指标	2018 年	2019 年	2018 年占比（%）	2019 年占比（%）	增长率（%）
营业收入（亿元）	13 484.36	15 242.98	3.46	3.38	13.04
净利润（亿元）	640.27	652.62	2.45	2.39	1.93
出口总额（亿元）	891.12	970.67	1.98	1.98	8.93
实际上缴税费总额（亿元）	638.47	580.68	3.55	3.23	−9.05
享受高新技术企业所得税减免（亿元）	36.80	69.20	1.71	3.03	88.04

（五）社会效益

如表 5-50 所示，成渝经济圈高新技术企业在期末从业人数、当年新增从业人员、吸纳高校应届毕业生等指标占全国的比例上与几个重要经济区存在显著的差距，但成渝经济圈高新技术企业的上述几项指标在 2019 年均实现增长。其中，当年新增从业人员增长率达到了 7.91%，在几个重要经济区中处于较高水平。

表 5-50　2018—2019 年成渝经济圈高新技术企业主要社会效益指标

指标	2018 年	2019 年	2018 年占比（%）	2019 年占比（%）	增长率（%）
期末从业人数（万人）	122.52	128.95	3.91	3.75	5.25
当年新增从业人员（万人）	14.67	15.83	2.91	2.96	7.91
吸纳高校应届毕业生（万人）	3.48	3.53	3.65	3.67	1.44

七、小结

本章按照我国现行的行政区划（31个省+5个计划单列市）、东中西部及东北地区、京津冀、长江经济带、粤港澳大湾区和成渝经济圈等进行区域分类，在此基础上分析了高新技术企业在数量分布、创新投入、创新产出、经济贡献和社会效益等方面的特征，得出了以下主要结论。

①在高新技术企业数量分布方面，2018—2019年，各地区的高新技术企业数量均有所增长，且各地区的高新技术企业数量占比保持相对稳定。2019年，广东、江苏、北京、浙江和上海是全国高新技术企业分布最为密集的省（市）。东部地区的高新技术企业数量占全国总数的71.48%，远高于其他地区的数量占比总和。从各经济带的高新技术企业数量分布来看，长江经济带、粤港澳大湾区和京津冀地区是高新技术企业主要分布地区，2019年高新技术企业数占比分别为41.18%、21.72%和16.85%，总计约80%，但增长率方面却呈现出较强的分化特征：长江经济带的高新技术企业数量及其增长率均最高（89 998家和32.75%），显示出该区域高新技术企业的迅猛发展态势；粤港澳大湾区的增长率在几个经济带中相对较低（11.73%）。

②在高新技术企业的创新投入和成果产出方面，2018—2019年，各地区高新技术企业创新投入和专利总数均有所提升。高新技术企业R&D经费投入和R&D人员数量最多的省（市）为广东、江苏、深圳、北京、浙江、山东、上海、湖北和湖南，高新技术企业专利申请数最多的省（市）为广东、江苏、深圳、北京、浙江和上海。在户均专利授权方面，宁波、深圳、宁夏、河南、江苏、安徽和青岛居于全国领先地位。东部地区高新技术企业在创新投入和创新成果总量上占据绝对优势，但在研发强度和户均专利产出水平上与中部地区的水平较为接近，体现出近年来我国中部地区高新技术企业在创新强度方面的发展成果与潜力。在国内几个重要经济带中，长江经济带在创新成果总量上具有优势，粤港澳大湾区具有较高的研发强度和户均创新成果产出水平。

③在高新技术企业经济贡献方面，2018—2019年国内高新技术企业在营业收入、净利润、出口总额等方面整体均呈现出显著增长态势。广东、江苏、北京、浙江、上海等东部沿海省（市）高新技术企业在营业收入和净利润方面的贡献突出。广东、江苏、深圳、浙江、上海、山东等东部沿海省（市）的高新技术企业继续保持在出口贸易方面的领先地位，六省（市）出口总额占全国的69.21%。2018—2019年东部地区高新技术企业的营业收入、出口总额、实际上缴税费总额和享受高新技术企业所得税减免额全国占比有所降低，反映出一定的区域均衡发展趋势。2018—2019年京津冀地区、长江经济带、粤港澳大湾区、成渝经济圈高新技术企业营业收入、净利润和出口总额均呈现出稳步提升的态势。长江经济带和粤港澳大湾区的高新技术企业在出口总额（23 099.72亿元和14 557.25亿元）上大幅领先于京津冀和成渝经济圈（3062.51亿元和970.67亿元）。

④在高新技术企业社会效益方面，2018—2019年各地区的从业人员整体呈现提升态势，大部分地区新增从业人员数量实现增长，而吸纳高校应届毕业生的增长趋势呈现出分化特征，反映出各地区劳动力市场供需状况对于高新技术企业就业的影响。广东、江苏、浙江、北京、深圳、上海、山东、湖北、河北、湖南和安徽等省（市）吸纳就业人数超过百万，其中广东省（含深圳）的期末从业人数、当年新增人员和吸纳高校应届毕业生份额分别为20.59%、27.17%和19.48%，显著领先于国内其他地

区。从四大区域看，东部地区的期末从业人数、当年新增从业人员和吸纳高校应届毕业生占比分别为 67.85%、75.77% 和 68.21%，均高于其他地区总和的两倍，占据领先地位。从国内几个重要经济带看，长江经济带高新技术企业的从业人数、当年新增从业人员和吸纳高校应届毕业生占比分别为 44.95%、41.22% 和 45.22%，均处于优势地位；京津冀地区与粤港澳大湾区的就业指标较为接近（13.09% 和 19.15%），吸纳高校应届毕业生的水平均有所降低；成渝经济圈就业规模虽然与上述几个主要区域还存在显著差距，但新增就业人员增长率为 7.91%，明显高于其他经济带的增长率水平，展现出较强的发展潜力。

第六章
外资高新技术企业

外资高新技术企业（简称"外资高企"[①]）是我国高新技术企业的重要组成部分。分析研究我国外资高企的发展现状和趋势，对政府推动外资高企高质量发展具有重要价值。本章深入研究分析了全国外资高企的数量变化、创新投入、创新产出，并对内、外资高企之间的差别进行了比较研究。首先基于数量、规模、技术领域、行业及区域分布视角，分析了2018—2019年外资高企规模发展现状；然后基于创新投入、创新产出、经济贡献及社会贡献的视角，分析了外资高企的基本特征；最后基于创新、经济及社会效益的户均视角，对内、外资高新技术企业进行对比分析，系统研究并分析外资高企对中国经济高质量发展的贡献程度，为高企认定和管理工作提供参考。

一、外资高新技术企业基本情况

（一）数量情况

表6-1表明，2018—2019年外资高企数量呈增长态势，外资高企数量从2018年的11 561家上升到2019年的12 992家，同比增长12.38%，但外资高企数量占全国高新技术企业的比重呈下降趋势，从2018年的6.71%下降到2019年的5.94%。2018年、2019年港澳台高新技术企业（简称"港澳台高企"）占全国高新技术企业的比重分别为3.25%和2.90%，同期外商高新技术企业（简称"外商高企"）数量占全国高新技术企业的比重分别为3.46%和3.04%。此外，2018—2019年港澳台高企和外商高企数量均呈现出上升趋势，港澳台高企数量从2018年的5600家上升到2019年的6347家，外商高企数量从2018年的5961家上升到2019年的6645家，同比增长率分别为13.34%和11.47%。

表6-1　2018—2019年外资高新技术企业数量

企业类型	2018年		2019年		增长率（%）
	数量（家）	占全国高企比重（%）	数量（家）	占全国高企比重（%）	
港澳台高企	5600	3.25	6347	2.90	13.34
外商高企	5961	3.46	6645	3.04	11.47
外资高企	11 561	6.71	12 992	5.94	12.38

---

① 根据国家分类标准，本书将外资高企分成港澳台高企和外商高企两类。

（二）规模分布

基于企业营收规模，分析研究2018—2019年外资高新技术企业的数量分布及占比情况，结果如表6-2所示。2018—2019年，不同规模的外资高企数量均呈增长态势。2019年外资高企的数量分布主要集中在2亿（含）～5亿元、5000万（含）～2亿元及2000万（含）～5000万元3个档，合计占全部外资高企数量的64.61%；其中，规模在5000万（含）～2亿元的外资高企数量最多，占全部外资高企数量的31.59%。

表6-2 2018—2019年外资高企规模分布

企业规模	2018年 企业数（家）	占比（%）	2019年 企业数（家）	占比（%）	企业数增长率（%）
500万元以下	583	5.04	810	6.23	38.94
500万（含）～2000万元	1080	9.34	1309	10.08	21.20
2000万（含）～5000万元	1738	15.03	2019	15.54	16.17
5000万（含）～2亿元	3648	31.55	4104	31.59	12.50
2亿（含）～5亿元	2178	18.84	2271	17.48	4.27
5亿（含）～10亿元	1085	9.39	1164	8.96	7.28
10亿（含）～50亿元	1037	8.97	1083	8.34	4.44
50亿（含）～100亿元	122	1.06	129	0.99	5.74
100亿元（含）以上	90	0.78	103	0.79	14.44
合计	11 561	100.00	12 992	100.00	—

（三）技术领域分布

2018—2019年各技术领域外资高企的数量变化情况如表6-3所示。2018—2019年，不同技术领域的外资高企数量均实现同比增长；从企业数量占比情况看，2019年排名前三的技术领域依次为先进制造与自动化、电子信息及新材料，3个领域外资高企数量占全部外资高企数量的75%以上。2018和2019年，先进制造与自动化领域外资高企数量分别占全部外资高企数量的30.85%和30.96%。

表6-3 2018—2019年外资高企技术领域分布

技术领域	2018年 企业数（家）	占比（%）	2019年 企业数（家）	占比（%）	企业数增长率(%)
电子信息	2788	24.12	3131	24.10	12.30
生物与新医药	1019	8.81	1145	8.81	12.37
航空航天	37	0.32	40	0.31	8.11

续表

技术领域	2018年		2019年		企业数增长率(%)
	企业数（家）	占比（%）	企业数（家）	占比（%）	
新材料	2509	21.70	2795	21.51	11.40
高技术服务	661	5.72	784	6.03	18.61
新能源与节能	557	4.82	599	4.61	7.54
资源与环境	423	3.66	476	3.66	12.53
先进制造与自动化	3567	30.85	4022	30.96	12.76
合计	11 561	100.00	12 992	100.00	—

（四）行业分布

基于不同行业，研究外资高企数量的变化趋势，具体结果如表6-4所示。2018—2019年，制造业，信息传输、软件和信息技术服务业的外资高企数量占比排名前二，且基本保持稳定。其中，制造业的外资高企数量最多，2019年占全部外资高企数量的80.60%。

表6-4 2018—2019年外资高企行业分布

行业	2018年		2019年		企业数增长率（%）
	企业数（家）	占比（%）	企业数（家）	占比（%）	
制造业	9489	82.08	10 472	80.60	10.36
信息传输、软件和信息技术服务业	1137	9.83	1446	11.13	27.18
科学研究和技术服务业	457	3.95	552	4.25	20.79
其他行业	478	4.13	522	4.02	9.21
合计	11 561	100.00	12 992	100.00	—

（五）区域分布

表6-5显示了不同地区外资高企数量的变化趋势。2018—2019年，外资高企主要集中在广东、江苏、北京、上海、浙江等地区。2019年除云南、西藏、宁夏外资高企数量下降，甘肃、新疆外资高企数量保持不变外，其他省（自治区、直辖市）的外资高企数量均同比增加。

表 6-5 2018—2019 年外资高企地区分布

地区	外资高企数量（家）		占全国外资高企数量比重（%）	
	2018 年	2019 年	2018 年	2019 年
北京	967	1088	8.36	8.37
天津	281	305	2.43	2.35
河北	128	159	1.11	1.22
山西	17	23	0.15	0.18
内蒙古	23	28	0.20	0.22
辽宁	115	128	0.99	0.99
大连	111	138	0.96	1.06
吉林	53	67	0.46	0.52
黑龙江	21	22	0.18	0.17
上海	1103	1275	9.54	9.81
江苏	2152	2403	18.61	18.50
浙江	778	968	6.73	7.45
宁波	315	334	2.72	2.57
安徽	198	224	1.71	1.92
福建	234	249	2.02	2.26
厦门	177	194	1.61	1.49
江西	130	190	1.12	1.46
山东	254	312	2.20	2.40
青岛	186	203	1.61	1.56
河南	81	94	0.70	0.72
湖北	220	238	1.90	1.83
湖南	123	147	1.06	1.13
广东	2512	2618	21.73	20.15
深圳	947	1069	8.19	8.23
广西	56	63	0.48	0.48
海南	13	16	0.11	0.12
四川	102	128	0.88	0.99
重庆	111	134	0.96	1.03
贵州	15	20	0.13	0.15
云南	35	33	0.30	0.25
西藏	3	2	0.03	0.02
陕西	71	91	0.61	0.70

续表

地区	外资高企数量（家）		占全国外资高企数量比重（%）	
	2018 年	2019 年	2018 年	2019 年
甘肃	12	12	0.10	0.09
青海	4	5	0.03	0.04
宁夏	5	4	0.04	0.03
新疆	8	8	0.07	0.06
合计	11 561	12 992	100.00	100.00

图 6-1 显示了 2018 年外资资金来源排名前十的国家和地区。2018 年，外资资金来源排名第一的是中国香港地区，有 5353 家高新技术企业。其次为美国，有 1042 家高新技术企业。图 6-2 显示了 2019 年外资资金来源排名前十的国家和地区。与 2018 年相同，外资资金来源排名第一的是中国香港地区，有 6131 家高新技术企业。其次为美国，有 1177 家高新技术企业。

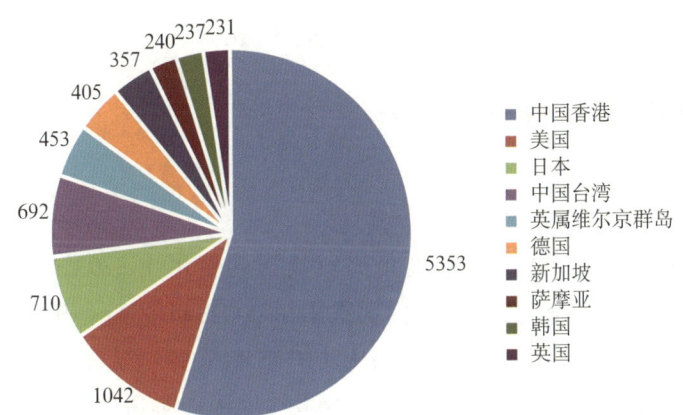

图 6-1　2018 年外资资金来源排名前十的国家（地区）和高新技术企业数量（单位：家）

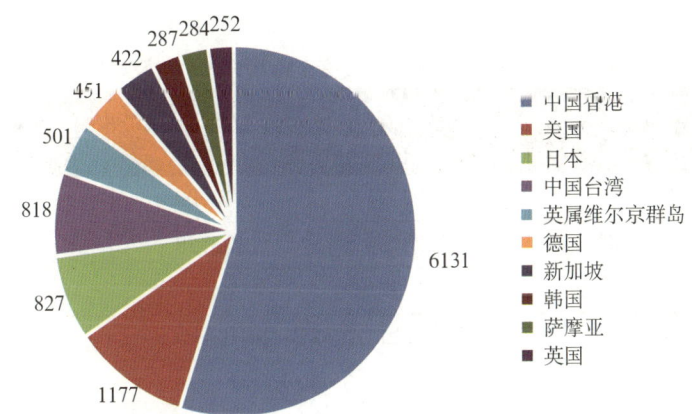

图 6-2　2019 年外资资金来源排名前十的国家（地区）和高新技术企业数量（单位：家）

表 6-6 显示了 2018—2019 年不同区域外资高企的数量特征。可以发现，全国外资高企主要集中在东部地区，占比超过 86%，2019 年我国东部、中部、西部及东北部地区的外资高企数量明显增加。基于不同区域外资高企数量占全部外资高企数量比重视角，2019 年中部、西部及东北部地区外资高企数量占全部外资高企数量比重同比小幅增长，东部地区外资高企数量占全部外资高企数量比重同比小幅下降。

表 6-6　2018—2019 年不同区域外资高企数量及占比

区域	数量（家）		占全国外资高企数量比重（%）	
	2018 年	2019 年	2018 年	2019 年
东部地区	10 047	11 193	86.90	86.15
中部地区	769	916	6.65	7.05
西部地区	445	528	3.85	4.06
东北地区	300	355	2.59	2.73
合计	11 561	12 992	100.00	100.00

二、外资高新技术企业基本特征

（一）创新投入

如表 6-7 所示，2018—2019 年，外资高企的科技活动费用由 3792.01 亿元上升到 4403.23 亿元，同比增长 16.12%。外资高企 R&D 经费内部支出由 2002.94 亿元上升到 2228.36 亿元，同比增长 11.25%。外资高企科技活动人员由 110.09 万人上升到 115.58 万人，增长率为 4.99%。外资高企 R&D 人员由 70.58 万人上升到 71.80 万人，同比增长 1.73%。外资高企研发强度由 2.84% 提升到 2.92%，增长了 0.08 个百分点。2018—2019 年，无论是研发强度还是高质量人才数量，外资高企创新投入均有所提升。

表 6-7　2018—2019 年外资高企创新投入总量及增速

	科技活动费用（亿元）	R&D 经费内部支出（亿元）	科技活动人员（万人）	R&D 人员数（万人）	研发强度（%）
2018 年	3792.01	2002.94	110.09	70.58	2.84
2019 年	4403.23	2228.36	115.58	71.80	2.92
同比增长率（%）	16.12	11.25	4.99	1.73	—

注：本表研发强度是指外资高企 R&D 经费内部支出与营业收入的比值。

（二）创新产出

表 6-8 显示了 2018—2019 年外资高企技术创新产出情况。近年来，外资高企技术创新产出水平明显提升，2019 年当年专利申请数、当年专利授权数、当年授权发明专利数、期末拥有有效专利数、申请欧美日发明专利数、申请 PCT 国际专利数同比增长率分别为 13.69%、17.30%、19.67%、16.57%、45.04% 及 27.21%。表 6-9 显示了 2018—2019 年外资高企发明专利申请和授权数量的变化情况。结果表明，外资高企在国内申请和获得授权的发明专利数量均远大于在欧美日申请和获得授权的发明专利数量，并且无论在国内还是在欧美日申请和获得授权的发明专利数量均呈明显上升趋势，外资高企在欧美日申请和获得授权的发明专利数量增速是国内增速的 3 倍左右。

表 6-8 2018—2019 年外资高企技术创新产出情况

专利指标	2018 年 数量（件）	2018 年 全国占比（%）	2019 年 数量（件）	2019 年 全国占比（%）	同比增长率（%）
当年专利申请数	146 520	12.28	166 580	12.18	13.69
当年专利授权数	91 598	11.79	107 441	12.03	17.30
其中：当年授权发明专利数	25 586	12.83	30 618	13.96	19.67
期末拥有有效专利数	491 531	13.48	572 957	12.70	16.57
申请欧美日发明专利数	5147	19.74	7465	22.39	45.04
申请 PCT 国际专利数	6343	19.76	8069	22.03	27.21

表 6-9 2018—2019 年外资高企发明专利申请（授权）数量　　　　单位：件

年份	外资高企发明专利申请数量 国内	外资高企发明专利申请数量 欧美日	外资高企发明专利授权数量 国内	外资高企发明专利授权数量 欧美日
2018	55 831	5147	20 537	2059
2019	64 869	7465	25 380	3532
同比增长率（%）	16.19	45.04	23.58	71.54

（三）经济贡献

表 6-10 显示了外资高企的经济指标变化情况。2018—2019 年，外资高企营业收入、净利润及出口总额均呈现上升趋势，2019 年外资高企营业收入、净利润和出口总额及享受高新技术企业所得税减免额分别同比增长 8.11%、1.94%、4.21% 和 3.35%，但外资高企实际上缴税费总额同比降低 7.37%。

表 6-10　2018—2019 年外资高企经济贡献情况

经济指标	2018 年 数量（亿元）	2018 年 全国占比（%）	2019 年 数量（亿元）	2019 年 全国占比（%）	同比增长率（%）
营业收入	70 619.91	18.15	76 350.16	16.93	8.11
净利润	7004.26	26.79	7140.09	26.12	1.94
出口总额	15 529.31	34.50	16 182.76	32.98	4.21
实际上缴税费总额	3975.00	22.08	3681.97	20.47	−7.37
享受高新技术企业所得税减免	520.98	24.18	538.43	23.55	3.35

表 6-11 显示了外资高企的融资情况。2018—2019 年，外资高企的上市融资总额、境外上市融资总额、获得风投资金额均呈上升趋势，分别同比增长 15.72%、170.10% 和 7.29%。

表 6-11　2018—2019 年外资高企融资情况　　　　　　　　　　　　　　　　单位：亿元

年份	上市融资	境外上市融资	获得风投资金额
2018	1023.00	178.17	230.57
2019	1183.86	481.23	247.39
同比增长率（%）	15.72	170.10	7.29

表 6-12 显示了外商高企和港澳台高企经济贡献情况。2018—2019 年，外商高企营业收入呈现上升趋势，但净利润和实际上缴税费总额却呈现下降趋势；港澳台高企营业收入和净利润均呈现上升趋势，但实际上缴税费总额却呈现下降趋势。

表 6-12　2018—2019 年外商高企和港澳台高企经济贡献指标　　　　　　　　　单位：亿元

年份	外商高企			港澳台高企		
	营业收入	净利润	实际上缴税费总额	营业收入	净利润	实际上缴税费总额
2018	36 154.31	2952.77	2015.70	34 465.59	4051.49	1959.30
2019	37 953.70	2823.22	1812.51	38 396.47	4316.86	1869.46
同比增长率（%）	4.98	−4.39	−10.08	11.41	6.55	−4.59

表 6-13 显示了外资高企经济贡献占全国高企经济贡献的变化情况。2018—2019 年，外资高企营业收入、净利润、实际上缴税费总额占全国高企比重均呈现小幅下滑趋势；其中外商高企 3 个指标占比均呈现出小幅下滑趋势；港澳台高企营业收入和实际上缴税费总额占比略微下降，但净利润占比略微上升。

表 6-13　2018—2019 年外资高企经济贡献占全国高新技术企业经济贡献比重　　　　单位：%

年份	外资高企			外商高企			港澳台高企		
	营业收入	净利润	实际上缴税费总额	营业收入	净利润	实际上缴税费总额	营业收入	净利润	实际上缴税费总额
2018	18.15	26.80	22.08	9.29	11.30	11.20	8.86	15.50	10.89
2019	16.93	26.12	20.47	8.42	10.33	10.08	8.51	15.79	10.39

（四）社会效益

表 6-14 显示了外资高企提供就业的情况。2018—2019 年，期末从业人员和当年新增从业人员均呈上升趋势，2019 年外资高企期末从业人员和当年新增就业人员数量同比增加 3.40% 和 1.50%。但外资高企吸纳高校应届毕业生数量呈现明显下降趋势，同比下降 3.52%。

表 6-14　2018—2019 年外资高企提供就业情况

就业	2018 年		2019 年		同比增长率（%）
	数量（万人）	全国占比（%）	数量（万人）	全国占比（%）	
期末从业人员	532.21	17.00	550.30	16.01	3.40
当年新增从业人员	97.25	19.28	98.71	18.44	1.50
吸纳高校应届毕业生	12.78	13.39	12.33	12.82	−3.52

表 6-15 显示了外资高企吸纳高质量人才的情况。2018—2019 年，外资高企吸纳留学归国人员、外籍常驻人员、拥有研究生学历（位）人员的数量呈现上升趋势；但是引进外籍专家的数量保持稳定。此外，无论是留学归国人员、外籍常驻人员还是引进外籍专家、研究生学历（位）人员，其占全国高企的比重均呈上升趋势。

表 6-15　2018—2019 年外资高企吸纳高质量人才情况

年份	留学归国人员		外籍常驻人员		引进外籍专家		研究生学历（位）人员	
	数量（万人）	全国占比（%）	数量（万人）	全国占比（%）	数量（人）	全国占比（%）	数量（万人）	全国占比（%）
2018	2.77	20.69	2.28	39.69	4998	33.63	21.81	15.00
2019	3.22	22.37	2.29	43.25	4982	35.57	24.86	15.20
同比增长率(%)	16.25	—	0.44	—	−0.32	—	13.98	—

三、内外资高新技术企业情况对比

（一）总体情况

表 6-16 显示了内外资高企的数量分布情况。2018—2019 年，内资高企的数量从 160 701 家上升至 205 552 家，同比增长 27.91%；外资高企的数量从 11 561 家上升至 12 992 家，同比增长 12.38%。此外，2018—2019 年内资高企数量占全国高企数量的比重由 93.29% 上升至 94.06%，外资高企数量占全国高企数量的比重从 2018 年的 6.71% 下降至 2019 年的 5.94%。

表 6-16　2018—2019 年内外资高企数量比较

高企数量	2018 年		2019 年		同比增长率（%）
	数量（家）	全国占比（%）	数量（家）	全国占比（%）	
内资高企数	160 701	93.29	205 552	94.06	27.91
外资高企数	11 561	6.71	12 992	5.94	12.38
合计	172 262	100.00	218 544	100.00	—

（二）创新投入

表 6-17 显示了内外资高企户均创新投入情况。2018—2019 年，内资高企户均科技活动费用、户均 R&D 经费内部支出、户均研发强度均明显低于外资高企，同时外资高企户均科技活动人员和户均 R&D 人员数均为内资高企的 2 倍以上，说明外资高企户均创新投入水平显著高于内资高企。

表 6-17　2018—2019 年内外资高企户均创新投入

年份	户均科技活动费用（万元）		户均 R&D 经费内部支出（万元）		户均科技活动人员（人）		户均 R&D 人员（人）		户均研发强度（%）	
	内资	外资	内资	外资	内资	外资	内资	外资	内资	外资
2018	1085.82	3280.00	550.32	1732.49	40.24	95.22	22.81	61.05	2.78	2.84
2019	1020.17	3389.18	468.09	1715.18	34.50	88.96	17.69	55.27	2.57	2.92
同比增长率(%)	-6.04	3.33	-14.94	-1.00	-14.26	-6.57	-22.45	-9.47	—	—

注：本表内资户均研发强度是指内资高企户均 R&D 经费内部支出与户均营业收入的比值。外资户均研发强度是指外资高企户均 R&D 经费内部支出与户均营业收入的比值。

（三）创新产出

表 6-18 显示了内外资高企户均专利数量变化情况。2018—2019 年，外资高企户均当年专利申请数、户均当年专利授权数、户均当年授权发明专利数、户均期末拥有有效专利数、户均申请欧美日发明专

利数量、户均申请 PCT 国际专利数量均明显高于内资高企，并且 2018—2019 年外资高企户均当年专利申请数同比增长率高于内资高企，内外资高企创新产出差距较大。

表 6-18 2018—2019 年内外资高企户均专利数量　　　　　　　　　　　　　　　　　　单位：件

年份	户均当年专利申请数		户均当年专利授权数		户均当年授权发明专利数		户均期末拥有有效专利数		户均申请欧美日发明专利数量		户均申请PCT国际专利数量	
	内资	外资	内资	外资	内资	外资	内资	外资	内资	外资	内资	外资
2018	6.51	12.67	4.26	7.92	1.08	2.21	19.63	42.52	0.13	0.45	0.16	0.55
2019	5.84	12.82	3.82	8.27	0.92	2.36	19.15	44.10	0.13	0.58	0.14	0.62
同比增长率（%）	−10.29	1.18	−10.33	4.42	−14.81	6.79	−2.45	3.72	0	28.89	−12.50	12.73

（四）经济贡献

表 6-19 显示了内外资高企户均经济贡献的对比情况。2018—2019 年，外资高企户均营业收入、户均净利润、户均出口总额、户均实际上缴税费总额及户均享受高新技术企业所得税减免额度均明显高于内资高企，但无论是外资高企还是内资高企，以上经济指标均呈现同比下降趋势。

表 6-19 2018—2019 年内外资高企户均经济贡献比较　　　　　　　　　　　　　　　　单位：万元

年份	户均营业收入		户均净利润		户均出口总额		户均实际上缴税费总额		户均享受高新技术企业所得税减免	
	内资	外资	内资	外资	内资	外资	内资	外资	内资	外资
2018	19 824.63	61 084.60	1190.79	6058.52	1834.36	13 432.50	872.79	3438.28	101.64	450.64
2019	18 224.47	58 767.06	982.75	5495.76	1600.26	12 455.94	695.98	2834.03	85.04	414.43
同比增长率（%）	−8.07	−3.79	−17.47	−9.29	−12.76	−7.27	−20.26	−17.57	−16.33	−8.04

表 6-20 显示了内外资高企户均融资的对比情况。2018—2019 年，外资高企户均上市融资、户均境外上市融资和户均获得风投资金明显高于内资高企。

表 6-20 2018—2019 年内外资高企户均融资比较　　　　　　　　　　　　　　　　　　单位：万元

年份	户均上市融资		户均境外上市融资		户均获得风投资金	
	内资	外资	内资	外资	内资	外资
2018	685.96	884.87	9.10	154.12	66.30	199.43
2019	652.01	911.22	19.53	370.40	40.28	190.42
同比增长率（%）	−4.95	2.98	114.62	140.33	−39.25	−4.52

(五)社会效益

表6-21显示了内外资高企户均就业对比情况。2018—2019年,外资高企户均期末从业人员人数、户均当年新增从业人员和户均吸纳高校应届毕业生明显高于内资高企,说明相对于内资高企,外资高企对社会就业的吸纳能力更强。

表6-21　2018—2019年内外资高企户均就业比较

年份	户均期末从业人员人数(人)		户均当年新增从业人员(人)		户均吸纳高校应届毕业生(人)	
	内资	外资	内资	外资	内资	外资
2018	161.75	460.35	25.35	84.12	5.14	11.05
2019	140.44	423.57	21.24	75.97	4.08	9.49
同比增长率(%)	−13.17	−7.99	−16.21	−9.69	−20.62	−14.12

四、小结

①我国外资高企保持较快发展。2019年,全国36个地区外资高企数量为12 992家,同比增长12.38%。外资高企主要集中在东部地区,2018—2019年东部地区外资高企数量分别为10 047家和11 193家,占全国外资高企数量比重分别为86.90%和86.15%。从省域范围分布特征看,外资高企主要集中在广东、江苏、上海、北京、浙江等地区,2019年外资高企数量分别占全国外资高企总数的20.15%、18.50%、9.81%、8.37%、7.45%。从营收规模分布看,5000万(含)~2亿元的外资高企数量最多,占全国外资高企数量的31.59%。从技术领域分布看,主要集中在先进制造与自动化领域,占全国外资高企数量的30.96%。从行业分布看,外资高企主要以制造业为主,占全国外资高企数量的80.60%。从外资高企的资金来源看,2018—2019年,中国香港是外资高企资金来源排名第一的地区,2018年和2019年资金来源于中国香港的外资高企数量分别为5353家和6131家。外资高企资金来源排名第二的是美国,2018年和2019年资金来源于美国的外资高企数量分别为1042家和1177家。

②外资高企对我国创新做出了重要的贡献。2018—2019年,外资高企科技活动费用、R&D经费内部支出、科技活动人员均明显增加,2019年同比增长率分别为16.12%、11.25%、4.99%。外资高企的创新产出也明显提升。2018—2019年,外资高企申请和获得授权的国内和欧美日发明专利数量均实现明显增长。

③外资高企对推动我国经济高质量发展做出了重要的贡献。2018—2019年,外资高企营业收入、净利润及出口总额均呈现上升趋势,2019年外资高企营业收入、净利润及出口总额分别同比增长8.11%、1.94%及4.21%。此外,外资高企社会效益十分明显。2018—2019年,外资高企新增就业人员数量从97.25万人增加到98.71万人。同时外资高企吸纳了大量"高精尖"人才,提升了我国劳动力要素的质量,2018—2019年,外资高企留学归国人员由2.77万人增加到3.22万人,研究生学历(位)人员从21.81万人增加到24.86万人,外籍常驻人员从2.28万人增加到2.29万人。

④外资高企户均创新成果和经济贡献显著高于内资高企。2019年外资高企户均科技活动费用

（3389.18万元）是内资高企科技活动费用（1020.17万元）的3.32倍。外资高企户均当年授权发明专利数（2.36件）是内资高企（0.92件）的2.57倍。外资高企户均实际上缴税费总额（2834.03万元）是内资高企（695.98万元）的4.07倍，外资高企户均出口总额（12 455.94万元）是内资高企（1600.26万元）的7.78倍。

第七章
民营高新技术企业

民营高新技术企业在我国高新技术企业中占有重要地位，研究民营高新技术企业的特征和发展状况，有利于更全面地把握全国高新技术企业发展的整体现状。本章全面分析了2018—2019年全国民营高新技术企业数量、规模分布、技术领域分布、区域分布，并对民营高新技术企业基本特征，包括创新投入、创新成果、经济贡献和社会收益等方面的发展状况进行分析研究。

一、民营高新技术企业基本情况

2018—2019年，民营高新技术企业在数量变化、规模分布、技术领域分布、行业分布和区域分布等方面都表现出了自身的发展特点。

（一）数量变化

如表7-1及图7-1所示，2018—2019年，民营高新技术企业的数量呈快速上升态势，且民营高新技术企业占全国高新技术企业的比重从2018年的88.81%上升到2019年的90.04%。2018—2019年，民营高新技术企业数量增速呈下降趋势，2018年为34.60%，2019年下降为28.62%，但仍高于全国高新技术企业数量的整体增速。

表7-1 2018—2019年民营高新技术企业的数量

指标	2018年	2019年	增长率（%）
民营高新技术企业数量（家）	152 993	196 776	28.62
全国高新技术企业数量（家）	172 262	218 544	26.87
占全国高新技术企业比例（%）	88.81	90.04	—

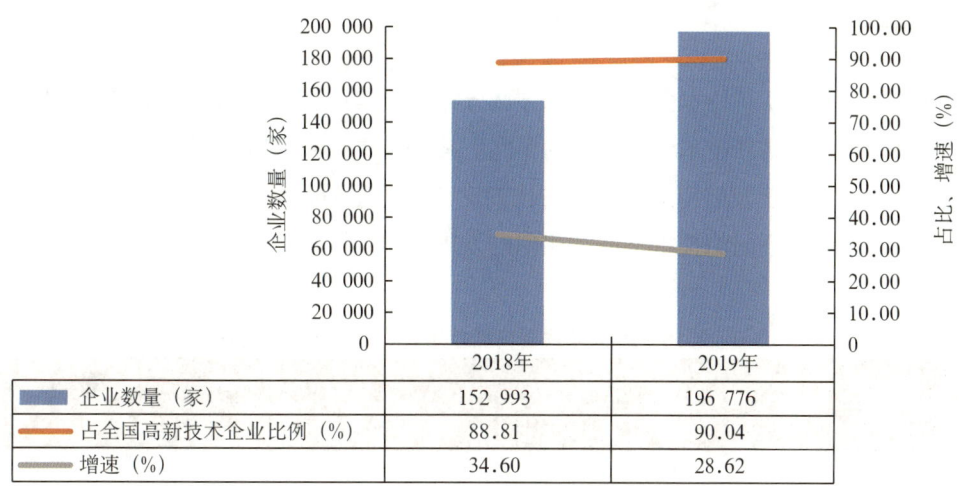

图 7-1 2018—2019 年民营高新技术企业的数量特征

（二）规模分布

如表 7-2 所示，2018—2019 年，不同营收规模的民营高新技术企业数量均呈现上升趋势，其占比存在较大差异，其中，500 万（含）～ 2000 万元的民营高新技术企业占比最多，两年占比分别为 24.89%、25.23%。2 亿元以下民营高新技术企业占比分别达到总数的 88.78% 和 89.96%。5000 万元（含）及以上的民营高新技术企业占比呈下降趋势，而 5000 万元以下企业的占比呈上升态势，且 500 万元以下民营高新技术企业上升态势最为显著。

表 7-2 2018—2019 年民营高新技术企业规模分布

企业规模	2018 年 企业数（家）	占比（%）	2019 年 企业数（家）	占比（%）	企业数增长率（%）
500 万元以下	34 429	22.50	48 643	24.72	41.28
500 万（含）～ 2000 万元	38 076	24.89	49 652	25.23	30.40
2000 万（含）～ 5000 万元	30 044	19.64	38 781	19.71	29.08
5000 万（含）～ 2 亿元	33 272	21.75	39 946	20.30	20.06
2 亿（含）～ 5 亿元	10 347	6.76	12 041	6.12	16.37
5 亿（含）～ 10 亿元	3767	2.46	4259	2.16	13.06
10 亿（含）～ 50 亿元	2655	1.74	2998	1.52	12.92
50 亿（含）～ 100 亿元	246	0.16	265	0.13	7.72
100 亿元（含）以上	157	0.10	191	0.10	21.66
合计	152 993	100.00	196 776	100.00	28.62

（三）技术领域分布

如表 7-3 所示，民营高新技术企业的技术领域分布主要集中在电子信息、先进制造与自动化领域，二者占比之和超过了全国高新技术企业总量的 50%。其后依次是新材料、高技术服务、生物与新医药、资源与环境、新能源与节能及航空航天。从占比的动态变化上看，各技术领域占比较为稳定，这也反映出民营高新技术企业在不同的技术领域有相似的发展趋势。

表 7-3　2018—2019 年民营高新技术企业的技术领域分布情况

技术领域	2018 年 企业数（家）	2018 年 占比（%）	2019 年 企业数（家）	2019 年 占比（%）	企业数增长率（%）
电子信息	49 737	32.51	63 447	32.24	27.56
生物与新医药	13 174	8.61	15 947	8.10	21.05
航空航天	812	0.53	1062	0.54	30.79
新材料	23 870	15.60	30 109	15.30	26.14
高技术服务	15 218	9.95	20 749	10.54	36.35
新能源与节能	7234	4.73	8852	4.50	22.37
资源与环境	7349	4.80	9678	4.92	31.69
先进制造与自动化	35 599	23.27	46 932	23.85	31.84
合计	152 993	100.00	196 776	100.00	28.62

（四）行业分布

从行业角度看，2019 年各行业的民营高新技术企业数量总体上呈上升态势，民营高新技术企业主要集中在制造业，信息传输、软件和信息技术服务业，科学研究和技术服务等行业，其中制造业仍是占比最高的行业，达到了 59.24%，上述 3 个行业的民营高新技术企业占总数的 91.39%（表 7-4）。

从民营高新技术企业行业占比的变化趋势看，制造业占比小幅下降，而信息传输、软件和信息技术服务业，科学研究和技术服务业占比呈现上升趋势，特别是信息传输、软件和信息技术服务业，占比上升了 1.21 个百分点。

表 7-4　2018—2019 年民营高新技术企业的行业分布特征

行业	2018 年 企业数（家）	2018 年 占比（%）	2019 年 企业数（家）	2019 年 占比（%）	企业数增长率（%）
农林牧渔业	1678	1.10	2239	1.14	33.43
采矿业	202	0.13	251	0.13	24.26
制造业	93 278	60.97	116 577	59.24	24.98

续表

行业	2018年		2019年		企业数增长率（%）
	企业数（家）	占比（%）	企业数（家）	占比（%）	
电力、热力、燃气及水生产和供应业	1100	0.72	1318	0.67	19.82
建筑业	2626	1.72	3559	1.81	35.53
批发和零售业	2990	1.95	3819	1.94	27.73
交通运输、仓储和邮政业	290	0.19	331	0.17	14.14
住宿和餐饮业	4	0.00	6	0.00	50.00
信息传输、软件和信息技术服务业	35 233	23.03	47 699	24.24	35.38
金融业	174	0.11	160	0.08	−8.05
房地产业	47	0.03	53	0.03	12.77
租赁和商务服务业	980	0.64	1135	0.58	15.82
科学研究和技术服务业	11 404	7.45	15 571	7.91	36.54
水利、环境和公共设施管理业	1620	1.06	2207	1.12	36.23
居民服务、修理和其他服务业	399	0.26	533	0.27	33.58
教育	353	0.23	446	0.23	26.35
卫生和社会工作	138	0.09	202	0.10	46.38
文化、体育和娱乐业	477	0.31	670	0.34	40.46
合计	152 993	100.00	196 776	100.00	28.62

（五）区域分布

如表7-5所示，民营高新技术企业数量有明显的地区差异，企业主要分布在我国的东部地区，其中，广东、江苏、北京、深圳、浙江和上海等地的民营高新技术企业数量较多，2019年上述6省市民营高新技术企业数量占全国高新技术企业比重分别为15.44%、10.85%、10.43%、7.89%、6.64%和5.49%，合计占全国的56.74%。而中西部地区的民营高新技术企业数量处于较低的水平。

表7-5 2018—2019年民营高新技术企业的地区分布特征

地区	2018年		2019年		企业数增长率（%）
	企业数（家）	占比（%）	企业数（家）	占比（%）	
北京	16 490	10.78	20 523	10.43	24.46
天津	4229	2.76	5312	2.70	25.61
河北	4622	3.02	7114	3.62	53.92
山西	1402	0.92	2248	1.14	60.34

续表

地区	2018年		2019年		企业数增长率（%）
	企业数（家）	占比（%）	企业数（家）	占比（%）	
内蒙古	623	0.41	741	0.38	18.94
辽宁	2174	1.42	3055	1.55	40.52
大连	1029	0.67	1533	0.78	48.98
吉林	775	0.51	1541	0.78	98.84
黑龙江	994	0.65	1079	0.55	8.55
上海	7406	4.84	10 807	5.49	45.92
江苏	15 617	10.21	21 355	10.85	36.74
浙江	9304	6.08	13 058	6.64	40.35
宁波	1503	0.98	1880	0.96	25.08
安徽	4798	3.14	5987	3.04	24.78
福建	1864	1.22	2549	1.30	36.75
厦门	1422	0.93	1716	0.87	20.68
江西	3115	2.04	4582	2.33	47.09
山东	5237	3.42	6892	3.50	31.60
青岛	2843	1.86	3540	1.80	24.52
河南	2962	1.94	4367	2.22	47.43
湖北	5696	3.72	6915	3.51	21.40
湖南	4058	2.65	5631	2.86	38.76
广东	27 751	18.14	30 374	15.44	9.45
深圳	13 100	8.56	15 531	7.89	18.56
广西	1612	1.05	2084	1.06	29.28
海南	351	0.23	529	0.27	50.71
重庆	2091	1.37	2709	1.38	29.56
四川	3751	2.45	5030	2.56	34.10
贵州	978	0.64	1410	0.72	44.17
云南	1098	0.72	1204	0.61	9.65
西藏	42	0.03	56	0.03	33.33
陕西	2591	1.69	3737	1.90	44.23
甘肃	740	0.48	869	0.44	17.43
青海	114	0.07	120	0.06	5.26
宁夏	135	0.09	177	0.09	31.11

续表

地区	2018年		2019年		企业数增长率（%）
	企业数（家）	占比（%）	企业数（家）	占比（%）	
新疆	476	0.31	521	0.26	9.45
合计	152 993	100.00	196 776	100.00	28.62

如表7-6和图7-2所示，从区域分布看，东部地区、中部地区、西部地区和东北地区民营高新技术企业数量总体上均处于上升态势。值得注意的是，2018年和2019年，中西部及东北地区民营高新技术企业数量的增速均超过了东部地区，其中，东北地区增速最快。

表7-6 2018—2019年民营高新技术企业的区域特征

区域	2018年		2019年		企业数增长率（%）
	企业数（家）	占比（%）	企业数（家）	占比（%）	
东部地区	111 739	73.04	141 180	71.75	26.35
中部地区	22 031	14.40	29 730	15.11	34.95
西部地区	14 251	9.31	18 658	9.48	30.92
东北地区	4972	3.25	7208	3.66	44.97
合计	152 993	100.00	196 776	100.00	28.62

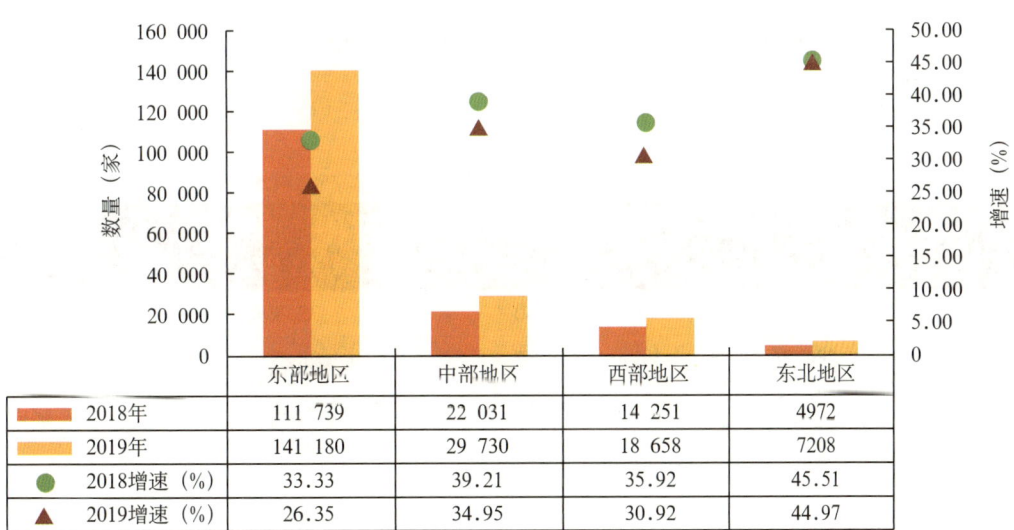

图7-2 2018—2019年民营高新技术企业的区域特征

二、民营高新技术企业基本特征

（一）创新投入

1. 总体情况

如表7-7所示，2019年我国民营高新技术企业的科技活动费用为15 235.66亿元，R&D经费内部支出为7110.99亿元，科技活动人员为555.00万人，R&D人员为279.60万人，研发强度为2.83%。相较2018年，2019年民营高新技术企业的科技活动费用、R&D经费内部支出、科技活动人员、R&D人员均呈上升趋势，各项指标的同比增长率分别为22.61%、12.32%、12.00%、3.17%，研发强度小幅下降0.11个百分点。

表7-7　2018—2019年民营高新技术企业创新产出指标

年份	科技活动费用（亿元）	R&D经费内部支出（亿元）	科技活动人员（万人）	R&D人员（万人）	研发强度（%）
2018	12 426.32	6330.82	495.53	271.02	2.94
2019	15 235.66	7110.99	555.00	279.60	2.83
增长率（%）	22.61	12.32	12.00	3.17	—

2. 户均指标

如表7-8所示，2018—2019年民营高新技术企业的户均科技活动费用、户均R&D经费内部支出、户均科技活动人员与户均R&D人员数量均呈下降态势，各项指标同比依次下降4.67%、12.67%、12.94%与19.76%。

表7-8　2018—2019年民营高新技术企业创新产出户均指标

年份	户均科技活动费用（万元/家）	户均R&D经费内部支出（万元/家）	户均科技活动人员（人/家）	户均R&D人员（人/家）
2018	812.21	413.80	32.39	17.71
2019	774.26	361.37	28.20	14.21
增长率（%）	−4.67	−12.67	−12.94	−19.76

（二）创新成果

创新成果是指企业通过创新投入所转化出的知识产权等成果。通过分析民营高新技术企业创新成果产出情况，并和非民营高新技术企业进行对比分析，从中可以发现民营和非民营高新技术企业在创新产出方面的差异，了解民营高新技术企业创新产出的特点和趋势。

1. 总体情况

表 7-9 显示了 2018—2019 年民营高新技术企业创新产出情况。2018 年，民营高新技术企业的当年专利申请数、当年专利授权数、当年授权发明专利数、期末拥有有效专利数分别为 851 792 件、568 954 件、130 299 件、2 566 519 件。2019 年，民营高新技术企业的当年专利申请数、当年专利授权数、当年授权发明专利数、期末拥有有效专利数分别达到 987 937 件、667 155 件、142 951 件、3 264 881 件。所有创新产出指标的增长率均达到 9% 以上，当年专利申请数、当年专利授权数、当年授权发明专利数与期末拥有有效专利数的增长率分别为 15.98%、17.26%、9.71% 与 27.21%。

表 7-9　2018—2019 年民营高新技术企业技术创新产出情况　　单位：件

指标	2018 年	2019 年	增长率（%）
当年专利申请数	851 792	987 937	15.98
当年专利授权数	568 954	667 155	17.26
其中：当年授权发明专利数	130 299	142 951	9.71
期末拥有有效专利数	2 566 519	3 264 881	27.21

2. 户均指标

表 7-10 显示了民营的户均创新产出。2019 年，户均当年专利申请数、户均当年专利授权数、户均当年授权发明专利数、户均期末拥有有效专利数分别为 5.02 件、3.39 件、0.73 件、16.59 件。相较于 2018 年，2019 年民营高新技术企业总体的户均当年专利申请数、户均当年专利授权数、户均当年授权发明专利数、户均期末拥有有效专利数均呈现下降态势，同比分别下降 9.87%、8.87%、14.12% 和 1.13%。

表 7-10　2018—2019 年民营高新技术企业创新产出户均指标　　单位：件

年份	户均专利申请数	户均专利授权数	户均授权发明专利数	户均拥有有效专利数
2018	5.57	3.72	0.85	16.78
2019	5.02	3.39	0.73	16.59
增长率（%）	−9.87	−8.87	−14.12	−1.13

3. 地区特征

如表 7-11 所示，民营高新技术企业创新产出的地区特征呈现出如下特点：第一，相较于 2018 年，大多数地区的当年专利申请数、当年专利授权数、当年授权发明专利数、期末拥有有效专利数在 2019 年呈现上升趋势；第二，当年专利申请数、当年专利授权数、当年授权发明专利数、期末拥有有效专利数在区域分布上相对集中，主要分布在广东、江苏、深圳、浙江和北京等省市。

表 7-11　2018—2019 年民营高新技术企业创新产出地区指标　　单位：件

地区	当年专利申请数		当年专利授权数		当年授权发明专利数		期末拥有有效专利数	
	2018 年	2019 年	2018 年	2019 年	2018 年	2019 年	2018 年	2019 年
北京	49 984	56 871	25 577	30 259	8623	11 281	119 829	154 791
天津	20 565	22 744	15 525	18 354	2001	1767	63 599	81 051
河北	16 768	19 641	13 272	14 964	2686	2837	57 805	75 346
山西	3508	4534	2539	2796	740	548	11 408	15 124
内蒙古	2009	2417	1585	1504	240	241	5799	7663
辽宁	7813	9187	5320	6730	1134	1187	25 778	33 682
大连	4063	4507	2779	3309	430	441	12 514	16 463
吉林	2682	3499	1548	2482	349	471	7080	11 530
黑龙江	2462	3182	1787	1840	555	514	10 674	12 246
上海	39 777	49 861	28 148	32 864	5555	6195	134 351	171 171
江苏	122 291	141 107	82 181	100 586	16 347	15 160	359 983	466 082
浙江	65 185	79 849	48 348	57 915	8081	8626	245 443	314 438
宁波	13 829	16 832	9223	11 067	1631	1722	56 802	67 972
安徽	38 282	40 267	22 144	23 429	5891	5916	98 593	126 882
福建	12 713	15 846	10 396	11 360	1752	1640	44 250	59 496
厦门	7959	8294	5971	5939	1084	1007	24 326	31 241
江西	20 653	24 091	15 308	17 267	2229	2231	50 972	68 282
山东	27 291	32 546	18 770	21 809	4351	4327	93 898	118 184
青岛	17 486	21 484	10 229	13 395	2064	2784	40 672	53 620
河南	23 675	25 608	16 265	19 907	2113	1839	63 176	84 796
湖北	27 169	36 128	17 243	22 423	5067	5883	67 182	87 422
湖南	23 469	24 245	15 153	14 771	4697	4024	61 864	78 270
广东	140 175	151 062	97 144	107 317	17 828	19 863	403 227	506 432
深圳	105 646	132 175	61 122	79 047	25 322	33 301	307 616	380 247
广西	4077	3818	2860	2510	1048	636	12 897	15 552
海南	594	1018	366	615	118	146	2689	3890
重庆	10 245	10 939	7769	9016	1572	1684	43 127	47 756
四川	18 919	20 492	13 281	15 465	2937	2829	66 185	84 747
贵州	2817	3016	1837	2073	540	472	9119	11 927
云南	3748	3837	2580	2940	411	340	11 769	13 938

续表

地区	当年专利申请数		当年专利授权数		当年授权发明专利数		期末拥有有效专利数	
	2018年	2019年	2018年	2019年	2018年	2019年	2018年	2019年
西藏	143	167	60	81	18	34	560	629
陕西	10 193	12 644	8327	8987	1818	2046	34 538	41 402
甘肃	2325	2186	1756	1480	448	342	7344	7987
青海	402	380	319	358	46	61	1302	1678
宁夏	1068	1299	857	901	291	276	3349	4841
新疆	1807	2164	1365	1395	282	280	6799	8103
合计	851 792	987 937	568 954	667 155	130 299	142 951	2 566 519	3 264 881

（三）经济贡献

1. 总体情况

2019年，民营高新技术企业营业收入为250 865.51亿元，净利润数额为15 234.00亿元，出口总额为28 643.81亿元，实际上缴税费总额为10 279.34亿元，享受高新技术企业所得税减免额为1359.42亿元。如表7-12所示，相较于2018年，2019年的民营高新技术企业的营业收入、净利润、出口总额、实际上缴税费总额与享受高新技术企业所得税减免额指标均实现增长，增长率分别为16.56%、10.61%、13.29%、1.97%与8.26%。

表7-12　2018—2019年民营高新技术企业经济贡献

指标	2018年	2019年	增长率（%）
营业收入（亿元）	215 226.06	250 865.51	16.56
净利润（亿元）	13 772.34	15 234.00	10.61
出口总额（亿元）	25 284.60	28 643.81	13.29
实际上缴税费总额（亿元）	10 080.84	10 279.34	1.97
享受高新技术企业所得税减免（亿元）	1255.73	1359.42	8.26

2. 户均指标

表7-13显示了民营高新技术企业的户均经济指标情况。相较于2018年，2019年民营的户均营业收入、户均净利润、户均出口总额、户均实际上缴税费总额、户均享受高新技术企业所得税减免等指标均呈下降趋势，分别同比下降9.38%、14.00%、11.92%、20.72%与15.83%。

表 7-13 2018—2019 年民营高新技术企业户均经济贡献

指标	2018 年	2019 年	增长率（%）
户均营业收入（万元）	14 067.71	12 748.79	-9.38
户均净利润（万元）	900.19	774.18	-14.00
户均出口总额（万元）	1652.66	1455.66	-11.92
户均实际上缴税费（万元）	658.91	522.39	-20.72
户均享受高新技术企业所得税减免（万元）	82.08	69.08	-15.84

3. 地区特征

表 7-14 显示了民营高新技术企业经济贡献的地区特征。如表所示，如表所示，民营高新技术企业经济贡献地区特征呈现出如下特点：第一，相较于 2018 年，不同地区的营业收入、净利润、出口总额、实际上缴税费总额、享受高新技术企业所得税减免在 2019 年大多数呈现上升趋势；第二，营业收入、净利润、出口总额、实际上缴税费总额、享受高新技术企业所得税减免在地区分布上呈现出集聚现象，主要分布在广东、江苏、深圳、浙江和北京等省市。

表 7-14 2018—2019 年民营高新技术企业经济贡献地区特征　　　　单位：亿元

地区	营业收入		净利润		出口总额		实际上缴税费总额		享受高新技术企业所得税减免	
	2018 年	2019 年	2018 年	2019 年	2018 年	2019 年	2018 年	2019 年	2018 年	2019 年
北京	13 245.22	15 081.45	673.21	461.72	274.72	309.87	687.30	685.93	61.27	70.94
天津	3256.98	3829.74	141.57	177.81	228.10	249.88	145.79	132.30	18.49	17.70
河北	11 431.79	12 894.06	630.39	582.27	483.21	586.95	557.23	591.05	42.40	46.52
山西	1702.36	2213.60	125.68	102.26	124.22	122.63	77.40	78.40	8.19	13.06
内蒙古	2309.35	2738.32	228.25	261.21	97.37	110.74	147.97	154.61	9.72	14.69
辽宁	3192.08	4604.91	202.04	204.71	162.60	162.88	143.40	155.56	17.55	21.18
大连	1596.23	1563.64	74.37	87.40	166.16	143.75	68.05	57.94	6.05	5.68
吉林	1026.16	1258.46	129.11	111.22	33.56	39.34	94.92	76.81	12.67	10.65
黑龙江	955.04	1087.10	56.61	67.58	21.34	26.86	63.65	57.43	6.83	6.70
上海	10 665.91	12 601.10	746.29	831.39	798.85	1022.54	560.50	566.40	86.98	87.13
江苏	27 806.76	32 315.74	1875.21	1944.26	3993.04	4423.22	1332.68	1309.65	188.86	194.12
浙江	18 460.26	22 723.08	1392.44	1791.75	3342.71	3826.80	943.03	1048.13	134.68	144.67
宁波	3717.30	4189.47	306.79	361.81	746.17	939.33	170.98	180.36	30.80	34.29
安徽	6648.21	7893.24	436.94	463.04	741.35	785.70	316.53	331.79	44.72	46.64
福建	3195.82	3339.80	222.50	202.48	277.79	295.46	115.70	126.50	19.18	21.02
厦门	1111.15	1330.14	133.79	174.49	231.62	268.20	56.36	59.87	14.12	14.46

续表

地区	营业收入		净利润		出口总额		实际上缴税费总额		享受高新技术企业所得税减免	
	2018年	2019年	2018年	2019年	2018年	2019年	2018年	2019年	2018年	2019年
江西	6559.33	8391.80	319.41	402.53	578.57	787.92	242.73	285.61	25.37	40.77
山东	11 999.02	13 531.09	716.96	793.21	1580.60	1804.03	556.35	544.60	66.71	75.68
青岛	2447.95	2955.12	156.53	192.47	337.72	395.34	102.46	104.81	14.08	18.11
河南	4524.34	5331.57	323.50	334.04	498.28	473.59	218.87	229.22	31.65	34.83
湖北	7139.01	8701.71	475.51	541.34	427.90	513.04	311.41	337.25	38.85	46.76
湖南	6148.70	7355.72	373.17	486.95	421.46	454.92	269.17	291.45	31.97	31.03
广东	29 629.93	32 904.89	1559.13	1655.05	5027.74	5149.97	1199.45	1203.76	184.71	168.06
深圳	20 439.67	23 070.81	1291.18	1754.30	3641.00	4611.45	818.49	821.71	91.18	90.56
广西	2018.99	2247.62	133.78	106.63	98.85	113.62	79.80	87.88	6.40	6.99
海南	465.90	546.18	39.03	45.42	9.63	15.90	36.82	35.69	4.29	6.19
重庆	3845.41	4254.30	205.60	192.64	308.70	362.17	195.37	168.55	8.66	11.12
四川	3614.73	4582.27	306.35	365.70	236.84	262.09	217.69	237.85	17.55	51.69
贵州	807.30	879.91	50.16	19.95	17.20	19.96	50.41	42.98	3.26	3.65
云南	1337.70	1447.72	105.05	118.46	38.64	27.04	58.71	60.22	3.22	3.20
西藏	115.28	126.95	23.36	19.26	2.52	2.56	13.29	9.46	1.36	0.88
陕西	1803.93	2540.09	156.26	204.85	172.00	158.53	107.36	106.12	11.69	12.99
甘肃	477.02	473.95	65.57	51.68	68.88	55.84	44.37	26.37	2.67	1.51
青海	137.48	158.12	9.40	6.64	3.19	2.04	7.95	6.91	0.63	0.47
宁夏	349.79	456.94	18.30	33.60	41.27	36.20	17.19	18.53	0.51	1.30
新疆	1043.95	1244.90	68.87	83.88	50.81	83.45	51.50	47.65	8.46	4.18
合计	215 226.06	250 865.51	13 772.34	15 234.00	25 284.60	28 643.81	10 080.84	10 279.34	1255.73	1359.42

（四）社会效益

1. 总体情况

如表7-15所示，2018年民营高新技术企业从业人员期末人数为2032.63万人，2019年为2287.81万人，同比增长率为12.55%。2018年民营高新技术企业当年新增从业人员为355.86万人，2019年为384.91万人，同比增长率达8.16%。2018年民营高新技术企业吸纳高校应届毕业生为65.12万人，2019年为64.18万人，下降1.44%。

表 7-15　2018—2019 年民营高新技术企业从业人员构成

指标	2018 年	2019 年	同比增长（%）
从业人员期末人数（万人）	2032.63	2287.81	12.55
当年新增从业人员（万人）	355.86	384.91	8.16
吸纳高校应届毕业生（万人）	65.12	64.18	−1.44

2. 户均指标

如表 7-16 所示，2019 年，民营高新技术企业户均从业人员期末人数同比下降 12.49%。其中，户均新增从业人员数量和户均吸纳高校应届毕业生数量分别下降 15.91% 和 23.47%。

表 7-16　2018—2019 年民营高新技术企业户均从业人员构成　　　　单位：人／家

年份	户均从业人员期末人数	户均新增从业人员	户均吸纳高校应届毕业生
2018	132.86	23.26	4.26
2019	116.26	19.56	3.26
增长率（%）	−12.49	−15.91	−23.47

3. 地区特征

如表 7-17 所示，民营高新技术企业从业人员地区特征呈现出如下特点：第一，相较于 2018 年，2019 年大多数地区的从业人员期末人数、当年新增从业人员及吸纳高校应届毕业生数量呈现上升趋势；第二，从业人员期末人数、当年新增从业人员及吸纳高校应届毕业生数量呈现出地区集聚现象，主要集聚在广东、江苏、浙江、深圳和北京等省市。

表 7-17　2018—2019 年民营高新技术企业从业人员地区特征　　　　单位：万人

地区	从业人员期末人数		当年新增从业人员		吸纳高校应届毕业生	
	2018 年	2019 年	2018 年	2019 年	2018 年	2019 年
北京	131.49	148.24	39.90	41.32	5.78	5.38
天津	29.68	33.90	4.38	5.17	0.89	0.92
河北	78.70	90.10	8.78	10.42	2.24	2.32
山西	16.53	20.24	1.74	2.12	0.50	0.46
内蒙古	12.40	14.73	1.80	2.11	0.51	0.40
辽宁	25.92	31.84	3.82	4.25	0.60	0.51
大连	11.93	13.34	1.77	2.24	0.35	0.45
吉林	10.67	13.82	1.35	1.55	0.26	0.28
黑龙江	9.87	11.13	1.43	1.25	0.27	0.21
上海	89.18	103.49	18.64	20.81	3.47	3.62

续表

地区	从业人员期末人数		当年新增从业人员		吸纳高校应届毕业生	
	2018年	2019年	2018年	2019年	2018年	2019年
江苏	246.80	274.17	39.02	38.81	7.37	6.68
浙江	193.61	229.83	32.76	35.64	5.57	5.74
宁波	38.67	43.85	6.50	6.42	1.06	0.99
安徽	67.92	76.78	11.65	12.02	2.46	2.35
福建	28.66	33.73	5.61	5.90	0.97	0.98
厦门	18.04	20.42	4.45	5.20	0.66	0.71
江西	58.04	69.28	9.68	11.29	1.93	2.01
山东	107.44	121.51	13.50	15.40	3.37	3.39
青岛	23.42	26.79	3.72	4.26	0.83	0.82
河南	59.17	65.47	9.15	8.30	1.78	1.72
湖北	70.50	79.67	8.83	10.27	2.10	2.23
湖南	61.13	69.78	8.17	9.48	1.94	1.99
广东	298.29	310.81	54.90	59.54	8.29	7.72
深圳	175.58	190.26	41.16	43.96	6.33	6.45
广西	19.14	21.35	2.41	3.43	0.51	0.55
海南	4.81	5.96	0.93	0.86	0.27	0.25
重庆	37.69	41.92	5.14	5.47	1.10	1.08
四川	47.44	56.08	6.88	8.12	1.48	1.68
贵州	8.28	9.48	1.22	1.30	0.34	0.35
云南	10.95	11.81	1.19	1.41	0.30	0.36
西藏	0.94	1.26	0.23	0.48	0.05	0.04
陕西	21.34	26.11	2.66	3.33	0.77	0.86
甘肃	6.72	6.97	0.83	0.75	0.30	0.24
青海	1.29	1.52	0.19	0.25	0.04	0.04
宁夏	3.44	4.37	0.48	0.61	0.12	0.13
新疆	6.96	7.81	1.01	1.18	0.32	0.28
合计	2032.63	2287.81	355.86	384.91	65.12	64.18

三、小结

民营高新技术企业是我国高新技术企业的重要组成部分，2019年全国民营高新技术企业数量达196 776家，占全国高新技术企业的90%以上，且2018—2019年民营高新技术企业占比持续增加并保持较快发展。从营收规模上看，2亿元以下民营高新技术企业占民营高新技术企业的比重达88%以上，说明民营高新技术企业主要集中在中小规模。民营高新技术企业的技术领域分布主要集中在电子信息和先进制造与自动化领域，二者之和占比超过50%。从行业角度看，民营高新技术企业主要集中在制造业，2019年占比59.24%。从区域分布看，民营高新技术企业主要分布在我国东部地区。

①民营高新技术企业的创新投入持续增加，但户均投入呈现下降趋势。2019年，我国民营高新技术企业的科技活动费用、R&D经费内部支出、科技活动人员、R&D人员数均呈现上升趋势，但研发强度小幅下降。2018—2019年间民营高新技术企业的户均科技活动费用、户均R&D经费内部支出、户均科技活动人员与户均R&D人员数量均呈下降态势。

②民营高新技术企业的创新成果保持增长，但户均产出有所降低。2019年，民营高新技术企业创新产出地区特征呈现出如下特点：第一，相较于2018年，大多数地区的当年专利申请数、当年专利授权数、当年授权发明专利数、期末拥有有效专利数在2019年呈现上升趋势；第二，2019年民营高新技术企业总体的户均当年专利申请数、户均当年专利授权数、户均当年授权发明专利数、户均期末拥有有效专利数均呈现下降态势；第三，当年专利申请数、当年专利授权数、当年授权发明专利数、期末拥有有效专利数在区域分布上相对集中，主要分布在广东、江苏、深圳、浙江和北京等省市。

③民营高新技术企业的经济贡献不断增长。2019年民营高新技术企业经济贡献区域特征呈现出如下特点：第一，相较于2018年，大多数地区民营高新技术企业的营业收入、净利润、出口总额、实际上缴税费、享受高新技术企业所得税减免在2019年呈现上升趋势；第二，营业收入、净利润、出口额、实际上缴税费、享受高新技术企业所得税减免在区域分布上呈现出集聚现象，主要分布在广东、江苏、深圳、浙江和北京等省市。

④民营高新技术企业的社会效益持续提高。2019年民营高新技术企业从业人员期末人数和当年新增从业人员呈现上升趋势，但吸纳高校应届毕业生却下降了1.44%。从户均看，户均从业人员期末人数、户均当年新增从业人员和户均吸纳高校应届毕业生数量均呈下降趋势。

第八章
高技术制造业高新技术企业

高技术制造业是指国民经济行业中R&D投入强度相对较高的制造业行业，是我国发展自主创新、实现关键技术突破的重要行业，应高度重视高技术制造业高新技术企业的发展。

一、高技术制造业高新技术企业基本情况

高技术制造业共包括6个细分行业，分别为医药制造业，航空、航天器及设备制造业，电子及通信设备制造业，计算机及办公设备制造业，医疗仪器设备及仪器仪表制造业与信息化学品制造业[①]。本部分主要从企业数量、企业规模分布、企业细分行业分布及企业地区分布4个方面分析高技术制造业高新技术企业的发展情况。

（一）数量情况

如表8-1所示，2018年，全国共有26 609家高技术制造业高新技术企业，占全国高新技术企业数量的15.45%，2019年高技术制造业高新技术企业共计31 389家，占全国高新技术企业数量的14.36%。较2018年，数量有所上升，但占全国高新技术企业的比重有所下降。

表8-1　2018—2019年高技术制造业高新技术企业数量

指标	2018年	2019年	同比增长率（%）
高技术制造业高新技术企业数量（家）	26 609	31 389	17.96
全国高新技术企业数量（家）	172 262	218 544	26.87
占全国高新技术企业比例（%）	15.45	14.36	—

（二）规模分布

从高技术制造业高新技术企业规模分布的相对比例看，2019年规模在500万元以下、500万（含）～2000万元、2000万（含）～5000万元、5000万（含）～2亿元、2亿（含）～5亿元、5亿（含）～10亿元、10亿（含）～50亿元、50亿（含）～100亿元、100亿元及以上的高技术

---

① 资料来源于国家统计局《高技术产业（制造业）分类（2017）》。

制造业高新技术企业数量占比分别为15.75%、24.00%、20.70%、23.49%、8.55%、3.82%、3.10%、0.36%、0.23%。

2019年，规模2亿元以下的高技术制造业高新技术企业数量最多的行业是电子及通信设备制造业，其次是医疗仪器设备及仪器仪表制造业；规模在2亿（含）～100亿元高技术制造业高新技术企业主要集中在电子及通信设备制造业、医药制造业；规模大于100亿元（含）的大型高技术制造业高新技术企业主要集中于电子及通信设备制造业（表8-2）。

表8-2　2018—2019年高技术制造业高新技术企业的规模分布情况　　　　单位：家

年份	企业规模	医药制造业	航空、航天器及设备制造业	电子及通信设备制造业	计算机及办公设备制造业	医疗仪器设备及仪器仪表制造业	信息化学品制造业	合计	占比（%）
2018	500万元以下	359	122	1688	242	1503	4	3918	14.72
	500万（含）～2000万元	544	133	2934	371	2142	5	6129	23.03
	2000万（含）～5000万元	701	109	2648	351	1568	8	5385	20.24
	5000万（含）～2亿元	1309	131	3335	374	1385	16	6550	24.62
	2亿（含）～5亿元	662	66	1205	152	364	8	2457	9.23
	5亿（含）～10亿元	318	48	552	52	116	1	1087	4.09
	10亿（含）～50亿元	225	65	516	47	65	6	924	3.47
	50亿（含）～100亿元	11	6	63	8	3	1	92	0.35
	100亿元（含）以上	5	3	50	7	2	0	67	0.25
	合计	4134	683	12 991	1604	7148	49	26 609	100.00
2019	500万元以下	423	160	2157	289	1911	3	4943	15.75
	500万（含）～2000万元	642	153	3551	475	2702	9	7532	24.00
	2000万（含）～5000万元	817	140	3270	374	1891	6	6498	20.70
	5000万（含）～2亿元	1437	150	3759	431	1577	18	7372	23.49
	2亿（含）～5亿元	728	75	1288	178	408	7	2684	8.55

续表

年份	企业规模	医药制造业	航空、航天器及设备制造业	电子及通信设备制造业	计算机及办公设备制造业	医疗仪器设备及仪器仪表制造业	信息化学品制造业	合计	占比（%）
2019	5亿（含）~10亿元	317	53	630	63	133	4	1200	3.82
	10亿（含）~50亿元	257	58	529	54	73	3	974	3.10
	50亿（含）~100亿元	17	10	71	10	6	0	114	0.36
	100亿元（含）以上	5	4	56	6	1	0	72	0.23
	合计	4643	803	15 311	1880	8702	50	31 389	100.00

（三）细分行业分布

2019年，高技术制造业高新技术企业主要分布在电子及通信设备制造业、医疗仪器设备及仪器仪表制造业和医药制造业，3个行业的高新技术企业数量占全国高技术制造业高新技术企业数量的91.29%。相较于2018年，2019年各高技术制造业的高新技术企业数量均实现明显增长，其中医疗仪器设备及仪器仪表制造业企业数同比增长率最高，达21.74%。从占比看，医疗仪器设备及仪器仪表制造业的行业占比从2018年的26.86%提高至2019年的27.72%，而其他高技术制造业行业占比略微下降，但整体上保持相对稳定态势（表8-3）。

表8-3　2018—2019年高技术制造业高新技术企业数量的行业分布情况

行业	2018年		2019年		企业数同比增长率（%）
	企业数（家）	占比（%）	企业数（家）	占比（%）	
医药制造业	4134	15.54	4643	14.79	12.31
航空、航天器及设备制造业	683	2.57	803	2.56	17.57
电子及通信设备制造业	12 991	48.82	15 311	48.78	17.86
计算机及办公设备制造业	1604	6.03	1880	5.99	17.21
医疗仪器设备及仪器仪表制造业	7148	26.86	8702	27.72	21.74
信息化学品制造业	49	0.18	50	0.16	2.04
合计	26 609	100.00	31 389	100.00	17.96

（四）地区分布

表8-4显示了2018—2019年各地区高技术制造业高新技术企业数量分布情况。2018—2019年，

大部分省（市）的高技术制造业高新技术企业数量呈现增加态势，海南、西藏持平，仅青海省的高技术制造业高新技术企业数量下降，同比下降3.85%。从增长幅度看，吉林、河南、江西、河北、内蒙古5个地区高技术制造业高新技术企业数量同比增长达到30%。广东省（含深圳市）、江苏省、浙江省（含宁波市）与上海市4个东部沿海省（市）的高技术制造业高新技术企业数量占全国高技术制造业高新技术企业数量的50%以上，占比分别为34.38%、12.59%、6.34%和4.42%。

表8-4 2018—2019年高技术制造业高新技术企业地区分布情况

地区	2018年 企业数（家）	占比（%）	2019年 企业数（家）	占比（%）	企业数同比增长率（%）
北京	1094	4.11	1239	3.95	13.25
天津	675	2.54	741	2.36	9.78
河北	600	2.25	788	2.51	31.33
山西	163	0.61	204	0.65	25.15
内蒙古	60	0.23	78	0.25	30.00
辽宁	401	1.51	480	1.53	19.70
大连	132	0.50	151	0.48	14.39
吉林	183	0.69	259	0.83	41.53
黑龙江	175	0.66	176	0.56	0.57
上海	1135	4.27	1386	4.42	22.11
江苏	3100	11.65	3951	12.59	27.45
浙江	1344	5.05	1672	5.33	24.40
宁波	266	1.00	316	1.01	18.80
安徽	751	2.82	915	2.92	21.84
福建	301	1.13	349	1.11	15.95
厦门	279	1.05	311	0.99	11.47
江西	599	2.25	801	2.55	33.72
山东	737	2.77	881	2.81	19.54
青岛	311	1.17	361	1.15	16.08
河南	471	1.77	633	2.02	34.39
湖北	936	3.52	1097	3.49	17.20
湖南	602	2.26	774	2.47	28.57
广东	4929	18.52	5229	16.66	6.09
深圳	4785	17.98	5561	17.72	16.22
广西	157	0.59	196	0.62	24.84
海南	59	0.22	59	0.19	0.00
四川	842	3.16	980	3.12	16.39

续表

地区	2018年 企业数（家）	2018年 占比（%）	2019年 企业数（家）	2019年 占比（%）	企业数同比增长率（%）
重庆	386	1.45	474	1.51	22.80
贵州	149	0.56	188	0.60	26.17
云南	126	0.47	130	0.41	3.17
西藏	7	0.03	7	0.02	0.00
陕西	687	2.58	827	2.63	20.38
甘肃	86	0.32	89	0.28	3.49
青海	26	0.10	25	0.08	−3.85
宁夏	23	0.09	26	0.08	13.04
新疆	32	0.12	35	0.11	9.38
合计	26 609	100.00	31 389	100.00	17.96

二、高技术制造业高新技术企业基本特征

高技术制造业高新技术企业是推动我国高新技术产业发展的重要主体，研究和分析高技术制造业高新技术企业特征对于推动我国高技术制造业发展和促进我国经济高质量发展具有重要意义。

（一）创新投入

1.总量特征

如表8-5所示，2019年，我国高技术制造业高新技术企业的科技活动费用为5614.83亿元，R&D经费内部支出为3198.30亿元，科技活动人员为157.67万人，R&D人员为109.16万人，研发强度为4.11%。相较于2018年，2019年高技术制造业高新技术企业的科技活动费用、R&D经费内部支出、科技活动人员、R&D人员均呈现上升趋势，各项指标的同比增长率分别为16.29%、12.51%、4.20%和1.83%，研发强度上升0.05个百分点。

表8-5 2018—2019年高技术制造业高新技术企业创新投入

年份	科技活动费用（亿元）	R&D经费内部支出（亿元）	科技活动人员（万人）	R&D人员（万人）	研发强度（%）
2018	4828.42	2842.65	151.32	107.20	4.06
2019	5614.83	3198.30	157.67	109.16	4.11
同比增长率（%）	16.29	12.51	4.20	1.83	—

2. 户均指标

如表8-6所示，以户均科技活动费用、户均R&D经费内部支出、户均科技活动人员与户均R&D人员指标对高技术制造业高新技术企业的研发活动进行分析，可以发现2018—2019年高技术制造业高新技术企业的户均科技活动费用、户均R&D经费内部支出、户均科技活动人员与户均R&D人员数量均呈减少态势，各项指标同比分别下降1.42%、4.62%、11.68%和13.68%。

表8-6　2018—2019年高技术制造业高新技术企业的户均创新投入

年份	户均科技活动费用（万元）	户均R&D经费内部支出（万元）	户均科技活动人员（人）	户均R&D人员（人）
2018	1814.58	1068.30	56.87	40.29
2019	1788.79	1018.92	50.23	34.78
同比增长率（%）	−1.42	−4.62	−11.68	−13.68

3. 行业特征

如表8-7所示，从R&D经费内部支出来看，2019年医药制造业、电子及通信设备制造业、计算机及办公设备制造业与医疗仪器设备及仪器仪表制造业呈上升趋势，航空、航天器及设备制造业与信息化学品制造业呈下降趋势。从R&D人员来看，2019年电子及通信设备制造业、计算机及办公设备制造业与医疗仪器设备及仪器仪表制造业呈上升趋势，医药制造业与上一年度持平，航空、航天器及设备制造业和信息化学品制造业呈下降趋势。从研发强度来看，医药制造业，电子及通信设备制造业，计算机及办公设备制造业呈上升趋势，航空、航天器及设备制造业呈下降趋势，医疗仪器设备及仪器仪表制造业、信息化学品制造业则呈轻微下降趋势。2019年电子及通信设备制造业、医药制造业、医疗仪器设备及仪器仪表制造业的R&D经费内部支出与R&D人员位列高技术制造业前三；航空、航天器及设备制造业，医疗仪器设备及仪器仪表制造业和电子及通信设备制造业的研发强度位列高技术制造业前三。

表8-7　2018—2019年按行业分高技术制造业高新技术企业的创新投入

行业	R&D经费内部支出（亿元）		R&D人员（万人）		研发强度（%）	
	2018年	2019年	2018年	2019年	2018年	2019年
医药制造业	402.64	482.55	16.38	16.38	3.36	3.74
航空、航天器及设备制造业	207.09	195.22	8.33	7.67	6.71	5.51
电子及通信设备制造业	1796.94	2023.92	61.03	62.92	4.07	4.11
计算机及办公设备制造业	172.04	193.54	7.47	7.49	3.36	3.52
医疗仪器设备及仪器仪表制造业	258.25	299.74	13.80	14.55	4.67	4.64
信息化学品制造业	5.69	3.33	0.19	0.15	3.02	2.81
合计	2842.65	3198.30	107.20	109.16	4.06	4.11

表8-8显示了2018—2019年各行业高技术制造业高新技术企业的户均R&D经费内部支出和户均R&D人员情况。从户均R&D经费内部支出来看，2019年，除医药制造业上升外，其他所有行业的户均R&D经费内部支出均呈下降趋势。航空、航天器及设备制造业，电子及通信设备制造业与医药制造业的户均R&D经费内部支出位列高技术制造业前三。从户均R&D人员来看，所有行业均表现出下降的态势；航空、航天器及设备制造业，电子及通信设备制造业和计算机及办公设备制造业位列高技术制造业前三。

表8-8 2018—2019年按行业分高技术制造业高新技术企业的户均创新投入

行业	户均R&D经费内部支出（万元）		户均R&D人员（人）	
	2018年	2019年	2018年	2019年
医药制造业	973.97	1039.31	39.62	35.28
航空、航天器及设备制造业	3032.06	2431.13	121.96	95.52
电子及通信设备制造业	1383.22	1321.87	46.98	41.09
计算机及办公设备制造业	1072.57	1029.47	46.57	39.84
医疗仪器设备及仪器仪表制造业	361.29	344.45	19.31	16.72
信息化学品制造业	1161.22	666.00	38.78	30.00
平均	1068.30	1018.92	40.29	34.78

（二）创新成果

1. 总量特征

表8-9显示了2018—2019年高技术制造业高新技术企业创新产出情况。2018年，高技术制造业高新技术企业的当年专利申请数、当年专利授权数、当年授权发明专利数、期末拥有有效专利数分别为284 166件、177 009件、66 380件、858 580件；2019年，高技术制造业高新技术企业的当年专利申请数、当年专利授权数、当年授权专利发明数、期末拥有有效专利数分别为329 345件、208 065件、79 001件、1 049 903件，各项创新产出指标的增长率均超过15%，分别同比增长15.90%、17.54%、19.01%和22.28%。

表8-9 2018—2019年高技术制造业高新技术企业创新产出　　　　　　　　单位：件

指标	2018年	2019年	同比增长率（%）
当年专利申请数	284 166	329 345	15.90
当年专利授权数	177 009	208 065	17.54
当年授权发明专利数	66 380	79 001	19.01
期末拥有有效专利数	858 580	1 049 903	22.28

2. 户均指标

表8-10显示了高技术制造业高新技术企业的户均创新产出。2019年户均当年专利申请数、户均当年专利授权数、户均当年授权发明专利数、户均期末拥有有效专利数分别为10.49件、6.63件、2.52件、33.45件。相较于2018年，2019年高技术制造业高新技术企业总体的户均当年专利申请数、户均当年专利授权数呈现轻微下降态势，同比分别下降1.78%和0.30%，而户均当年授权发明专利数与户均期末拥有有效专利数则实现增长，同比增长1.20%和3.66%。

表8-10　2018—2019年高技术制造业高新技术企业户均创新产出　　　　　单位：件

指标	2018年	2019年	同比增长率（%）
户均当年专利申请数	10.68	10.49	-1.78
户均当年专利授权数	6.65	6.63	-0.30
户均当年授权发明专利数	2.49	2.52	1.20
户均期末拥有有效专利数	32.27	33.45	3.66

3. 行业特征

表8-11至表8-14分别显示了2018—2019年各行业高技术制造业高新技术企业创新产出的具体情况。如表8-11所示，不同行业的当年专利申请数普遍增长。其中，电子及通信设备制造业当年专利申请数超过高技术制造业高新技术企业当年专利申请数的一半，是高技术制造业中创新产出最为显著的行业。从户均当年专利申请数来看，航空、航天器及设备制造业，电子及通信设备制造业与计算机及办公设备制造业3个行业位列高技术制造业前三。

表8-11　2018—2019年各行业高技术制造业高新技术企业的当年专利申请数　　　单位：件

行业	当年专利申请数		户均当年专利申请数	
	2018年	2019年	2018年	2019年
医药制造业	21 199	23 409	5.13	5.04
航空、航天器及设备制造业	15 388	15 907	22.53	19.81
电子及通信设备制造业	174 887	208 908	13.46	13.64
计算机及办公设备制造业	23 425	24 284	14.60	12.92
医疗仪器设备及仪器仪表制造业	48 962	56 524	6.85	6.50
信息化学品制造业	305	313	6.22	6.26
合计/平均	284 166	329 345	10.68	10.49

表8-12显示了2018—2019年各行业高技术制造业高新技术企业当年专利授权数情况。医药制造业、电子及通信设备制造业、计算机及办公设备制造业与医疗仪器设备及仪器仪表制造业的当年专利授权数上升，航空、航天器及设备制造业与信息化学品制造业的当年专利授权数下降。其中，电子及

通信设备制造业的当年专利授权数占高技术制造业高新技术企业的当年专利授权数一半以上。从户均当年专利授权数来看，医药制造业与医疗仪器设备及仪器仪表制造业呈现上升态势，电子及通信设备制造业保持不变，其他行业呈下降态势。其中航空、航天器及设备制造业，电子及通信设备制造业与计算机及办公设备制造业3个行业的户均当年专利授权数位列高技术制造业前三。

表8-12 2018—2019年各行业高技术制造业高新技术企业的当年专利授权数　　单位：件

行业	当年专利授权数		户均当年专利授权数	
	2018年	2019年	2018年	2019年
医药制造业	12 672	14 373	3.07	3.10
航空、航天器及设备制造业	8483	8389	12.42	10.45
电子及通信设备制造业	111 615	131 497	8.59	8.59
计算机及办公设备制造业	12 855	14 560	8.01	7.74
医疗仪器设备及仪器仪表制造业	31 189	39 125	4.36	4.50
信息化学品制造业	195	121	3.98	2.42
合计／平均	177 009	208 065	6.65	6.63

表8-13显示了2018—2019年各行业高技术制造业高新技术企业的当年授权发明专利数。电子及通信设备制造业拥有超过一半的当年授权发明专利数。相较2018年，2019年医药制造业、电子及通信设备制造业、医疗仪器设备及仪器仪表制造业的当年授权发明专利数呈增长态势，航空、航天器及设备制造业，计算机及办公设备制造业和信息化学品制造业的当年授权发明专利数呈下降态势。从户均当年授权发明专利数指标看，电子及通信设备制造业呈增长态势，其他高技术制造业均呈下降态势。航空、航天器及设备制造业，电子及通信设备制造业与计算机及办公设备制造业3个行业的户均当年授权发明专利数位列高技术制造业前三。

表8-13 2018—2019年各行业高技术制造业高新技术企业的当年授权发明专利数　　单位：件

行业	当年授权发明专利数		户均当年授权发明专利数	
	2018年	2019年	2018年	2019年
医药制造业	4958	5133	1.20	1.11
航空、航天器及设备制造业	3597	3482	5.27	4.34
电子及通信设备制造业	45 293	57 806	3.49	3.78
计算机及办公设备制造业	5322	5270	3.32	2.80
医疗仪器设备及仪器仪表制造业	7130	7248	1.00	0.83
信息化学品制造业	80	62	1.63	1.24
合计／平均	66 380	79 001	2.49	2.52

表 8-14 显示了 2018—2019 年各行业高技术制造业高新技术企业的期末拥有有效专利数。电子及通信设备制造业企业拥有超过一半的期末拥有有效专利数，占高技术制造业高新技术企业期末拥有有效专利数首位。从户均期末拥有有效专利数指标来看，医疗仪器设备及仪器仪表制造业保持不变，信息化学品制造业企业出现下降，其他高技术制造业企业的户均期末拥有有效专利数均呈现增长。航空、航天器及设备制造业，电子及通信设备制造业与计算机及办公设备制造业 3 个行业企业的户均期末拥有有效专利数位列前三。

表 8-14 2018—2019 年按行业分高技术制造业高新技术企业的期末拥有有效专利数　　　单位：件

行业	期末拥有有效专利数		户均期末拥有有效专利数	
	2018 年	2019 年	2018 年	2019 年
医药制造业	78 263	91 193	18.93	19.64
航空、航天器及设备制造业	38 976	46 170	57.07	57.50
电子及通信设备制造业	515 035	638 811	39.65	41.72
计算机及办公设备制造业	60 332	72 046	37.61	38.32
医疗仪器设备及仪器仪表制造业	164 763	200 585	23.05	23.05
信息化学品制造业	1211	1098	24.71	21.96
合计 / 平均	858 580	1 049 903	32.27	33.45

（三）经济贡献

1. 总量特征

如表 8-15 所示，2019 年，高技术制造业高新技术企业营业收入实现 77 759.18 亿元，净利润 6180.51 亿元，出口总额 18 978.26 亿元，实际上缴税费总额 3408.94 亿元，享受高新技术企业所得税减免额 459.76 亿元。相较 2018 年，2019 年高技术制造业高新技术企业的营业收入、净利润及出口总额指标均实现增长，同比增长率分别为 11.06%、11.29% 与 9.29%，但高技术制造业高新技术企业的实际上缴税费总额与享受高新技术企业所得税减免额均呈现下降态势，分别同比下降 3.53% 与 1.87%。

表 8-15 2018—2019 年高技术制造业高新技术企业的经济贡献

指标	2018 年	2019 年	同比增长率（%）
营业收入（亿元）	70 016.76	77 759.18	11.06
净利润（亿元）	5553.35	6180.51	11.29
出口总额（亿元）	17 365.31	18 978.26	9.29
实际上缴税费总额（亿元）	3533.77	3408.94	−3.53
享受高新技术企业所得税减免（亿元）	468.52	459.76	−1.87

2. 户均指标

表 8-16 显示了高技术制造业高新技术企业的户均经济指标情况。相较于 2018 年，2019 年高技术制造业的户均营业收入、户均净利润、户均出口总额、户均实际上缴税费总额、户均享受高新技术企业所得税减免等指标均呈下降趋势，同比分别下降 5.85%、5.65%、7.35%、18.22% 和 16.82%。

表 8-16　2018—2019 年高技术制造业高新技术企业户均经济指标

指标	2018 年	2019 年	同比增长率（%）
户均营业收入（万元）	26 313.19	24 772.75	−5.85
户均净利润（万元）	2087.02	1969.01	−5.65
户均出口总额（万元）	6526.10	6046.15	−7.35
户均实际上缴税费总额（万元）	1328.04	1086.03	−18.22
户均享受高新技术企业所得税减免（万元）	176.08	146.47	−16.82

3. 行业特征

表 8-17 显示了各行业营业收入与户均营业收入情况。相较于 2018 年，2019 年除信息化学品制造业的营业收入减少外，其他各行业的营业收入均实现同比增长。其中，电子及通信设备制造业、医药制造业、医疗仪器设备及仪器仪表制造业 3 个行业的营业收入位列高技术制造业前三。从户均营业收入来看，所有高技术制造业的户均营业收入均出现下降。其中航空、航天器及设备制造业，电子及通信设备制造业与计算机及办公设备制造 3 个行业的户均营业收入位列高技术制造业前三。

表 8-17　2018—2019 年各行业高技术制造业高新技术企业的营业收入

行业	营业收入（亿元）		户均营业收入（万元）	
	2018 年	2019 年	2018 年	2019 年
医药制造业	11 978.08	12 918.98	28 974.55	27 824.64
航空、航天器及设备制造业	3086.56	3541.28	45 191.22	44 100.62
电子及通信设备制造业	44 114.66	49 225.91	33 957.86	32 150.68
计算机及办公设备制造业	5113.45	5492.92	31 879.36	29 217.66
医疗仪器设备及仪器仪表制造业	5535.50	6461.41	7744.12	7425.20
信息化学品制造业	188.51	118.68	38 471.43	23 736.00
合计／平均	70 016.76	77 759.18	26 313.19	24 772.75

表 8-18 显示了各行业高技术制造业高新技术企业净利润与户均净利润情况。从净利润指标来看，相较于 2018 年，2019 年所有高技术制造业行业均实现上升。电子及通信设备制造业、医药制造业与医疗仪器设备及仪器仪表制造业的净利润位列高技术制造业前三。从户均净利润指标来看，相较于 2018 年，2019 年航空、航天器及设备制造业与信息化学品制造业的户均净利润上升，医药制造业、

电子及通信设备制造业、计算机及办公设备制造业与医疗仪器设备及仪器仪表制造业户均净利润下降。医药制造业，航空、航天器及设备制造业与电子及通信设备制造业的户均净利润位列高技术制造业前三。

表 8-18　2018—2019 年按行业分高技术制造业高新技术企业的净利润

行业	净利润（亿元）		户均净利润（万元）	
	2018 年	2019 年	2018 年	2019 年
医药制造业	1871.73	1924.98	4527.65	4145.98
航空、航天器及设备制造业	185.47	237.18	2715.52	2953.67
电子及通信设备制造业	2571.25	2940.90	1979.25	1920.78
计算机及办公设备制造业	274.99	295.80	1714.40	1573.40
医疗仪器设备及仪器仪表制造业	645.96	777.34	903.69	893.29
信息化学品制造业	3.95	4.31	806.12	862.00
合计／平均	5553.35	6180.51	2087.02	1969.01

表 8-19 显示了各行业高技术制造业高新技术企业出口总额与户均出口总额情况。从出口总额看，相较于 2018 年，2019 年医药制造业，航空、航天器及设备制造业，电子及通信设备制造业和医疗仪器设备及仪器仪表制造业高新技术企业出口总额上升，计算机及办公设备制造业与信息化学品制造业高新技术企业出口总额下降。电子及通信设备制造业、计算机及办公设备制造业、医药制造业高新技术企业的出口总额位列高技术制造业前三。从户均出口总额看，相较于 2018 年，2019 年所有行业均呈现下降态势。电子及通信设备制造业，计算机及办公设备制造业与信息化学品制造业的高新技术企业户均出口总额位列高技术制造业前三。

表 8-19　2018—2019 年按行业分高技术制造业高新技术企业的出口总额

行业	出口总额（亿元）		户均出口总额（万元）	
	2018 年	2019 年	2018 年	2019 年
医药制造业	1028.80	1096.69	2488.63	2362.03
航空、航天器及设备制造业	187.04	204.78	2738.51	2550.19
电子及通信设备制造业	13 733.29	15 152.22	10 571.39	9896.30
计算机及办公设备制造业	1580.45	1572.87	9853.18	8366.33
医疗仪器设备及仪器仪表制造业	800.38	933.75	1119.73	1073.03
信息化学品制造业	35.35	17.95	7214.29	3590.00
合计／平均	17 365.31	18 978.26	6526.10	6046.15

表 8-20 显示了各行业高技术制造业高新技术企业实际上缴税费总额与户均实际上缴税费总额情况。从实际上缴税费总额来看，相较于 2018 年，2019 年计算机及办公设备制造业，医疗仪器设备

及仪器仪表制造高技术制造业企业的实际上缴税费总额上升,其他行业高新技术企业的实际上缴税费总额下降。电子及通信设备制造业、医药制造业与医疗仪器设备及仪器仪表制造业高新技术企业的实际上缴税费总额位列高技术制造业前三。从户均实际上缴税费总额来看,相较于2018年,2019年计算机及办公设备制造业高新技术企业的户均实际上缴税费总额上升,其他所有行业的户均实际上缴税费总额均下降。户均实际上缴税费总额最高的3个行业分别为医药制造业、电子及通信设备制造业、计算机及办公设备制造业。

表8-20 2018—2019年按行业分高技术制造业高新技术企业的实际上缴税费总额

行业	实际上缴税费总额(亿元)		户均实际上缴税费总额(万元)	
	2018	2019	2018	2019
医药制造业	1358.26	1255.52	3285.58	2704.11
航空、航天器及设备制造业	69.96	69.72	1024.30	868.24
电子及通信设备制造业	1565.60	1505.45	1205.14	983.25
计算机及办公设备制造业	147.99	175.76	922.63	934.89
医疗仪器设备及仪器仪表制造业	386.62	398.47	540.88	457.91
信息化学品制造业	5.34	4.02	1089.80	804.00
合计/平均	3533.77	3408.94	1328.04	1086.03

表8-21显示了各行业高技术制造业高新技术企业享受高新技术企业所得税减免额与户均享受高新技术企业所得税减免额。从享受高新技术企业所得税减免额来看,相较于2018年,2019年电子及通信设备制造业与信息化学品制造业高新技术企业的享受高新技术企业所得税减免额下降,其余行业均上升。电子及通信设备制造业、医药制造业与医疗仪器设备及仪器仪表制造业的高新技术企业享受高新技术企业所得税减免额位列前三。从户均享受高新技术企业所得税减免额来看,相较于2018年,2019年所有高技术制造业的高新技术企业户均享受高新技术企业所得税减免额下降。户均享受高新技术企业所得税减免额最高的3个行业分别为医药制造业,航空、航天器及设备制造业,电子及通信设备制造业。

表8-21 2018—2019年按行业分高技术制造业高新技术企业的享受高新技术企业所得税减免额

行业	享受高新技术企业所得税减免额(亿元)		户均享受高新技术企业所得税减免额(万元)	
	2018年	2019年	2018年	2019年
医药制造业	165.24	168.14	399.71	362.14
航空、航天器及设备制造业	13.33	14.46	195.17	180.07
电子及通信设备制造业	215.82	193.14	166.13	126.14
计算机及办公设备制造业	16.77	18.09	104.55	96.22

续表

行业	享受高新技术企业所得税减免额（亿元）		户均享受高新技术企业所得税减免额（万元）	
	2018年	2019年	2018年	2019年
医疗仪器设备及仪器仪表制造业	56.67	65.51	79.28	75.28
信息化学品制造业	0.69	0.42	140.82	84.00
合计／平均	468.52	459.76	176.08	146.47

（四）社会效益

1. 总量特征

如表8-22所示，2018年高技术制造业高新技术企业从业人员期末人数为662.25万人，2019年高技术制造业高新技术企业从业人员期末人数达700.75万人，同比增长5.81%。2018年高技术制造业高新技术企业当年新增从业人员为127.69万人，2019年为134.65万人，同比增长5.45%。2018年高技术制造业高新技术企业吸纳高校应届毕业生为20.83万人，2019年为20.68万人，同比减少0.72%。

表8-22 2018—2019年高技术制造业高新技术企业的从业人员

指标	2018年	2019年	同比增长率（%）
从业人员期末人数（万人）	662.25	700.75	5.81
当年新增从业人员（万人）	127.69	134.65	5.45
吸纳高校应届毕业生（万人）	20.83	20.68	−0.72

2. 户均指标

如表8-23所示，2019年，户均从业人员期末人数整体呈下降态势，同比减少10.30%。户均当年新增从业人员数量同比下降10.61%。户均吸纳高校应届毕业生同比下降15.84%。其原因可能为高技术制造业发展迅猛，高技术制造业高新技术企业数量快速增长，高技术制造业高新技术企业的生产与创新活动具有显著的技术密集性，需要高技术人才，然而我国从事高技术制造业生产与创新活动的人才数量尚无法完全满足高技术制造业发展的需求，导致户均从业人员的减少。

表8-23 2018—2019年高技术制造业高新技术企业的户均从业人员

指标	2018年	2019年	同比增长率（%）
户均从业人员期末人数（人）	248.88	223.25	−10.30
户均当年新增从业人员（人）	47.99	42.90	−10.61
户均吸纳高校应届毕业生（人）	7.83	6.59	−15.84

3. 行业特征

表8-24、表8-25、表8-26分别显示了2018—2019年各行业高技术制造业高新技术企业从业人员期末人数、当年新增从业人员与吸纳高校应届毕业生的具体情况。如表8-24所示，相较于2018年，2019年除信息化学品制造业的从业人员期末人数出现下降，其他行业的从业人员期末人数均实现上涨；其中，电子及通信设备制造业、医药制造业、医疗仪器设备及仪器仪表制造业从业人员期末人数位列前三。从户均从业人员期末人数来看，所有高技术制造业的户均从业人员期末人数均下降。其中，航空、航天器及设备制造业，医药制造业，电子及通信设备制造业3个行业的户均从业人员期末人数位列高技术制造业前三。

表8-24　2018—2019年各行业高技术制造业高新技术企业的从业人员期末人数

行业	从业人员期末人数（万人）		户均从业人员期末人数（人）	
	2018年	2019年	2018年	2019年
医药制造业	121.74	126.13	294.48	271.66
航空、航天器及设备制造业	36.10	36.48	528.55	454.30
电子及通信设备制造业	386.25	410.63	297.32	268.19
计算机及办公设备制造业	37.73	39.63	235.22	210.80
医疗仪器设备及仪器仪表制造业	78.90	86.72	110.38	99.66
信息化学品制造业	1.53	1.16	312.24	232.00
合计／平均	662.25	700.75	248.88	223.25

如表8-25所示，相较于2018年，2019年信息化学品制造业当年新增从业人员出现下降，而其他所有高技术制造业的当年新增从业人员均上涨。电子及通信设备制造业、医药制造业与医疗仪器设备及仪器仪表制造业占高技术制造业当年新增从业人员的前3位。从户均当年新增从业人员来看，所有高技术制造业的户均当年新增从业人员均出现下降。其中，电子及通信设备制造业，计算机及办公设备制造业两个行业的户均当年新增从业人员列前两位。

表8-25　2018—2019年按行业分高技术制造业高新技术企业当年新增从业人员

行业	当年新增从业人员（万人）		户均当年新增从业人员（人）	
	2018年	2019年	2018年	2019年
医药制造业	17.60	18.03	42.57	38.83
航空、航天器及设备制造业	2.81	3.12	41.14	38.85
电子及通信设备制造业	84.66	90.19	65.17	58.91
计算机及办公设备制造业	8.17	8.30	50.94	44.15
医疗仪器设备及仪器仪表制造业	14.22	14.87	19.89	17.09
信息化学品制造业	0.23	0.14	46.94	28.00
合计	127.69	134.65	47.99	42.90

如表 8-26 所示，相较于 2018 年，2019 年电子及通信设备制造业的吸纳高校应届毕业生呈上升趋势，航空、航天器及设备制造业持平，而其他高技术制造业的吸纳高校应届毕业生数量均下降。电子及通信设备制造业、医药制造业与医疗仪器设备及仪器仪表制造业位列高技术制造业的吸纳高校应届毕业生前三。从户均吸纳高校应届毕业角度来看，所有高技术制造业的户均吸纳高校应届毕业生均出现下降。其中，航空、航天器及设备制造业和医药制造业的户均吸纳高校应届毕业生数量为高技术制造业前两位。

表 8-26　2018—2019 年按行业分高技术制造业高新技术企业吸纳高校应届毕业生

行业	吸纳高校应届毕业生（万人）		户均吸纳高校应届毕业生（人）	
	2018 年	2019 年	2018 年	2019 年
医药制造业	4.72	4.52	11.42	9.74
航空、航天器及设备制造业	1.28	1.28	18.74	15.94
电子及通信设备制造业	10.72	10.87	8.25	7.10
计算机及办公设备制造业	1.40	1.36	8.73	7.23
医疗仪器设备及仪器仪表制造业	2.68	2.63	3.75	3.02
信息化学品制造业	0.03	0.02	6.12	4.00
合计	20.83	20.68	7.83	6.59

三、小结

① 2019 年高技术制造业高新技术企业的数量有所上升，但占全国高新技术企业的比重却有所下降。2019 年高技术制造业高新技术企业共计 31 389 家，占全国高新技术企业的 14.36%，同比增长 17.96%。说明我国高技术制造业高新技术企业实现增长，但相比全国高新技术企业的整体发展态势而言，高技术制造业高新技术企业的增长速度较慢。具体来看，高技术制造业高新技术企业主要集中在电子及通信设备制造业，该行业的高新技术企业数量占所有高技术制造业高新技术企业数量的 48.78%。高技术制造业高新技术企业主要集中在广东省、江苏省、上海市与浙江省 4 个东部沿海省(市)，呈现出明显的区域集聚现象。

② 2019 年的高技术制造业高新技术企业的营业收入、净利润、出口总额均实现增长，同比增长率依次为 11.06%、11.29%、9.29%，呈现出良好的经营状况。高技术制造业高新技术企业的实际上缴税费总额与享受高新技术企业所得税减免额在 2019 年出现下降，分别同比下降 3.53% 和 1.87%。其中，电子及通信设备制造业的多项经济指标均位于高技术制造业第一。

③ 2019 年的高技术制造业高新技术企业的创新投入保持稳定增长。2019 年高技术制造业高新技术企业总体科技活动费用、R&D 经费内部支出、科技活动人员和 R&D 人员的同比增长率分别为 16.29%、12.51%、4.20% 和 1.83%。研发强度同比上升 0.05 个百分点。具体来看，电子及通信设备

制造业是 R&D 经费内部支出与 R&D 人员投入最多的高技术制造业，分别为 2023.92 亿元和 62.92 万人。

④ 2019 年高技术制造业高新技术企业创新成果产出总体呈上升趋势。高技术制造业高新技术企业当年专利申请数、当年专利授权数、当年授权发明专利数和期末拥有有效专利数同比分别增长 15.90%、17.54%、19.01% 和 22.28%。其中，电子及通信设备制造业拥有最多的当年专利申请数、当年专利授权数、当年授权发明专利数和期末拥有有效专利数，分别为 208 908 件、131 497 件、57 806 件和 638 811 件，位列高技术制造业各行业创新产出指标第一。

⑤ 2019 年全国高技术制造业高新技术企业从业人员期末人数、当年新增从业人员、吸纳高校应届毕业生同比分别增长 5.81%、5.45% 和 −0.72%。其中，电子及通信设备制造业从业人员期末人数、当年新增从业人员、吸纳高校应届毕业生分别为 410.63 万人、90.19 万人、10.87 万人，位列高技术制造业各行业第一。

第九章
高技术服务业高新技术企业

近年来，我国市场化程度逐步提高，区域经济与高技术产业发展迅速，传统产业和新兴产业专业分工不断细化与深化，逐步形成了人才密集、知识密集、附加值高、低能耗、支撑并服务于经济、产业和企业发展的高技术服务体系。当前，国民经济各行业对高技术服务的需求日益增加，高技术服务业高新技术企业总体上呈现出良好发展势头。加快发展高技术服务业对于扩大内需、吸纳就业、培育壮大战略性新兴产业、促进产业结构优化升级具有重要意义。

一、高技术服务业高新技术企业基本情况

根据统计局2018年发布的高技术产业（服务业）分类，高技术服务业是采用高技术手段为社会提供服务活动的集合，包括信息服务、电子商务服务、检验检测服务、专业技术服务业中的高技术服务、研发设计服务、科技成果转化服务、知识产权及相关法律服务、环境监测及治理服务和其他高技术服务九大类。

（一）数量情况

表9-1显示了2018—2019年高技术服务业高新技术企业的数量情况。高技术服务业高新技术企业数量不断增长，其同比增长率超过同期全国高新技术企业增长率。2018年全国高技术服务业高新技术企业数量为51 667家，2019年全国高技术服务业高新技术企业数量已达69 449家，同比增长34.39%，而全国高新技术企业数量同比增长26.87%。高技术服务业高新技术企业在全国高新技术企业的占比同样呈现上升趋势，从2018年的30.00%上升至2019年的31.78%。

表9-1　2018—2019年高技术服务业高新技术企业数量情况

指标	2018年	2019年	同比增长率（%）
高技术服务业高新技术企业数量（家）	51 677	69 449	34.39
全国高新技术企业数量（家）	172 262	218 544	26.87
占全国高新技术企业比例（%）	30.00	31.78	—

(二)规模分布

表9-2显示了2018—2019年高技术服务业高新技术企业的规模分布情况。可以看到,高技术服务业高新技术企业主要集中在信息服务。规模小于5000万元的高技术服务业高新技术企业数量集中在信息服务、科技成果转化服务、研发设计服务;规模大于5000万元的高技术服务业高新技术企业主要集中在信息服务、专业技术服务业中的高技术服务、研发设计服务。

表9-2 2018—2019年高技术服务业高新技术企业的规模分布情况　　单位:家

年份	企业规模	环境监测及治理服务	知识产权及相关法律服务	科技成果转化服务	研发设计服务	专业技术服务业中的高技术服务	检验检测服务	电子商务服务	信息服务	合计
2018	500万元以下	451	51	2231	1362	223	297	428	14 712	19 755
	500万(含)~2000万元	558	21	1382	937	362	510	245	10 356	14 371
	2000万(含)~5000万元	343	18	636	543	341	385	135	5362	7763
	5000万(含)~2亿元	321	19	434	457	558	261	142	4423	6615
	2亿(含)~5亿元	87	2	99	121	226	32	41	1191	1799
	5亿(含)~10亿元	25	1	33	50	116	10	24	438	697
	10亿(含)~50亿元	12	1	16	57	123	6	28	337	580
	50亿(含)~100亿元	3	0	3	6	24	0	2	26	64
	100亿元(含)以上	0	0	0	1	6	0	1	25	33
	合计	1800	113	4834	3534	1979	1501	1046	36 870	51 677
2019	500万元以下	659	70	3019	1940	348	468	717	21 785	29 006
	500万(含)~2000万元	784	24	1763	1277	501	808	353	13 345	18 855
	2000万(含)~5000万元	429	18	766	724	480	462	175	6678	9732
	5000万(含)~2亿元	397	18	529	603	713	359	194	5216	8029

续表

年份	企业规模	环境监测及治理服务	知识产权及相关法律服务	科技成果转化服务	研发设计服务	专业技术服务业中的高技术服务	检验检测服务	电子商务服务	信息服务	合计
2019	2亿（含）~5亿元	125	2	110	163	283	50	76	1426	2235
	5亿（含）~10亿元	28	1	36	56	122	13	28	504	788
	10亿（含）~50亿元	14	1	23	68	138	6	32	392	674
	50亿（含）~100亿元	1	0	4	11	29	0	4	37	86
	100亿元（含）以上	1	0	0	2	8	0	2	31	44
	合计	2438	134	6250	4844	2622	2166	1581	49 414	69 449

（三）细分行业分布

表9-3显示了2018—2019年高技术服务业高新技术企业数量的行业分布情况。与2018年相比，2019年高技术服务业所有细分行业的高新技术企业数量均有所增加。高技术服务业高新技术企业主要集中在信息服务，数量从2018年的36 870家增长到2019年的49 414家，但占比从71.35%下降到71.15%。高新技术企业数量占比减少的行业还有专业技术服务业中的高技术服务、科技成果转化服务、知识产权及相关法律服务。高新技术企业数量占比上升的行业有：电子商务服务、检验检测服务、研发设计服务、环境监测及治理服务。

表9-3 2018—2019年高技术服务业高新技术企业数量的行业分布情况

行业	2018年 数量（家）	2018年 占比（%）	2019年 数量（家）	2019年 占比（%）
信息服务	36 870	71.35	49 414	71.15
电子商务服务	1046	2.02	1581	2.28
检验检测服务	1501	2.90	2166	3.12
专业技术服务业中的高技术服务	1979	3.83	2622	3.78
研发设计服务	3534	6.84	4844	6.97
科技成果转化服务	4834	9.35	6250	9.00
知识产权及相关法律服务	113	0.22	134	0.19

续表

行业	2018年		2019年	
	数量（家）	占比（%）	数量（家）	占比（%）
环境监测及治理服务	1800	3.48	2438	3.51
合计	51 677	100.00	69 449	100.00

（四）地区分布

表 9-4 显示了 2018—2019 年高技术服务业高新技术企业的地区分布情况。高技术服务业高新技术企业在 31 个省和 5 个计划单列市的地区分布情况显示，北京市高技术服务业高新技术企业数量最多，2019 年共计 14 812 家，占比 21.33%。此外，高技术服务业高新技术企业在东部沿海地区比较集中。2019 年，广东省、上海市、江苏省和浙江省共占全国高技术服务业高新技术企业的 31.83%。从企业数量同比增长率来看，大部分地区实现了较快增长，其中增长最快的 5 个地区是吉林省、山西省、大连市、河北省和海南省。

表 9-4 2018—2019 年高技术服务业高新技术企业的地区分布情况

地区	2018年		2019年		企业数量同比增长率（%）
	企业数（家）	占比（%）	企业数（家）	占比（%）	
北京	11 668	22.58	14 812	21.33	26.95
天津	1381	2.67	1875	2.70	35.77
河北	961	1.86	1700	2.45	76.90
山西	622	1.20	1140	1.64	83.28
内蒙古	219	0.42	258	0.37	17.81
辽宁	467	0.90	773	1.11	65.52
大连	423	0.82	757	1.09	78.96
吉林	286	0.55	696	1.00	143.36
黑龙江	328	0.63	385	0.55	17.38
上海	3977	7.70	6247	9.00	57.08
江苏	2866	5.55	4475	6.44	56.14
浙江	1755	3.40	2778	4.00	58.29
宁波	178	0.34	235	0.34	32.02
安徽	1027	1.99	1286	1.85	25.22
福建	676	1.31	1015	1.46	50.15
厦门	722	1.40	905	1.30	25.35
江西	511	0.99	793	1.14	55.19

续表

地区	2018年		2019年		企业数量同比增长率（%）
	企业数（家）	占比（%）	企业数（家）	占比（%）	
山东	1130	2.19	1620	2.33	43.36
青岛	966	1.87	1225	1.76	26.81
河南	719	1.39	1216	1.75	69.12
湖北	1878	3.63	2404	3.46	28.01
湖南	984	1.90	1405	2.02	42.78
广东	8208	15.88	8605	12.39	4.84
深圳	4235	8.20	4945	7.12	16.77
广西	609	1.18	848	1.22	39.24
海南	189	0.37	323	0.47	70.90
重庆	522	1.01	722	1.04	38.31
四川	1606	3.11	2366	3.41	47.32
贵州	479	0.93	724	1.04	51.15
云南	409	0.79	491	0.71	20.05
西藏	22	0.04	35	0.05	59.09
陕西	1111	2.15	1746	2.51	57.16
甘肃	268	0.52	333	0.48	24.25
青海	41	0.08	44	0.06	7.32
宁夏	27	0.05	35	0.05	29.63
新疆	207	0.40	232	0.33	12.08
合计	51 677	100.00	69 449	100.00	34.39

二、高技术服务业高新技术企业基本特征

（一）创新投入

1. 总量特征

表9-5显示了2018—2019年高技术服务业高新技术企业的创新投入情况，其中增长幅度最大的是科技活动费用，同比增长率达25.54%，科技活动人员同比增长15.34%，R&D经费内部支出同比增长5.63%。R&D活动人员数量和研发强度均有所回落，分别同比下降了5.29%和0.6个百分点。

表 9-5　2018—2019 年高技术服务业高新技术企业的创新投入

年份	科技活动费用（亿元）	R&D 经费内部支出（亿元）	科技活动人员（万人）	R&D 活动人员（万人）	研发强度（%）
2018	4755.71	2042.59	208.26	87.20	4.33
2019	5970.24	2157.62	240.20	82.59	3.73
同比增长率（%）	25.54	5.63	15.34	−5.29	—

2. 户均指标

表 9-6 显示了 2018—2019 年高技术服务业高新技术企业的户均创新投入情况。数据显示，各项户均创新投入指标均有所下降，其中，降幅最大的是户均 R&D 人员，同比下降了 29.52%；其次是户均 R&D 经费内部支出，同比下降了 21.40%；户均科技活动人员和户均科技活动费用分别下降 14.17% 和 6.59%。

表 9-6　2018—2019 年高技术服务业高新技术企业的户均创新投入

年份	户均科技活动费用（万元）	户均 R&D 经费内部支出（万元）	户均科技活动人员（人）	户均 R&D 人员（人）
2018	920.28	395.26	40.30	16.87
2019	859.66	310.68	34.59	11.89
同比增长率（%）	−6.59	−21.40	−14.17	−29.52

3. 行业特征

表 9-7 显示了 2018—2019 年各细分行业高技术服务业高新技术企业的 R&D 经费内部支出与户均 R&D 经费内部支出及研发强度情况。从 R&D 经费内部支出来看，除了科技成果转化服务、环境监测及治理服务两个行业有所下降外，其他高技术服务业均有所增加。从户均 R&D 经费内部支出来看，相较 2018 年，2019 年除了电子商务服务、知识产权及相关法律服务上升外，其他高技术服务业均有所下降。从研发强度来看，除了电子商务服务、知识产权及相关法律服务两个行业提高外，其他高技术服务业均有所下降。

表 9-7　2018—2019 年各细分行业高技术服务业高新技术企业的 R&D 经费内部支出

行业	R&D 经费内部支出（亿元）		户均 R&D 经费内部支出（万元）		研发强度（%）	
	2018 年	2019 年	2018 年	2019 年	2018 年	2019 年
信息服务	1462.51	1514.41	396.67	306.47	4.75	4.08
电子商务服务	35.16	53.47	336.18	338.20	2.02	2.20
检验检测服务	23.38	25.46	155.74	117.54	3.46	2.79
专业技术服务业中的高技术服务	131.61	139.83	665.04	533.30	1.75	1.52

续表

行业	R&D 经费内部支出（亿元）		户均 R&D 经费内部支出（万元）		研发强度（%）	
	2018 年	2019 年	2018 年	2019 年	2018 年	2019 年
研发设计服务	293.32	332.18	829.98	685.76	8.99	7.82
科技成果转化服务	69.84	65.42	144.47	104.67	3.86	2.96
知识产权及相关法律服务	0.56	1.30	49.28	97.01	1.04	2.63
环境监测及治理服务	26.22	25.55	145.68	104.79	1.92	1.53
合计／平均	2042.60	2157.62	395.26	310.68	4.33	3.73

表 9-8 显示了 2018—2019 年各细分行业高技术服务业高新技术企业的 R&D 人员与户均 R&D 人员情况。从 R&D 人员来看，电子商务服务、研发设计服务、知识产权及相关法律服务 3 个行业有所上升，其他高技术服务业均有所下降。从户均 R&D 人员来看，除了知识产权及相关法律服务的户均 R&D 人员上升外，其他高技术服务业均有所下降。

表 9-8　2018—2019 年各细分行业高技术服务业高新技术企业的户均创新投入

行业	R&D 人员（万人）		户均 R&D 人员（人）	
	2018 年	2019 年	2018 年	2019 年
信息服务	59.88	55.36	16.24	11.20
电子商务服务	1.52	1.54	14.54	9.73
检验检测服务	2.04	1.62	13.61	7.48
专业技术服务业中的高技术服务	9.10	8.34	45.99	31.82
研发设计服务	9.78	11.06	27.68	22.83
科技成果转化服务	3.20	3.03	6.63	4.85
知识产权及相关法律服务	0.05	0.08	4.74	5.97
环境监测及治理服务	1.62	1.56	8.98	6.41
合计／平均	87.19	82.59	16.87	11.89

（二）创新成果

1. 总量特征

表 9-9 显示了 2018—2019 年高技术服务业高新技术企业的创新产出情况。从整体上看，各项专利相关指标均呈现增长态势。当年专利申请数、当年专利授权数、当年授权发明专利数、期末拥有有效专利数分别同比增长 20.56%、23.04%、28.45% 和 25.45%。

表 9-9　2018—2019 年高技术服务业高新技术企业的创新产出

指标	2018 年	2019 年	同比增长率（%）
当年专利申请数（件）	220 361	265 677	20.56
当年专利授权数（件）	114 621	141 028	23.04
当年授权发明专利数（件）	40 195	51 632	28.45
期末拥有有效专利（件）	522 206	655 101	25.45

2. 户均指标

表 9-10 显示了 2018—2019 年高技术服务业高新技术企业的户均创新产出情况。数据显示，各项户均创新产出指标均有所下降。户均当年专利申请数、户均当年专利授权数、户均当年授权发明专利数、户均期末拥有有效专利数同比分别下降 10.09%、8.56%、5.13% 和 6.73%。

表 9-10　2018—2019 年高技术服务业高新技术企业的户均创新产出　　　　单位：件

年份	户均当年专利申请数	户均当年专利授权数	户均当年授权发明专利数	户均期末拥有有效专利数
2018	4.26	2.22	0.78	10.11
2019	3.83	2.03	0.74	9.43
同比增长率（%）	−10.09	−8.56	−5.13	−6.73

3. 行业特征

表 9-11 显示了 2018—2019 年各细分行业高技术服务业高新技术企业的当年专利申请数与户均当年专利申请数情况。从当年专利申请数来看，2019 年除了知识产权及相关法律服务的当年专利申请数有所下降外，其他高技术服务业的当年专利申请数均有不同程度的增长。从户均当年专利申请数来看，除了电子商务服务的户均当年专利申请数有所增长外，其余高技术服务业的户均当年专利申请数均呈现下降趋势。其中，专业技术服务业中的高技术服务、研发设计服务、环境监测及治理服务 3 个行业的户均当年专利申请数数位列高技术服务业前三。

表 9-11　2018—2019 年各细分行业高技术服务业高新技术企业的当年专利申请数　　　　单位：件

行业	当年专利申请数		户均当年专利申请数	
	2018 年	2019 年	2018 年	2019 年
信息服务	132 581	157 476	3.60	3.19
电子商务服务	3678	5829	3.52	3.69
检验检测服务	6085	7588	4.05	3.50
专业技术服务业中的高技术服务	20 031	25 366	10.12	9.67
研发设计服务	32 506	40 437	9.20	8.35
科技成果转化服务	16 781	18 667	3.47	2.99

续表

行业	当年专利申请数		户均当年专利申请数	
	2018 年	2019 年	2018 年	2019 年
知识产权及相关法律服务	314	134	2.78	1.00
环境监测及治理服务	8385	10 180	4.66	4.18
合计／平均	220 361	265 677	4.26	3.83

表9-12显示了2018—2019年各细分行业高技术服务业高新技术企业的当年专利授权数与户均当年专利授权数情况。从当年专利授权数来看，2019年除了知识产权及相关法律服务的当年专利授权数有所下降外，其他高技术服务业的当年专利授权数均有不同程度的增长。从户均当年专利授权数来看，除了电子商务服务的户均当年专利授权数有所增长外，其余高技术服务业的户均当年专利授权数均呈现下降趋势。其中，专业技术服务业中的高技术服务、研发设计服务、环境监测及治理服务3个行业的户均当年专利授权数位列高技术服务业前三。

表9-12 2018—2019年各细分行业高技术服务业高新技术企业的当年专利授权数　　　单位：件

行业	当年专利授权数		户均当年专利授权数	
	2018 年	2019 年	2018 年	2019 年
信息服务	57 195	74 380	1.55	1.51
电子商务服务	1323	2034	1.26	1.29
检验检测服务	5053	5709	3.37	2.64
专业技术服务业中的高技术服务	14 064	14 995	7.11	5.72
研发设计服务	21 333	24 802	6.04	5.12
科技成果转化服务	9530	11 579	1.97	1.85
知识产权及相关法律服务	241	176	2.13	1.31
环境监测及治理服务	5882	7353	3.27	3.02
合计／平均	114 621	141 028	2.22	2.03

表9-13显示了2018—2019年高技术服务业高新技术企业细分行业的当年授权发明专利数与户均当年授权发明专利数情况。从当年授权发明专利数来看，相较2018年，2019年除了知识产权及相关法律服务当年授权发明专利数下降外，其他的高技术服务业的当年授权发明专利数均实现增长。从户均当年授权发明专利数来看，除了电子商务服务的户均当年授权发明专利数有所增长外，其余高技术服务业的户均当年授权发明专利数均呈现下降趋势。其中，专业技术服务业中的高技术服务、研发设计服务、环境监测及治理服务3个行业的户均当年发明专利授权数位列高技术服务业前三。

表9-13　2018—2019年各细分行业高技术服务业高新技术企业的当年授权发明专利数　　单位：件

行业	当年授权发明专利数		户均当年授权发明专利数	
	2018年	2019年	2018年	2019年
信息服务	132 581	157 476	3.60	3.19
电子商务服务	3678	5829	3.52	3.69
检验检测服务	6085	7588	4.05	3.50
专业技术服务业中的高技术服务	20 031	25 366	10.12	9.67
研发设计服务	32 506	40 437	9.20	8.35
科技成果转化服务	16 781	18 667	3.47	2.99
知识产权及相关法律服务	314	134	2.78	1.00
环境监测及治理服务	8385	10 180	4.66	4.18
合计／平均	220 361	265 677	4.26	1.88

表9-14显示了2018—2019年各细分行业高技术服务业高新技术企业的期末拥有有效专利数与户均期末拥有有效专利数情况。从期末拥有有效专利数来看，相较2018年，2019年除了知识产权及相关法律服务的期末拥有有效专利数有所下降外，其他的高技术服务业的期末拥有有效专利数均有不同程度的增长。从户均期末拥有有效专利数来看，除了电子商务服务、科技成果转化服务、环境监测及治理服务有所增长外，其余高技术服务业的户均期末拥有有效专利数均呈现下降趋势。其中，专业技术服务业中的高技术服务、研发设计服务、环境监测及治理服务3个行业的户均期末拥有有效专利数位列高技术服务业前三。

表9-14　2018—2019年各细分行业高技术服务业高新技术企业的期末拥有有效专利数　　单位：件

行业	期末拥有有效专利数		户均期末拥有有效专利数	
	2018年	2019年	2018年	2019年
信息服务	268 867	330 478	7.29	6.69
电子商务服务	4293	6691	4.10	4.23
检验检测服务	16 811	23 895	11.20	11.03
专业技术服务业中的高技术服务	66 463	82 288	33.58	31.38
研发设计服务	99 613	123 969	28.19	25.59
科技成果转化服务	41 405	54 503	8.57	8.72
知识产权及相关法律服务	839	508	7.42	3.79
环境监测及治理服务	23 915	32 769	13.29	13.44
合计／平均	522 206	655 101	10.11	9.43

（三）经济贡献

1. 总体情况

表 9-15 显示了 2018—2019 年高技术服务业高新技术企业的经济贡献情况。2019 年，除了高技术服务业高新技术企业实际上缴税费总额同比下降 1.15% 外，营业收入、净利润、出口总额均实现同比增长。其中，营业收入的同比增长率最高，达 22.67%。

表 9-15　2018—2019 年高技术服务业高新技术企业的经济贡献

指标	2018 年	2019 年	同比增长率（%）
营业收入（亿元）	47 199.94	57 900.75	22.67
净利润（亿元）	5186.49	5609.43	8.15
出口总额（亿元）	1392.21	1451.81	4.28
实际上缴税费总额（亿元）	2801.33	2769.03	−1.15

2. 户均指标

表 9-16 显示了 2018—2019 年高技术服务业高新技术企业的户均经济指标情况。2019 年高技术服务业高新技术企业的户均营业收入、户均净利润、户均出口总额、户均实际上缴税费总额均有所下降，分别同比下降 8.72%、19.52%、22.40%、26.45%。

表 9-16　2018—2019 年高技术服务业高新技术企业户均经济指标

指标	2018 年	2019 年	同比增长率（%）
户均营业收入（万元）	9133.64	8337.16	−8.72
户均净利润（万元）	1003.64	807.71	−19.52
户均出口总额（万元）	269.41	209.05	−22.40
户均实际上缴税费总额（万元）	542.08	398.71	−26.45

3. 行业特征

表 9-17 显示了 2018—2019 年各细分行业高技术服务业高新技术企业营业收入与户均营业收入情况。从营业收入指标来看，2019 年除知识产权及相关法律服务的营业收入减少外，其他各行业的营业收入均实现同比增长。从户均营业收入来看，所有高技术服务业的户均营业收入均呈现下降趋势。其中，专业技术服务业中的高技术服务、电子商务服务、研发设计服务 3 个行业的户均营业收入位列高技术服务业前三。

第九章 高技术服务业高新技术企业

表 9-17　2018—2019 年各细分行业高技术服务业高新技术企业的营业收入

行业	营业收入（亿元）		户均营业收入（万元）	
	2018 年	2019 年	2018 年	2019 年
信息服务	30 767.96	37 145.55	8344.98	7517.21
电子商务服务	1743.83	2434.06	16 671.39	15 395.70
检验检测服务	675.01	913.93	4497.07	4219.44
专业技术服务业中的高技术服务	7522.88	9226.82	38 013.55	35 189.99
研发设计服务	3263.71	4246.09	9235.18	8765.68
科技成果转化服务	1809.77	2212.42	3743.84	3539.87
知识产权及相关法律服务	53.80	49.66	4760.82	3705.97
环境监测及治理服务	1362.98	1672.20	7572.09	6858.92
合计／平均	47 199.94	57 900.75	9133.65	8337.16

表 9-18 显示了 2018—2019 年各细分行业高技术服务业高新技术企业的净利润与户均净利润情况。从净利润指标来看，2019 年除了电子商务服务、科技成果转化服务、知识产权及相关法律服务的净利润有所下滑，其他高技术服务业行业的净利润均有所增长。从户均净利润指标来看，所有高技术服务业行业的户均净利润均有所下降。专业技术服务业中的高技术服务、信息服务、检验检测服务 3 个行业高新技术企业户均净利润位列前三。

表 9-18　2018—2019 年各细分行业高技术服务业高新技术企业的净利润

行业	净利润（亿元）		户均净利润（万元）	
	2018 年	2019 年	2018 年	2019 年
信息服务	3970.56	4338.71	1076.91	878.03
电子商务服务	92.82	34.38	887.35	217.49
检验检测服务	105.98	139.47	706.06	643.90
专业技术服务业中的高技术服务	606.01	632.55	3062.18	2412.47
研发设计服务	209.89	256.98	593.91	530.51
科技成果转化服务	63.99	49.88	132.37	79.81
知识产权及相关法律服务	3.83	1.74	339.23	130.03
环境监测及治理服务	133.42	155.72	741.24	638.73
合计／平均	5186.49	5609.43	1003.64	807.71

表 9-19 显示了 2018—2019 年各细分行业高技术服务业高新技术企业的出口总额与户均出口总额情况。从出口总额指标来看，在 2019 年，除电子商务服务和专业技术服务业中的高技术服务的出口总额有所下降外，知识产权及相关法律服务与上一年持平，其他各行业的出口总额均保持平稳上升趋

势。从户均出口总额来看，除研发设计服务的户均出口总额有所增长外，其他高技术服务业的户均出口总额均呈现下降趋势。其中，专业技术服务业中的高技术服务、研发设计服务、信息服务3个行业的户均出口总额位列高技术服务业前三。

表9-19 2018—2019年各细分行业高技术服务业高新技术企业的出口总额

行业	出口总额（亿元）		户均出口总额（万元）	
	2018年	2019年	2018年	2019年
信息服务	762.62	894.79	206.84	181.08
电子商务服务	69.99	6.78	669.08	42.91
检验检测服务	1.92	2.60	12.79	11.99
专业技术服务业中的高技术服务	381.77	288.97	1929.10	1102.10
研发设计服务	141.75	221.21	401.09	456.67
科技成果转化服务	31.53	34.66	65.22	55.46
知识产权及相关法律服务	0.24	0.24	21.60	18.04
环境监测及治理服务	2.41	2.56	13.36	10.49
合计／平均	1392.23	1451.81	269.41	209.05

表9-20显示了2018—2019年各细分行业高技术服务业高新技术企业的实际上缴税费总额与户均实际上缴税费总额情况。从实际上缴税费总额来看，2019年检验检测服务、专业技术服务业中的高技术服务、研发设计服务、科技成果转化服务的实际上缴税费总额上升，其余行业均有所下降。从户均实际上缴税费总额来看，所有的高技术服务业高新技术企业户均实际上缴税费总额均有所下降，户均实际上缴税费总额最高的3个行业分别为专业技术服务业中的高技术服务、信息服务、电子商务服务。

表9-20 2018—2019年各细分行业高技术服务业高新技术企业的实际上缴税费总额

行业	实际上缴税费总额（亿元）		户均实际上缴税费总额（万元）	
	2018年	2019年	2018年	2019年
信息服务	1984.79	1936.98	538.32	391.99
电子商务服务	65.23	61.01	623.57	385.90
检验检测服务	44.96	55.42	299.55	255.85
专业技术服务业中的高技术服务	389.02	391.45	1965.74	1492.94
研发设计服务	146.03	146.87	413.23	303.21
科技成果转化服务	85.83	93.26	177.55	149.21
知识产权及相关法律服务	3.44	3.13	304.32	233.90
环境监测及治理服务	82.02	80.90	455.69	331.83
合计／平均	2801.33	2769.03	542.08	398.71

表 9-21 显示了 2018—2019 年各细分行业高技术服务业高新技术企业的享受高新技术企业所得税减免与户均享受高新技术企业所得税减免情况。从享受高新技术企业所得税减免来看，2019 年专业技术服务业中的高技术服务、知识产权及相关法律服务有所下降，其他高技术服务业均有所上升。从户均享受高新技术企业所得税减免来看，除了科技成果转化服务有所上升外，其他的高技术服务业均有所下降。户均享受高新技术企业所得税减免最高的 3 个行业分别为专业技术服务业中的高技术服务、环境监测及治理服务、检验检测服务。

表 9-21 2018—2019 年各细分行业高技术服务业高新技术企业享受高新技术企业所得税减免

行业	享受高新技术企业所得税减免（亿元）		户均享受高新技术企业所得税减免（万元）	
	2018 年	2019 年	2018 年	2019 年
信息服务	237.76	256.50	64.49	51.91
电子商务服务	5.92	7.66	56.60	48.45
检验检测服务	9.81	11.59	65.36	53.51
专业技术服务业中的高技术服务	62.40	60.89	315.31	232.23
研发设计服务	21.57	23.82	61.04	49.17
科技成果转化服务	10.06	14.06	20.81	22.50
知识产权及相关法律服务	0.24	0.14	21.23	10.45
环境监测及治理服务	11.00	13.95	61.11	57.22
合计 / 平均	358.76	388.62	69.42	55.56

（四）社会效益

1. 总体情况

表 9-22 显示了 2018—2019 年高技术服务业高新技术企业的从业人员情况。2019 年，高技术服务业高新技术企业从业人员期末人数为 5 629 502 人，当年新增从业人员数量为 1 255 155 人，吸纳高校应届毕业生数量为 273 333 人，同比增长率分别为 15.68%、5.96%、1.53%。

表 9-22 2018—2019 年高技术服务业高新技术企业的从业人员情况

指标	2018 年	2019 年	同比增长率（%）
从业人员期末人数（人）	4 866 266	5 629 502	15.68
当年新增从业人员（人）	1 184 561	1 255 155	5.96
吸纳高校应届毕业生（人）	269 204	273 333	1.53

2. 户均指标

表 9-23 显示了 2018—2019 年高技术服务业高新技术企业的户均从业人员情况。2019 年，高技

术服务业高新技术企业户均从业人员期末人数为81.06人，户均当年新增从业人员18.07人，户均吸纳高校应届毕业生3.94人，同比分别下降13.92%、21.16%和24.45%。

表 9-23 2018—2019 年高技术服务业高新技术企业的户均从业人员情况　　单位：人

年份	户均从业人员期末人数	户均当年新增从业人员	户均吸纳高校应届毕业生
2018	94.17	22.92	5.21
2019	81.06	18.07	3.94
同比增长率（%）	-13.92	-21.16	-24.45

3. 行业特征

表9-24显示了2018—2019年各细分行业高技术服务业高新技术企业的从业人员期末人数情况。2019年除知识产权及相关法律服务有所减少外，其他各行业均有所增长。从户均从业人员期末人数来看，所有高技术服务业均呈现下降趋势。其中，专业技术服务业中的高技术服务、电子商务服务、检验检测服务3个行业位列前三。

表 9-24 2018—2019 年各细分行业高技术服务业高新技术企业的从业人员期末人数情况　　单位：人

行业	从业人员期末人数		户均从业人员期末人数	
	2018 年	2019 年	2018 年	2019 年
信息服务	3 247 020	3 719 707	88.07	75.28
电子商务服务	138 034	163 843	131.96	103.63
检验检测服务	168 071	218 649	111.97	100.95
专业技术服务业中的高技术服务	604 126	685 757	305.27	261.54
研发设计服务	349 651	426 879	98.94	88.13
科技成果转化服务	224 896	256 629	46.52	41.06
知识产权及相关法律服务	10 441	10 051	92.40	75.01
环境监测及治理服务	124 027	147 987	68.90	60.70
合计／平均	4 866 266	5 629 502	94.17	81.06

表9-25显示了2018—2019年各细分行业高技术服务业高新技术企业的当年新增从业人员情况。从当年新增从业人员来看，2019年除知识产权及相关法律服务有所减少外，其他高技术服务业均有所增加。从户均当年新增从业人员来看，所有高技术服务业均呈现下降趋势。其中，专业技术服务业中的高技术服务、电子商务服务、检验检测服务3个行业位列高技术服务业前三。

表 9-25　2018—2019 年各细分行业高技术服务业高新技术企业的当年新增从业人员情况　　单位：人

行业	当年新增从业人员		户均当年新增从业人员	
	2018 年	2019 年	2018 年	2019 年
信息服务	871 023	913 593	23.62	18.49
电子商务服务	48 678	49 005	46.54	31.00
检验检测服务	36 119	42 028	24.06	19.40
专业技术服务业中的高技术服务	80 194	86 757	40.52	33.09
研发设计服务	61 710	73 780	17.46	15.23
科技成果转化服务	60 331	63 577	12.48	10.17
知识产权及相关法律服务	2415	2265	21.37	16.90
环境监测及治理服务	24 091	24 150	13.38	9.91
合计／平均	1 184 561	1 255 155	22.92	18.07

表 9-26 显示了 2018—2019 年各细分行业高技术服务业高新技术企业的吸纳高校应届毕业生情况。从吸纳高校应届毕业生来看，2019 年除信息服务、科技成果转化服务、环境监测及治理服务有所减少外，其他高技术服务业均有所增加。从户均吸纳高校应届毕业生来看，知识产权及相关法律服务大幅增加，其他高技术服务业均呈现下降趋势。其中，专业技术服务业中的高技术服务、知识产权及相关法律服务、电子商务服务 3 个行业位列高技术服务业前三。

表 9-26　2018—2019 年各细分行业高技术服务业高新技术企业吸纳高校应届毕业生情况　　单位：人

行业	吸纳高校应届毕业生		户均吸纳高校应届毕业生	
	2018 年	2019 年	2018 年	2019 年
信息服务	190 113	187 003	5.16	3.78
电子商务服务	8699	9054	8.32	5.72
检验检测服务	10 126	11 682	6.75	5.39
专业技术服务业中的高技术服务	25 759	28 043	13.02	10.69
研发设计服务	19 060	23 389	5.39	4.83
科技成果转化服务	9524	8474	1.97	1.36
知识产权及相关法律服务	360	805	3.18	6.01
环境监测及治理服务	5563	4883	3.09	2.00
合计／平均	269 204	273 333	5.21	3.94

三、小结

① 2018—2019 年，高技术服务业高新技术企业数量快速增加，占全国高新技术企业的比例

有所提高，发展趋势良好。2019年全国高技术服务业高新技术企业数量达69 449家，占比上升至31.78%。高技术服务业高新技术企业的主要特征是行业集中态势明显、区域集聚效应突出。从行业角度看，高技术服务业高新技术企业主要集中在信息服务。从区域角度看，东部沿海省（市）的高技术服务业高新技术企业较多。

②从创新投入的角度来看，2019年，高技术服务业高新技术企业中，研发设计服务、信息服务、科技成果转化服务3个行业的研发强度位列高技术服务业前三。高技术服务业高新技术企业的研发人员数量和研发强度有所回落。此外，从创新成果的角度看，除了知识产权及相关法律服务外，其他细分行业的当年专利申请数、当年专利授权数、当年发明专利授权数、期末拥有有效专利数均有不同程度的增长。

③从经济贡献的角度来看，2019年，高技术服务业高新技术企业的营业收入、净利润、出口总额均实现同比增长，但实际上缴税费总额有所下降。从营业收入指标来看，除知识产权及相关法律服务的营业收入减少外，其他各行业的营业收入均实现同比增长。从净利润指标来看，除了电子商务服务、科技成果转化服务、知识产权及相关法律服务的净利润有所下滑外，其他高技术服务业行业的净利润均有所增长。从出口总额指标来看，除电子商务服务和专业技术服务业中的高技术服务的出口总额有所下降外，其他各行业的出口总额均保持平稳上升趋势。从实际上缴税费总额来看，检验检测服务、专业技术服务业中的高技术服务、研发设计服务、科技成果转化服务的实际上缴税费总额上升，其余所有行业均有所下降。

④从社会效益的角度来看，2019年，高技术服务业高新技术企业在吸引高质量人才和解决就业方面发挥了重要作用，其从业人员期末人数、当年新增从业人员数量、吸纳高校应届毕业生数量均呈上升趋势。从户均从业人员期末人数和户均当年新增从业人员来看，所有高技术服务业均呈现下降趋势。从吸纳高校应届毕业生来看，信息服务、科技成果转化服务、环境监测及治理服务有所减少，其他高技术服务业吸纳高校应届毕业生数量均有所增加。

第十章
税收落实和政策效果

党的十九届五中全会指出，坚持创新在我国现代化建设全局中的核心地位，把科技自立自强作为国家发展的战略支撑。要坚定不移地贯彻落实创新驱动发展战略，加快完善国家创新体系，全面推进建设现代化强国。在这一系列创新发展理念中，提升企业自主创新能力是增强国家科技实力和国际竞争力的重要基础。高新技术企业政策是一项引导企业持续开展研发创新活动的重要科技税收政策，本章以 2018—2019 年高新技术企业数据，综合分析高新技术企业所得税优惠政策落实情况，并对其产生的政策效果进行了分析总结。

一、高新技术企业税收优惠政策落实情况

在科技、财政和税务三部门联合工作机制的驱动下，以 15% 优惠税率为典型代表的高新技术企业所得税减免政策的落实程度如何，是本部分主要研究分析的内容。依据高新技术企业填报的统计数据[①]，本章详细分析了高新技术企业在 2018—2019 年享受的企业所得税减免优惠情况。

（一）企业所得税减免优惠落实情况

1. 高新技术企业所得税减免优惠落实情况

如图 10-1 和图 10-2 所示，2019 年全国 218 544 家高新技术企业中，盈利企业数量占比为 73.47%，享受高新技术企业所得税减免优惠企业占比为 39.99%。全国高新技术企业所得税减免额共计 2286.40 亿元，占高新技术企业各类税收减免总额的 41.71%。

对比 2018 年和 2019 年享受税收优惠的企业，2019 年享受高新技术企业所得税减免的高新技术企业数量为 87 406 家，比 2018 年增长了 17.55%；2019 年高新技术企业所得税减免额为 2286.40 亿元，比 2018 年增加了 6.13%。2019 年盈利高新技术企业数量占比（净利润大于零的高新技术企业数量与高新技术企业总量的比重）为 73.47%，比 2018 年增长了 0.1 个百分点；享受高新技术企业所得税减免的高新技术企业数量占比为 39.99%，比 2018 年下降了 3.18 个百分点；2019 年高新技术企业所得税减免额在高新技术企业税收优惠减免总额中的占比为 41.71%，比 2018 年下降了 1.58 个百分点。分析原因，一方面，受我国近年来经济增速减缓、美国对华加征关税及美国对中国相关科技产业和企业实施制裁的影响，部分高新技术企业面临难以进入国际市场、关键核心技术受制于人及上游产品无

---
① 根据火炬统计数据整理得到。

法使用的多重困境，盈利能力增长难度明显增加；另一方面，2016年政策改革后对认定条件有所放宽，高新技术企业总量大幅增长，同时随着研发费用加计扣除税收优惠、西部大开发所得税优惠、软件企业所得税优惠、小型微利企业税收优惠等政策的不断出台，部分优惠政策享受条件门槛低于高新技术企业所得税优惠政策，导致高新技术企业所得税减免优惠吸引力相对下降。

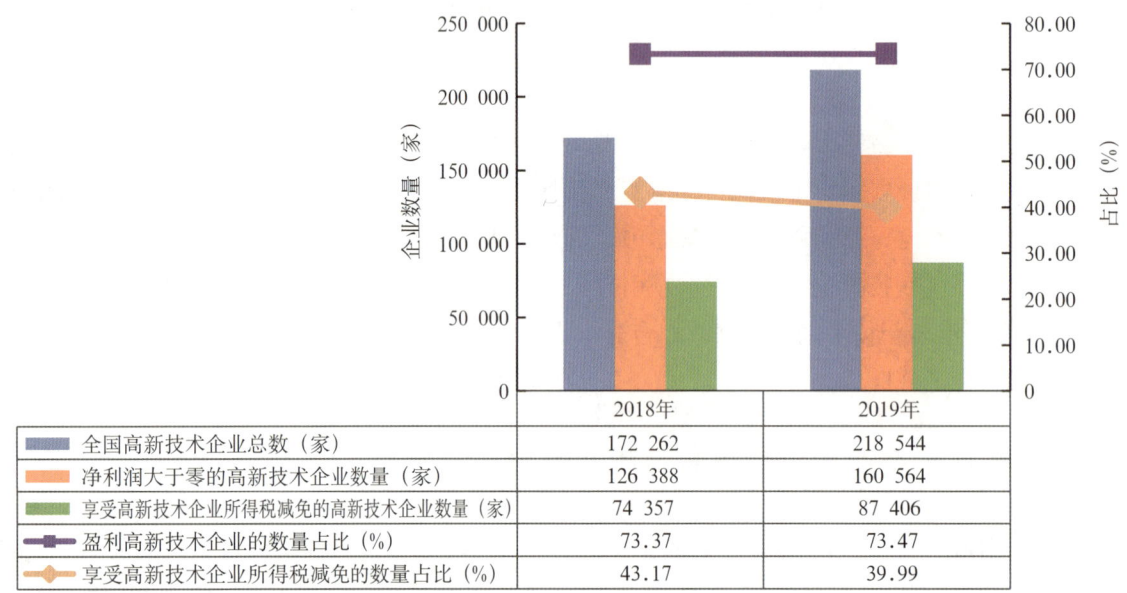

图 10-1　2018—2019 年高新技术企业盈利与享受高新技术企业所得税减免数量情况

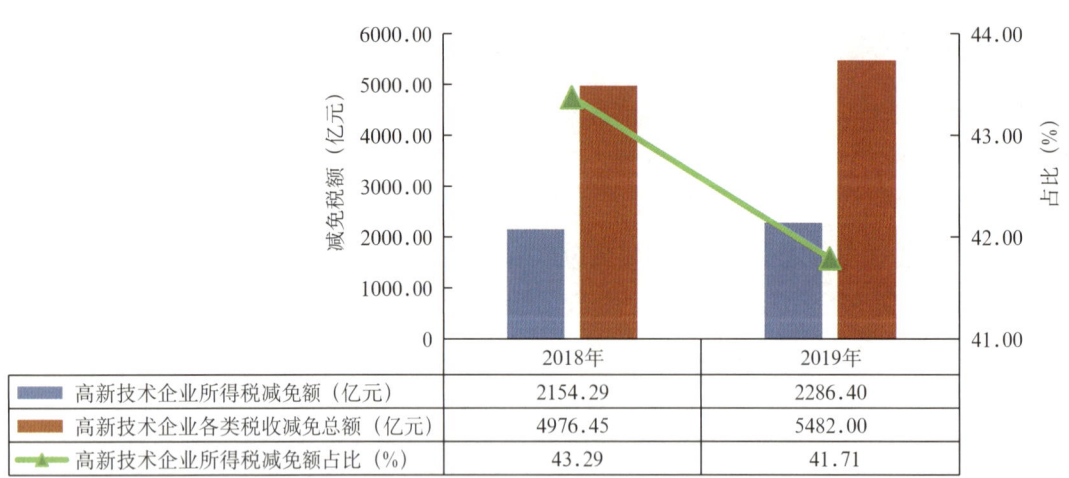

图 10-2　2018—2019 年高新技术企业享受高新技术企业所得税减免优惠情况

2. 高新技术企业所得税减免地区分布情况

2019 年，全国高新技术企业所得税减免总量的 61.71% 集中在江苏、广东、北京、浙江、上海、深圳、山东 7 个省（市）如表 10-1 所示。其中，江苏省高新技术企业所得税减免额的全国占比最高，为13.25%，其次是广东（13.08%）、上海（8.70%）。其中，浙江和宁波净利润大于零和享受高新技术企业所得税减免的高新技术企业占比相对优势突出，分别达到79.40%、52.49%和83.95%、58.56%，位居全国前列，这表明浙江省范围内高新技术企业的经济效益普遍较好，且享受高新技术企业所得税减免优惠政策覆盖面较广。

表10-1 2019年全国高新技术企业所得税减免的地区分布情况

地区	高新技术企业数量（家）	其中			
		净利润大于零的高新技术企业数量占比（%）	享受高新技术企业所得税减免的高新技术企业数量占比（%）	其中	
				高新技术企业所得税减免额占比（%）	户均高新技术企业所得税减免额（万元）
北京	23 190	59.03	19.22	7.94	406.97
天津	6013	72.14	29.70	1.99	254.29
河北	7611	78.91	35.46	3.00	253.74
山西	2485	70.70	32.64	1.03	289.76
内蒙古	896	75.00	31.25	0.90	732.13
辽宁	5147	70.94	36.29	1.60	294.29
大连	1727	67.23	33.12	0.49	195.16
吉林	1691	76.11	39.27	0.97	332.90
黑龙江	1230	72.36	42.20	0.48	210.35
上海	12 619	69.15	39.60	8.70	398.13
江苏	23 946	78.65	47.55	13.25	266.12
浙江	16 152	79.40	52.49	7.70	239.35
宁波	2131	83.95	58.56	2.23	409.36
安徽	6547	79.30	52.85	3.07	202.56
福建	4767	74.19	40.83	1.71	335.30
厦门	1911	68.18	36.00	0.89	295.30
江西	5066	75.15	50.47	2.29	204.50
山东	11 358	73.34	41.60	5.03	366.02
青岛	3805	75.53	39.55	1.30	197.80
河南	4749	72.37	45.00	2.33	248.89
湖北	7686	72.29	42.53	3.86	269.89
湖南	6209	73.07	46.67	2.79	220.10
广东	49 991	78.42	42.13	13.08	212.97
深圳	16 652	70.81	40.25	6.01	205.19
广西	2366	72.70	31.07	0.68	211.42

续表

地区	高新技术企业数量（家）	其中			
		净利润大于零的高新技术企业数量占比（%）	享受高新技术企业所得税减免的高新技术企业数量占比（%）	其中	
				高新技术企业所得税减免额占比（%）	户均高新技术企业所得税减免额（万元）
海南	563	62.52	33.75	0.33	401.57
重庆	3105	79.03	38.07	0.61	118.89
四川	5594	72.52	33.41	2.85	348.56
贵州	1620	72.10	43.46	0.33	107.96
云南	1454	77.30	38.93	0.47	189.53
西藏	66	77.27	45.45	0.06	490.79
陕西	4357	71.72	41.04	1.37	175.34
甘肃	1045	74.74	37.70	0.29	169.94
青海	176	62.50	35.80	0.04	145.57
宁夏	201	75.12	32.34	0.07	233.27
新疆	644	73.14	35.87	0.27	265.72
全国	218 544	73.47	39.99	—	261.58

3. 高新技术企业所得税减免规模分布情况

如表10-2和图10-3所示，2019年，营业收入规模（以下简称规模）处于10亿（含）~50亿元区间的高新技术企业获得的高新技术企业所得税减免额占全国比重达29.20%，占比最大，但同比微幅下降了0.64个百分点；规模在100亿元（含）以上的高新技术企业享受的高新技术企业所得税减免额占比达16.76%，比2018年下降1.93个百分点；其他规模类型中，除规模在500万（含）~2000万元区间的企业出现占比下降（下降0.13个百分点），均存在一定幅度的上升。其中，规模在2000万（含）~5000万元区间和2亿（含）~5亿元区间的企业占比增幅最为明显，相比于2018年，分别增长0.98个和0.85个百分点。

表10-2 2019年全国高新技术企业所得税减免的规模分布情况

企业规模	2018年		2019年		占比变化（%）	减免额同比增长率（%）
	减免额（亿元）	全国占比（%）	减免额（亿元）	全国占比（%）		
100亿元（含）以上	402.72	18.69	383.23	16.76	−1.93	−4.84
50亿（含）~100亿元	208.72	9.69	231.90	10.14	0.45	11.11
10亿（含）~50亿元	642.78	29.84	667.57	29.20	−0.64	3.86
5亿（含）~10亿元	272.50	12.65	292.31	12.78	0.14	7.27

续表

企业规模	2018年		2019年		占比变化(%)	减免额同比增长率(%)
	减免额（亿元）	全国占比(%)	减免额（亿元）	全国占比(%)		
2亿（含）~5亿元	297.52	13.81	335.12	14.66	0.85	12.64
5000万（含）~2亿元	251.14	11.66	268.01	11.72	0.06	6.72
2000万（含）~5000万元	56.79	2.64	82.72	3.62	0.98	45.66
500万（含）~2000万元	19.72	0.92	18.14	0.79	−0.12	−8.01
500万元以下	2.39	0.11	7.39	0.32	0.21	209.21
合计	2154.29	100.00	2286.40	100.00	—	6.13

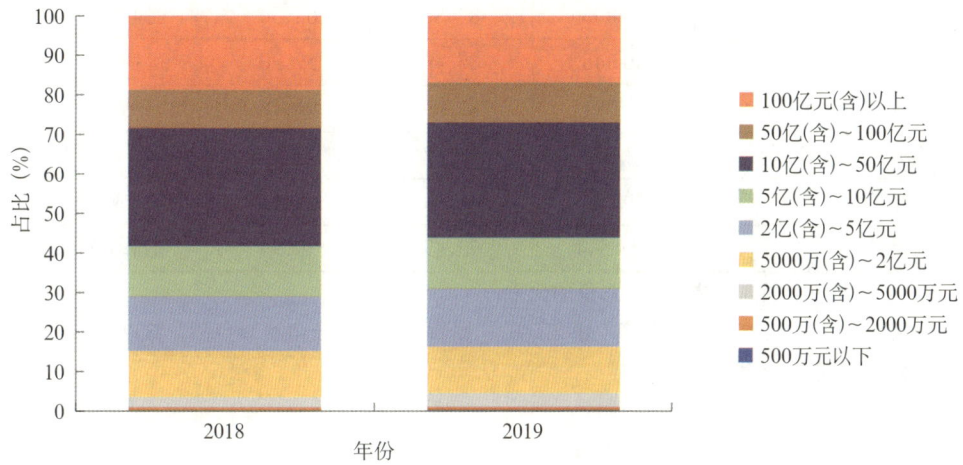

图10-3 2018—2019年不同规模高新技术企业享受企业所得税减免优惠占全国比重

如表10-3所示，2019年，我国高新技术企业规模越大净利润大于零的企业占比越高，户均高新技术企业所得税减免额也越高。其中，规模在500万（含）~2000万元、100亿元（含）以上区间的高新技术企业户均高新技术企业所得税减免额分别为12.47万元和11 828.07万元，较2018年分别减少了23.25%和18.64%；5000万~100亿元不同规模高新技术企业的户均高新技术企业所得税减免额均出现一定程度下降，降幅最大规模组别为5000万（含）~2亿元，降幅达到7.66个百分点；规模在500万元以下、2000万（含）~5000万元区间的高新技术企业户均高新技术企业所得税减免额分别为9.23万元和47.41万元，较2018年分别增长了108.3%和27.38%。

表 10-3　2019 年全国高新技术企业所得税减免的规模分布情况

企业规模	高新技术企业数量（家）	净利润大于零的高新技术企业数量占比（%）	享受高新技术企业所得税减免的高新技术企业数量占比（%）	其中：	
				高新技术企业所得税减免额占比（%）	户均高新技术企业所得税减免额（万元）
100 亿元（含）以上	499	93.79	64.93	16.76	11 828.07
50 亿（含）～100 亿元	736	94.57	69.84	10.14	4511.64
10 亿（含）～50 亿元	5543	90.98	67.85	29.20	1774.97
5 亿（含）～10 亿元	6381	90.49	68.99	12.79	664.04
2 亿（含）～5 亿元	16 006	89.80	68.50	14.66	305.66
5000 万（含）～2 亿元	46 345	86.49	59.20	11.72	97.69
2000 万（含）～5000 万元	41 781	81.09	41.76	3.62	47.41
500 万（含）～2000 万元	51 652	71.58	28.17	0.79	12.47
500 万元以下	49 601	46.93	16.14	0.32	9.23
合计	218 544	73.47	39.99	100.00	261.58

注：①"占比"是指占全国高新技术企业总量的比重；
②"户均高新技术企业所得税减免额"由相应的"高新技术企业所得税减免额"除以"享受高新技术企业所得税减免的高新技术企业数量"而得。

4. 高新技术企业所得税减免行业分布情况

如表 10-4 所示，2019 年制造业高新技术企业享受所得税减免的企业数量最多，信息传输、软件和信息技术服务业，科学研究和技术服务业分列第二、第三位。3 个行业的高新技术企业所得税减免额占全国高新技术企业所得税减免总额的 89.24%。

表 10-4　2019 年全国高新技术企业所得税减免的行业分布情况

行业	高新技术企业数量（家）	高新技术企业所得税减免额（亿元）	高新技术企业所得税减免额占比（%）	户均高新技术企业所得税减免额（万元）
农、林、牧、渔业	2374	4.10	0.18	17.29
采矿业	454	25.29	1.11	557.03
制造业	130 297	1663.36	72.75	127.66
电力、燃气及水的生产和供应业	1641	24.92	1.09	151.87
建筑业	4568	99.28	4.34	217.34

续表

行业	高新技术企业数量（家）	高新技术企业所得税减免额（亿元）	高新技术企业所得税减免额占比（%）	户均高新技术企业所得税减免额（万元）
批发和零售业	4020	9.58	0.42	23.84
交通运输、仓储和邮政业	442	10.57	0.46	239.10
信息传输、软件和信息技术服务业	50 654	259.06	11.33	51.14
租赁和商务服务业	1252	4.86	0.21	38.80
科学研究和技术服务业	18 113	117.94	5.16	65.11
水利、环境和公共设施	2476	25.31	1.11	102.22
教育	457	1.47	0.06	32.21
文化、体育和娱乐业	737	4.31	0.19	58.52
其他行业	1059	36.34	1.59	343.45
合计	218 544	2286.40	100.00	104.62

注：其他行业包括住宿和餐饮业，金融业，房地产业，居民服务、修理和其他服务业及卫生和社会工作。其他行业中包含1家政府机构，但其高新技术企业所得税减免额为0。

5. 高新技术企业所得税减免内外资及高新区内外分布情况

如图10-4所示，2019年，内资高新技术企业享受的高新技术企业所得税减免额占全国高新技术企业所得税减免总额的76.45%，同比增长0.63个百分点。外资高新技术企业所得税减免额占全国高新技术企业所得税减免总额的11.22%，同比略升高0.23个百分点；港澳台高新技术企业所得税减免额占比为12.32%，比2018年下降0.87个百分点。内资高新技术企业数量快速增长，质量也大幅提升。但是，如表10-5所示，内资高新技术企业的盈利面（净利润大于零的高新技术企业数量占比）低于外资高新技术企业3个多百分点，户均高新技术企业所得税减免额为217.40万元，仅是外资高新技术企业户均减免额的29.97%。

此外，2019年，高新区外的高新技术企业盈利面为76.08%、享受高新技术企业所得税减免的企业比例为42.86%，分别比高新区内的高新技术企业高出7.16个百分点和7.86个百分点。从高新技术企业所得税减免额来看，高新区外高新技术企业所得税减免额比重为54.03%，高于高新区内高新技术企业8.06个百分点；但是，高新区外户均高新技术企业所得税减免额为207.41万元，仅为高新区内的高新技术企业户均减免额的54.95%。

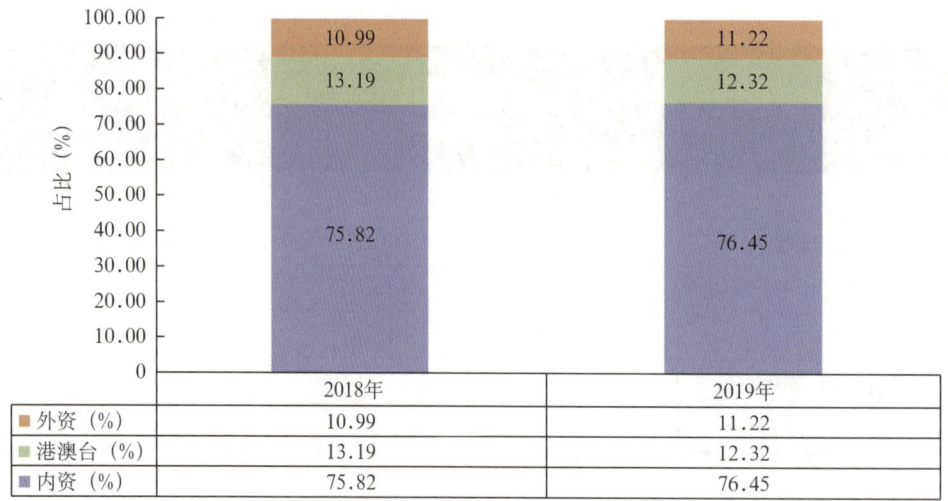

图 10-4 2018—2019 年内外资高新技术企业享受高新技术企业所得税减免占全国情况

表 10-5 2019 年内外资和区内外高新技术企业所得税减免情况

	企业	高新技术企业数量（家）	净利润大于零的高新技术企业数量占比（%）	享受高新技术企业所得税减免的高新技术企业数量占比（%）	高新技术企业所得税减免额占比（%）	户均高新技术企业所得税减免额（万元）
企业性质	内资高新技术企业	205 552	73.28	39.12	76.45	217.40
	港澳台高新技术企业	6347	76.74	54.58	12.32	813.46
	外资高新技术企业	6645	76.33	53.24	11.22	725.39
高新区内外	高新区内高新技术企业	79 579	68.92	35.00	45.97	377.44
	高新区外的高新技术企业	138 965	76.08	42.86	54.03	207.41

（二）其他所得税减免优惠落实情况

如表 10-6 和图 10-5 所示，2019 年，高新技术企业享受的各类税收减免额约为 5482.00 亿元，同比增长 10.16%。其中，所得税减免额为 4225.75 亿元，占各类税收减免额的 77.08%；高新技术企业所得税减免额为 2286.40 亿元，占各类税收减免额的 41.71%，研发费用加计扣除所得税减免额为 1404.83 亿元，占各类税收减免额的 25.63%，技术转移所得税减免额为 6.94 亿元，占各类税收减免额的 0.13%。可见，高新技术企业所得税减免对企业的支持力度最大。

表 10-6　2018—2019 年高新技术企业享受的税收优惠情况

年份	高新技术企业数（家）	各类税收减免总量（亿元）	所得税减免总量（亿元）	其中：		
				高新技术企业所得税减免额总量（亿元）	其中：	
					研发费用加计扣除所得税减免额总量（亿元）	技术转移所得税减免额总量（亿元）
2018	172 262	4976.45	3731.00	2154.29	1013.30	7.20
2019	218 544	5482.00	4225.75	2286.40	1404.83	6.94

注：各类税收减免是指企业所得税、增值税、土地增值税等各税种的税收减免。

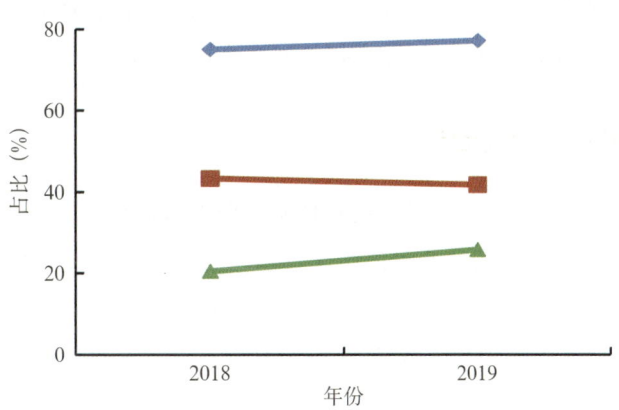

图 10-5　2018—2019 年高新技术企业享受的企业所得税减免占税收减免总量的比重

二、高新技术企业创新能力与综合竞争力

（一）高新技术企业创新投入稳定增加

我国高新技术企业在技术创新方面的投入和活动日益增强。2019 年，高新技术企业 R&D 经费内部支出总额为 1.19 万亿元，占全国 R&D 经费内部支出的 53.51%；研发强度为 2.63%，高于全国水平（2.23%）[①]；户均 R&D 经费内部支出达 542.23 万元。2018 和 2019 年，高新技术企业科技活动人员与研发人员的占比分别保持在 24% 和 12% 左右。

---

① 此处需注意，国家统计局公布的全社会研发强度为全国 R&D 经费内部支出与国内生产总值之比，而本书计算的高新技术企业研发强度为企业 R&D 经费内部支出与营业收入之比，二者核算方法略有差别，但此处仅做基本比较分析，不影响结论的有效性。

（二）企业知识产权运用和保护意识显著提升

截至 2019 年年底，全国高新技术企业累计拥有的各类知识产权共 626.97 万件，较 2018 年的 485.09 万件增长 29.25%。其中专利数量最多，达到 451.08 万件，占比为 71.95%。2019 年，我国高新技术企业专利申请数量达 136.77 万件，同比增长 14.62%，其中，发明专利申请 58.98 万件，占比为 43.12%，申请 PCT 国际专利 3.66 万件；专利授权数量为 89.28 万件，其中发明专利授权量占比为 24.58%。截至 2019 年年底，高新技术企业户均拥有有效专利数量为 20.64 件，同比下降 2.50%。其中，户均拥有有效发明专利 5.39 件，同比下降 8.76%。

（三）企业获得多渠道的资金支持

随着高新技术企业政策的实施，高新技术企业群体快速发展，除享受各类税收优惠政策外，还从政府、金融机构等多个渠道获得大量资金支持。2019 年，高新技术企业获得创业风险投资共计 1075.37 亿元；获得政府部门的科技活动经费 901.91 亿元，同比增长 12.32%。此外，许多高新技术企业通过资本市场等获得融资发展，截至 2019 年年底，高新技术企业上市数量达 15 264 家，其中 2019 年上市的企业数为 1622 家，占上市高新技术企业总量的 10.63%。

（四）推动高新技术产业做大做强

高新技术企业的快速成长有效支撑了我国高新技术产业做大做强。2019 年，我国高新技术企业总资产达 65.43 万亿元，占全国规模以上工业企业资产总额的 54.26%。2019 年，全国高新技术企业净利润达 2.73 万亿元，占全国规模以上工业企业净利润的 41.49%；实现出口额 4.91 万亿元，占全国出口总额的 28.48%；高新技术产品销售收入达 28.9 万亿元，占营业收入的比重达 64.09%。2019 年，高新技术企业引进外籍专家 14 005 人，同比下降 5.77%，引进留学归国人员 14.38 万人，同比增长 7.33%；新增从业人员 535.20 万人，同比增长 6.07%，其中吸纳高校应届毕业生 96.20 万人，同比增长 0.78%。

三、小结

① 2019 年，全国高新技术企业中享受高新技术企业所得税减免的企业共计 87 406 家，占比为 39.99%；享受高新技术企业所得税减免额达 2286.40 亿元，占企业各类所得税减免总额的 41.71%，高新技术企业所得税减免在各项税收减免中比重最高。与 2018 年相比，享受高新技术企业所得税优惠的企业数量和高新技术企业所得税减免额分别增长 17.55% 和 6.13%。高新技术企业所得税减免优惠已经成为高新技术企业最重要的税收优惠政策之一，有效促进了我国高新技术企业的健康可持续发展。

② 2019 年，盈利高新技术企业数量占比为 73.47%，较 2018 年小幅增长；享受高新技术企业所得税减免的高新技术企业数量占比为 39.99%，比 2018 年下降了 3.18 个百分点；2019 年高新技术企

业所得税减免额在高新技术企业税收优惠减免总额中的占比为41.71%，比2018年下降了1.58个百分点。中美贸易摩擦是企业盈利能力下降的重要外部原因，而多类型税收优惠政策相继出台带来的相对吸引力下降则是重要内部原因。

③ 2019年，全国高新技术企业所得税减免的61.71%集中在江苏、广东、北京、浙江、上海、深圳、山东7个省（市）；大型高新技术企业享受税收优惠的比例明显高于小企业，规模在10亿元以上企业享受高新技术企业所得税减免额占到全国的56.1%；制造业，信息传输、软件和信息技术服务业，科学研究和技术服务业三大行业高新技术企业所得税减免额占全国高新技术企业总减免额的89%以上；全国高新技术企业所得税减免总量的76.45%集中在内资企业，全国高新技术企业所得税减免总量的45.97%集中在高新区内。高新技术企业税收减免具有典型的区域、行业、规模、高新区外和内资集中等特征。与外资高新技术企业和高新区外高新技术企业相比，内资高新技术企业和高新区内高新技术企业中利润为正比例明显较低，这一现象值得高度重视，应提升内资和高新区内高新技术企业盈利能力，推动其健康可持续发展。

④ 高新技术企业创新能力不断提升，综合竞争力持续增强，社会经济价值已经显现。2018—2019年，高新技术企业相关创新投入、创新产出和经济效益等指标总体呈上升趋势。其中，2019年，高新技术企业累计拥有知识产权总量同比增长29.25%，专利申请量同比增长14.62%；同时，高新技术企业融资渠道呈现多元化趋势。2019年，获得政府部门科技活动经费同比增长12.32%，2019年新增上市高新技术企业占全部上市高新技术企业的10.63%。此外，高新技术产业竞争力和重要性在国民经济发展中进一步凸显。2019年，高新技术企业总资产占全国规模以上工业企业资产总额的54.26%，高新技术企业净利润占全国规模以上工业企业净利润的41.49%，高新技术企业出口额占全国出口总额的28.48%。高新技术企业的快速发展为我国经济结构转型升级、新旧动能转换、现代产业体系构建奠定了坚实的基础。